rowohlt
POLARIS

D1866203

Dong-Seon Chang

Mein Hirn hat seinen eigenen Kopf

Wie wir andere und uns selbst wahrnehmen

Rowohlt Polaris

Originalausgabe
Veröffentlicht im Rowohlt Taschenbuch Verlag,
Reinbek bei Hamburg, Oktober 2016

Umschlaggestaltung ZERO Werbeagentur, München
Umschlagabbildung Boris Schmalenberger
Lektorat Dr. Olaf Fritsche
Satz Rotis PostScript, InDesign,
bei Dörlemann Satz, Lemförde
Druck und Bindung
GGP Media GmbH, Pößneck, Germany
ISBN 978 3 499 63135 1

This is an exercise in fictional science ... Or just, science, if you agree that fiction is part of it, always was, and always will be as long as our brains are only minuscule fragments of the universe, much too small to hold all the facts of the world but not too idle to speculate about them.

VALENTINO BRAITENBERG, 1984, *Vehicles*

Dies ist ein Versuch, Wissenschaft als Geschichte zu erzählen ... Oder einfach nur als Wissenschaft, wenn Sie zustimmen, dass das Erzählen einer Geschichte schon immer Teil von ihr war und sein wird, solange unsere Gehirne auch nur winzig kleine Fragmente des Universums bleiben, viel zu klein, um all die Fakten der Welt zu behalten, aber nie zu faul, um neue Vermutungen über sie anzustellen.

VALENTINO BRAITENBERG, 1984, *Vehikel*

Für Eugene

INHALT

VORWORT

Wüssten Sie gerne, was andere Menschen über Sie denken? Dann warten Sie bitte einen kleinen Moment. Wir bereiten nur noch kurz den Hirnscanner vor, stecken dann schnell ein paar Testpersonen hinein und schauen in ihren Kopf – und schon kennen wir ihre Gedanken! Fangen wir doch am besten gleich mit Ihrem Partner an, der Person, die Ihnen am nächsten steht. Bestimmt sind Sie neugierig, was im Kopf dieser geliebten Person vorgeht. Wir haben ihr mal folgende Fragen gestellt:

- Vertrauen Sie Ihrem Partner? (Würden Sie selbst jemals fremdgehen?)
- Glauben Sie an Gott? (Würden Sie Andersgläubige und Nichtgläubige gerne für ihren Unglauben bestrafen?)
- Mögen Sie Ausländer? (Oder würden Sie lieber in einer Gegend ohne Ausländer leben?)

Wie? Sie können die Antworten Ihres Partners auf diese Fragen vorhersagen? Sehr schön, dann können wir ja gleich sehen, ob Sie mit Ihrer Vermutung richtig liegen. Ah, der Hirnscanner spuckt schon die ersten Ergebnisse aus, warten Sie noch einen kleinen Moment, gleich haben wir eine Antwort ... und die wäre ... oh – hallo?! Wo gehen Sie denn hin? Warten Sie doch! Ach, soooo genau wollen Sie es auf einmal doch nicht wissen, was andere denken? Vor allem nicht über Sie?

Ich kann Sie beruhigen. Mit dem Hirnscanner in den Kopf zu schauen funktioniert in der Realität weder schnell noch einfach. Es dauert, im Gegenteil, meist ziemlich lange, setzt genaue Vorbereitungen voraus und funktioniert nur unter streng kontrollierten Laborbedingungen. Und selbst dann liefert der Blick ins Hirn nur eingeschränkte Antworten. Zugegeben, die Technik hat in letzter Zeit erstaunliche Fortschritte gemacht. Wir können inzwischen tatsächlich einiges über die Abläufe in Ihrem Kopf herausfinden, wenn wir Sie in den Scanner legen und die Aktivitäten Ihres Gehirns beobachten. Beispielsweise können wir ziemlich genau bestimmen, welche Stelle des Films «Vom Winde verweht» Sie gerade ansehen. Oder anhand der Aktivitätsmuster Ihres Gehirns sagen, ob auf dem Foto, das Sie betrachten, ein Mann mit Brille oder mit Vollbart abgebildet ist. Mit einer erstaunlichen Trefferquote können wir sogar erkennen, ob Sie dazu neigen fremdzugehen, an einen Gott glauben oder eine Tendenz zu fremdenfeindlichen Einstellungen haben.

Was wir allerdings nicht können, trotz all der Technik: etwas darüber aussagen, ob Sie *tatsächlich* fremdgehen, *tatsächlich* an Gott glauben oder *tatsächlich* keine Ausländer mögen. Das entscheidet letztlich Ihr Gehirn. Denn Ihr Hirn hat seinen eigenen Kopf.

Obwohl wir während eines Experiments nur einen winzigen Bruchteil der Prozesse beobachten können, die tagtäglich und in jedem Moment in unseren Gehirnen ablaufen, haben mich die neuesten Erkenntnisse der Neurowissenschaften schon immer fasziniert. Warum nehmen Menschen dieselben Dinge unterschiedlich wahr? Gibt es diese Unterschiede wirklich, oder bilden wir uns das nur ein? Warum sehen für Deutsche alle Asiaten ähnlich aus? Sehen religiöse Menschen die Welt anders als Nichtgläubige? Könnte man Ausländerfeindlichkeit tatsächlich «behandeln», indem man zum Beispiel fremdenfeindlich eingestellten Personen in der virtuellen Realität in den Körper eines Ausländers steckt und so die Wahrnehmung dieser Personen verändert? Warum verbringen wir eigentlich so viel Zeit im Leben damit, uns anzuschauen, was andere Menschen tun? Warum interessiert uns so sehr, was sie über uns denken?

In diesem Buch erzähle ich Ihnen von denjenigen Aspekten unserer Wahrnehmung und unseres Denkens, die mich am meisten fasziniert haben. Wir beginnen dabei wie ein neugeborenes Kind, das anfängt, die Welt zu entdecken. Wir verfolgen, wie es lernt, die vielen verschiedenen Signale seiner Umgebung aufzunehmen und zu interpretieren. Wie es anfängt, sie zu kategorisieren. Wie es sich selbst als eigenständiges Wesen erkennt. Wie es mit anderen Menschen interagiert und sich in die Gesellschaft und in seine Kultur integriert. Danach untersuchen wir, auf welche Weise wir Gruppen und Gemeinschaften bilden und wie diese miteinander umgehen. In diesem Rahmen betrachten wir auch, welche Funktion Kulturen und Glauben für das Miteinander haben und wie sie die Vorgänge in unseren Gehirnen beeinflussen.

Unser Gehirn sucht immer nach Erklärungen. Erklärungen, wie die Welt funktioniert, wie wir selbst funktionieren und wie andere Menschen funktionieren. Doch jedes Gehirn findet eben seine eigenen Antworten. Denn jedes Gehirn macht im Laufe seines Daseins unterschiedliche Erfahrungen und hat unterschiedliche Vorlieben.

Glauben Sie mir: Es wird spannend, wenn wir uns selbst in die Köpfe schauen! Denn wir bekommen einen Eindruck davon, wie und warum wir unsere Umwelt und unsere Mitmenschen so und nichts anders sehen. Und nun wünsche ich Ihnen viel Spaß bei der Entdeckungsreise in das eigene Ich.

Dong-Seon Chang
Tübingen, Juni 2016

1. VON WEISS-GOLD-BLAU-SCHWARZEN KLEIDERN UND UNSICHTBAREN GORILLAS –
Wie unterschiedlich wir die Welt wahrnehmen

Alles, was du siehst oder hörst oder erfährst, egal auf welche Weise, ist besonders für dich. Du erschaffst eine Welt, indem du sie wahrnimmst.
DOUGLAS ADAMS

Es fängt im ersten Moment an. Noch während wir als Baby damit beschäftigt sind, den Schock zu überwinden, dass man uns aus dem warmen, gemütlichen Bauch unser Mutter in die kalte, zugige Welt verstoßen hat, müssen wir zusehen, wie wir in unserem neuen Zuhause zurechtkommen. «Sehen» ist dabei wörtlich gemeint, denn während es im Hotel Mama beruhigend dunkel war, fluten nun plötzlich von überall grelle Lichter auf uns ein. Formen, Farben und Figuren, mit denen wir in den ersten Tagen und Wochen überhaupt nichts anfangen können. Unser Gehirn ist schlichtweg nicht vorbereitet auf diese Fülle von Eindrücken und will viel lieber auf der Stelle zurück in den beruhigend bekannten Schoß der Mutter.

Doch daraus wird nichts.

Die Geburt ist eine Einbahnstraße, und so muss sich unser Gehirn damit abfinden, dass es fortan unablässig mit Informationen aus unserer Umgebung traktiert wird. Keine leichte Aufgabe. So viel Licht, so viele Töne, so viele Farben, so viele Klänge. Für das Hirn ist das in etwa so, als würden wir ein riesiges Orchester bei einer Generalprobe erleben – ohne Notenblätter, mit ungestimmten Instrumenten und noch bevor der Dirigent da ist. Ein undurchdringlicher Klangteppich, in dem die Töne weder zueinanderpassen noch voneinander unterscheidbar sind. Erst nach und nach lernt das Gehirn, dass die Töne zu unterschiedlichen Instrumenten gehören, dass es Geigen und Flöten gibt, Cellos und Klarinetten, Harfen und Trommeln – die Instrumente werden gestimmt, die Töne zu Melodien. Aber all das muss das Gehirn erst lernen: um irgendwann selbst der Dirigent dieser Töne werden zu können. Und auch der Farben.

Rot ist nicht gleich Rot

Das kann doch nicht so schwer sein, meinen Sie? Rot ist schließlich Rot, Blau Blau und Grün Grün. Alles ist klar umrissen, und wenn wir einmal von Streitfällen wie der Frage absehen, ob Türkis nun eine Nuance von Blau ist oder doch eher in die Kategorie Grün gehört, sind wir uns bei Farben doch wunderbar einig. Schließlich sehen wir alle dieselben Farben.

Sehen wir nicht!

Es mag Ihnen seltsam vorkommen, aber das Rot, das Sie sehen, ist ein anderes Rot, als ich sehe. Moment!, werden da die Physiker unter Ihnen einwenden. Rot ist doch hervorragend definiert! Rot ist schlichtweg derjenige Teil des elektromagnetischen Spektrums, dessen Wellenlängen zwischen 630 nm und 700 nm liegen. Nun, das stimmt. Aber es gibt da noch ein anderes Rot. Das Rot, das wir wahrnehmen, wenn Licht mit der passenden Wellenlänge in unser Auge fällt und das Auge dem Gehirn mitteilt, dass es gerade Rot sieht. Sozusagen die Empfindung von Rot. Und die kann sehr unterschiedlich ausfallen, haben Neurowissenschaftler herausgefunden. Farben sind demnach eine ganz persönliche Sache.

Das sorgte im Jahr 2015 für einen weltumspannenden Streit im Internet. Damals hatte die Britin Caitlin McNeill eines ihrer Kleider fotografiert und das ziemlich mittelmäßige Bild über Tumblr in die sozialen Medien entlassen (Bild 1). Das alleine wäre

Bild 1. Ist das Kleid blau-schwarz oder weiß-gold?

nichts Besonderes, denn es gibt ja viele Menschen, die die Internetgemeinde ebenso bereitwillig wie mutwillig mit allen Details ihres Daseins beglücken. Zum Phänomen wurde dieses Foto erst durch die Frage, die jene Dame zu ihrem Kleid stellte: Ist es blauschwarz oder weiß-gold?

Damit war die Schlacht eröffnet. Über Wochen tobten online erbitterte Diskussionen über die «richtige» Beantwortung dieser Frage. In Deutschland, Frankreich und Spanien wurde gestritten, in China, Korea und Japan zankten sich die User, in Kanada, Argentinien und den USA debattierten die Menschen, selbst im Nahen Osten und in Afrika drehte sich in der digitalen Welt plötzlich alles um das Kleid und seine ach so eindeutige Farbkombination. Blau-schwarz gegen weiß-gold! Unterschiedlicher können doch Farben kaum sein! Die Antwort kann doch nicht so schwer sein.

Offensichtlich doch.

Ob Sie es glauben oder nicht, das Hickhack im Internet lief auf ein Unentschieden zwischen zwei unversöhnlichen Lagern hinaus: Die eine Hälfte der Menschen sah ein blau-schwarzes Kleid, die andere Hälfte ein weiß-goldenes. Es gab sogar einige, für die das Kleid mal die eine Farbkombination hatte und beim nächsten Betrachten die andere.

Ich will Sie nicht länger auf die Folter spannen: In der Realität war das Kleid blau-schwarz. Aber darauf kommt es eigentlich gar nicht an. Der entscheidende Punkt ist, dass wir wirklich und wahrhaftig unterschiedliche Farbeindrücke wahrnehmen, obwohl die Lichtstrahlen mit der physikalisch exakt gleichen Zusammenstellung von Wellenlängen auf unser Auge treffen. Irgendwie hatten also beide Lager recht. Wie kann das sein?

Schuld ist unser Gehirn!

Kurz gesagt, sieht das Gehirn nicht nur das, was es sieht, sondern dazu noch eine Menge, was es zu sehen glaubt, denn es ist ein ausgesprochen cleveres Organ. Das Gehirn weiß aus Erfahrung, dass Weiß nicht immer weiß und Rot nicht immer rot aussieht. Mit einem kleinen Experiment wird das deutlich: Stellen Sie sich vor, Sie würden mit einem Erdbeer-Vanille-Eis in eine Diskothek gehen. (Ja, ich weiß, mit einem Eis in der Hand am Türsteher vorbeizukommen wird ein wenig schwierig. Aber wer hat gesagt, dass wissenschaftliche Forschung immer ungefährlich ist?) Die Tanzfläche wird von der Lichtshow abwechselnd in weißes, rotes und grünes Licht getaucht. Welche Farbe hat Ihr Eis?

Ein unbestechliches physikalisches Messgerät (das sich, zugegeben, ebenfalls nur mit allerlei Tricks in einen Club schmuggeln ließe) würde Ihnen unmissverständlich anzeigen, dass bei weißer Beleuchtung Vanille annähernd weiß und Erdbeere lecker rot aussieht. Sobald das Licht aber zu Rot wechselt, ändert der Apparat schlagartig seine Meinung. Plötzlich ist sowohl die Vanille- als auch die Erdbeerkugel rot. Doch es wird noch bunter: Im grünen Licht ist Vanille grün und Erdbeere – schwarz! Behauptet das Messgerät. Und physikalische Messgeräte können sich ja wohl nicht irren.

Tun sie auch nicht. Denn von dem Licht, das auf die Eiskugeln fällt, wird ein Teil von den Farbstoffen im Eis geschluckt, und nur der Rest macht sich auf den Weg ins Auge oder eben in den Apparat. Weil Weiß alle Farbanteile reflektiert, richtet es sich in bestem Opportunismus nach der vorherrschenden Beleuchtung. Vanille wechselt daher je nach Ablauf der Lasershow seine Farbe. Rotes Eis wirft jedoch nur rotes Licht zurück. Wird es mit weißem oder rotem Licht bestrahlt, ist alles in Ordnung. In grünem Licht gibt es aber keinen Rotanteil, und so reflektiert das Erdbeereis überhaupt kein Licht. Ohne Licht erhalten wir allerdings ein sattes Schwarz. Und genau das «sieht» das Messgerät.

Unser Gehirn ist da ein gutes Stück schlauer.

Aus seinen Erfahrungen hat es gelernt, wie sich unterschiedliche Beleuchtungsverhältnisse auswirken, und es kompensiert die Effekte. Das geschieht automatisch, ohne uns zu fragen. Anstelle der physikalisch korrekten Farbe sieht es die «eigentliche» Farbe.

Bild 2. Welches Feld ist heller – A oder B?

Deshalb wissen wir während des Tanzens immer, welche Eissorten wir gerade verkleckern.

Manchmal jedoch scheitert unsere Farbwahrnehmung genau an dieser Superfähigkeit unseres Gehirns. Beispielsweise bei der Einschätzung der Helligkeit von Schachbrettfeldern nach Edward H. Adelson vom Massachusetts Institute of Technology in den USA (Bild 2 auf S. 17). Wir sehen einen Gegenstand, der einen Schatten auf einige Felder des Bretts wirft. Unser Auge sieht, dass die Felder im Schatten ein bisschen dunkler sind. Gleichzeitig weiß das Gehirn aber, dass es weiße und schwarze Felder gibt und Schwarz immer dunkler ist als Weiß. Deshalb muss ein weißes Feld auch im Schatten heller sein als ein beleuchtetes schwarzes Feld. Ein durchaus logischer Schluss – der aber in diesem Fall nicht richtig ist. Tatsächlich sind beide Felder gleich hell.

Wie? Das glauben Sie nicht? Trauen Sie etwa Ihrem eigenen Gehirn mehr als mir? Na, dann werfen Sie mal einen Blick auf Bild 3 (unten)! Und? Was sehen Sie? Wer hatte denn nun recht? (Ich gebe zu, dass ich selbst immer wieder auf diese Täuschung reinfalle, und das, obwohl ich eigentlich Bescheid weiß. So ein

Bild 3. Kaum zu glauben: Beide Felder sind gleich hell.

Gehirn kann eben ziemlich bockig sein, wenn es sich einmal entschieden hat.)

Kommen wir zurück zu dem Kleid, das die digitale Welt spaltete. Bei diesem Foto sind die Lichtverhältnisse erstens unklar und zweitens ungünstig. Das ganze Bild hat einen leichten Farbstich und eine Helligkeit, die keine Hinweise darauf gibt, ob es in der prallen Sonne oder im Schatten aufgenommen worden ist. Das Gehirn lässt sich jedoch nicht mit solchen Uneindeutigkeiten abspeisen, sondern trifft im wörtlichen Sinne augenblicklich eine Entscheidung. Geht es von einem Kleid im Schatten aus, zieht es vom physikalisch korrekten Licht, wie es in das Auge fällt, die bläulichen Anteile ab, weil im Schatten bläuliches Licht vorherrscht. Übrig bleibt der Eindruck eines hellen, weiß-goldenen Kleids. Vermutet Ihr Gehirn aber, dass Sie das Kleid im warmen, leicht gelblichen Sonnenlicht sehen, entfernt es den vermeintlichen Gelbanteil, und das Kleid wird dunkler, eben blau-schwarz.

Der Effekt ist übrigens im Farbbereich von Blau zu Gelb deshalb am stärksten ausgeprägt, weil das Sonnenlicht im Laufe des Tages durch diese sogenannte Tageslichtachse wandert. Morgens erscheint es gelblich, mittags eher bläulich, und abends wechselt es wieder zu Gelb. Schuld daran ist die unterschiedliche Streuung der Farbanteile in der Atmosphäre – worüber wieder die Physiker am besten Bescheid wissen.

Für uns begeisterte Hirnforscher ist hingegen die Erkenntnis wichtig, dass unser Gehirn nicht einfach ein physikalischer Messapparat ist, sondern alle Bilder, die ihm das Auge schickt, mit den bisherigen Erfahrungen vermischt und deutet. Das passiert nicht nur beim Erkennen von Farben, sondern auch bei der Interpretation von Bewegung, wie das Bild 4 zeigt. Was wir sehen, liegt also weniger im Auge des Betrachters als vielmehr in dessen Gehirn. Und das ist – wie wir in diesem Buch immer wieder feststellen werden – ein Unikat.

Bild 4. Geht die Katze die Treppe hoch oder herunter?

Mit deinen Augen und mit meinen Augen

Es geht aber noch krasser. Wie würde die Welt wohl aussehen, wenn wir unseren Farbsinn ein wenig verschieben würden? Beispielsweise so, dass wir kein Rot mehr sehen können, dafür aber ultraviolettes Licht, auch Schwarzlicht oder UV-Licht genannt? Sie ahnen es vielleicht schon: Ich will Sie – ganz ohne Gentechnik – zu einer Biene machen. Denn für Bienen ist unser Rot einfach Schwarz. Mit ihren Augen betrachtet, sind Sonnenuntergänge kein bisschen romantisch, hat die Deutschlandfahne oben einen doppelt so dicken dunklen Balken und muss man an Ampeln bei Schwarz stehenbleiben. Klingt ein bisschen trostlos, oder?

Zum Ausgleich gibt es aber auf der anderen Seite des Farbspektrums eine Menge Neues zu entdecken. Mit einem UV-Blick könnten wir ohne Speziallampe die Sterne und Glitzersplitter auf den Euro-Geldscheinen sehen, weiße Wäsche wäre noch strahlender, und scheinbar einfarbige Blumen hätten auf einmal ein interessantes Muster, wie Bild 5 es zeigt.

Was für Geldfälscher eine Katastrophe wäre, ist für die Biene natürlich wunderbar, denn mit ihrem Sinn für UV-Licht sieht sie die sogenannten Saftmale. Das sind für uns Menschen unsichtbare Flecken auf den Blütenblättern, mit denen die Pflanze signalisiert, dass es hier leckeren Nektar gibt, es sind sozusagen die Werbetafeln der Blume für ihre Bestäuber.

Bienen sind im Übrigen nicht die einzigen Tiere, die ultraviolettes Licht sehen können. Auch Ihr Wellensittich steht total darauf. Zumindest die Mädchen. Wenn Wellensittichweibchen sich einen Partner aussuchen, hören sie nämlich nicht auf das ganze Gequassel, mit dem sie ihr Käfignachbar zutextet. Vielmehr achten sie darauf, wie schön die Kehlflecken des eifrigen Werbers

Bild 5. Welche Blüte sieht das menschliche Auge, welches das einer Biene?

das ultraviolette Licht reflektieren. Das hat die Biologin Kathryn Arnold von der Universität York mit einem ziemlich fiesen Trick herausgefunden. Sie hat einigen der männlichen Wellensittiche gründlich die Show vermiest, indem sie deren Gefieder mit UV-dichter Sonnencreme eingerieben hat. Mit diesen Kandidaten wollte anschließend keines der Weibchen mehr etwas zu tun haben. Da konnten sich die armen Möchtegernmachos noch so sehr ins Zeug legen beim Balzen.

Der Zweck unseres kleinen Ausflugs in die Tierwelt liegt natürlich nicht darin, über Sinn und Unsinn von Sonnenschutzcreme zu philosophieren (zum Glück sind Menschen ja blind für UV-Licht, sodass wir Männer am Strand nicht ständig mit einem Sonnenbrand herumlaufen müssen, um unsere Chancen beim anderen Geschlecht zu wahren). Der Schlenker zu den Bienen und Sittichen zeigt vielmehr, dass unsere Sinne uns lediglich einen Teil der Welt zeigen. Sogar nur einen winzigen Bruchteil dessen, was es über unsere Umgebung eigentlich zu erfahren gäbe. Denn neben dem UV-Licht wären da noch Röntgen-, Gamma- und Infrarotstrahlung sowie Mikro- und Radiowellen.

Und unsere anderen Sinne? Auch sie zeigen uns nur einen Ausschnitt unserer Umwelt: Wir bekommen nichts mit von Ultraschall (denken Sie nur an die Ortungssysteme der Fledermäuse) oder Infraschall (den nutzen Elefanten gerne für ihre Ferngespräche), und unzählige Düfte ziehen ungerochen an unserer Nase vorbei (Ihr Hund könnte Ihnen dazu einen stundenlangen Vortrag halten).

Selbst das bisschen an Information, was wir durch unsere Sinne erhalten, ist noch so viel, dass unser Gehirn völlig überlastet wäre, wenn es das alles verarbeiten müsste. Der Fleck auf dem Tisch, das Muster der Tapete, das Brummen der Autos vor dem Haus, das Tschilpen der Spatzen ... Ihre Sinne nehmen diese Wahrnehmungen auf und leiten sie an Ihr Gehirn weiter, während Sie diese Zeilen lesen. Doch Ihr Gehirn ignoriert sie, denn es konzentriert sich völlig auf den Text. (Das tut es doch, oder?) Es schaltet gewissermaßen einen Filter ein, der nur Informationen hindurchlässt, die es in diesem Moment als wichtig und relevant einstuft. Das kann so weit gehen, dass Sie einen Gorilla übersehen, der in einer Turnhalle durch Ihr Blickfeld läuft. Ernsthaft!

An der Universität von Illinois haben Christopher Chabris und Daniel Simons ein entsprechendes Experiment zur sogenannten Unaufmerksamkeitsblindheit durchgeführt. Dazu filmten sie Basketballspieler, die sich einen Ball zuwarfen. Ein Team trug weiße, das andere schwarze T-Shirts. Die Aufgabe der Testpersonen bestand darin zu zählen, wie oft sich das weiße Team den Ball zupasste. Anschließend wurden die Probanden nach der Anzahl der Ballwechsel befragt und ob ihnen während des Films etwas Ungewöhnliches aufgefallen sei. Überraschenderweise hatte rund die Hälfte der Teilnehmer nicht bemerkt, dass ungefähr nach der Hälfte des Filmchens ein Mensch in einem Gorillakostüm auf der Bildfläche erschienen war. Er trottete gemächlich in die Mitte des Feldes, trommelte sich mehrfach auf die Brust und setzte danach seinen Weg durch die Spieler fort.

Wenn Sie das Gorilla-in-unserer-Mitte-Experiment einmal mit Ihren Freunden und Verwandten selbst durchführen möchten, finden Sie das Video im Internet unter www.theinvisiblegorilla.com/videos.html. (Sie selbst werden ihn nun nicht mehr übersehen können und sich fragen, wie das überhaupt jemand tun kann. Sie werden sich wundern!)

Videos in Büchern zu zeigen ist nicht so ganz einfach, aber ich kann Ihnen einen anderen Test anbieten. Schauen Sie sich bitte Bild 6 an, und sagen Sie mir, was Sie darauf sehen.

Auf den ersten Blick scheint es sich um ein abstraktes Muster von weißen und schwarzen Flächen zu handeln. Auf den zweiten Blick auch. Selbst mit großer Mühe kann das Gehirn der meis-

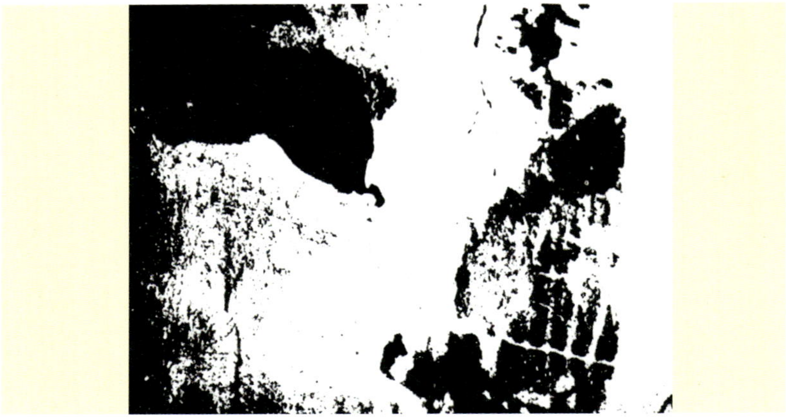

Bild 6. Was sehen Sie auf diesem Bild?

ten von uns nicht viel mit dem Muster anfangen. Es fehlt ihm einfach ein Anhaltspunkt, welche Teile wichtig sind und welche nicht. Blättern Sie jetzt bitte um, und betrachten Sie Bild 7. Na, erkennen Sie es jetzt?

Die farbigen Umrisse sind genau die Hilfe, die das Gehirn gebraucht hat. Plötzlich schält sich aus dem abstrakten Muster der Kopf einer Kuh heraus, und wir wundern uns, dass wir nicht gleich drauf gekommen sind. Vor allem, wenn wir uns noch einmal Bild 6 vornehmen und jetzt auf Anhieb die Kuh entdecken. Warum war das gerade so fürchterlich schwer?

Weil Ihr Gehirn noch nicht gewusst hat, welche Flächen für das Erkennen relevant sind. Nachdem es das aber gelernt hat, ist es nahezu unmöglich, die Kuh nicht mehr zu sehen. Oder den Gorilla beim Spiel mit dem Basketball. Vom Moment der Erkenntnis an versorgt uns das Gehirn nicht mehr mit dem Wust von Informationen, die das Gesamtbild ausmachen, sondern es liefert uns nur noch die Auswahl, die es als wichtig ansieht.

Selbst wenn die Interpretation verkehrt ist.

Fehlleistungen des Hörsinns können besonders vergnüglich sein, wenn wir zum Beispiel versuchen, Liedtexte zu verstehen. Wenn Sänger sich so richtig ins Zeug legen, um mit ihrer Musik Emotionen zu vermitteln, entwickeln sie sich manchmal zu logopädischen Albträumen. Sie säuseln und nuscheln, dass kein Wort mehr deutlich an unser Ohr gelangt. Konfrontiert mit dem Schallwellensalat aus Worten und Musik, gibt unser Gehirn alles, um in dem Durcheinander dennoch einen Sinn zu entdecken. Es will mit aller Macht verstehen. Und stößt dabei ab und zu auf Wörter und Sätze, die ähnlich klingen, obwohl sie etwas ganz anderes bedeuten. So wird beispielsweise das kraftvolle «I've got the Power» von Snap zu einem ebenso nachdrücklichen «Agathe Bauer». Und Bryan Adams singt im Hit «Summer of '69» nicht: «I got my first real six-string», sondern gesteht: «I got my first real sex-dream», während Paul McCartneys «Hope of Deliverance» an Dynamik gewinnt in der Version «Hau auf die Leberwurst!».

Forscher bezeichnen solche Hörunfälle, bei denen wir Wörter einer fremden Sprache umdeuten, mit dem japanischen Ausdruck Soramimi. Verhaspelt sich unser Gehirn in der eigenen Sprache, nennen sie das Mondegreen. Ein Klassiker ist sicherlich die Zeile «Der Wald steht schwarz und schweiget, / und aus den Wiesen steiget / der weiße Nebel wunderbar» aus dem Abendlied von Matthias Claudius, dessen letzter Vers zu «Der weiße Neger Wumbaba» wurde und den Autor Axel Hacke dazu angeregt hat, unter diesem Titel ein Buch voller Verhörer zu veröffentlichen. (Ich weiß, das Wort «Neger» ist diskriminierend und sollte nicht verwendet werden. Aber sagen Sie das mal einem Gehirn, das verzweifelt nach einem passenden Wort zu einem unverständlichen Klangbild sucht.)

Immerhin hören wir beim Verhören noch alles. Das ist keineswegs selbstverständlich. Wenn unser Gehirn nämlich trainiert, die wichtigen Informationen zu erkennen, übt es sich zugleich

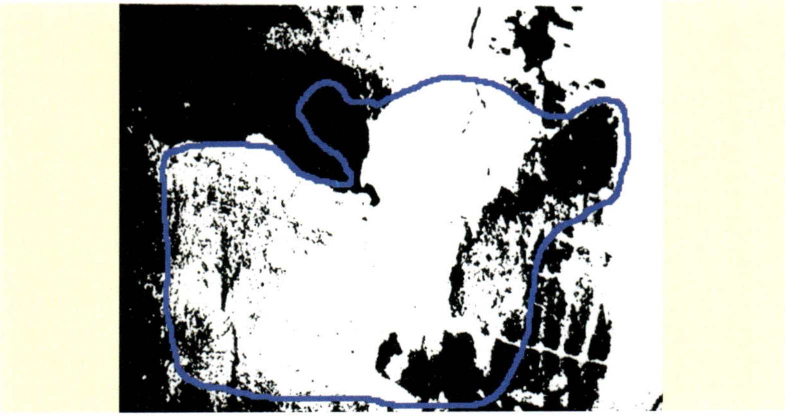

Bild 7. Es ist eine Kuh!

darin, alles Unwichtige zu ignorieren. Das geht so weit, dass wir objektiv vorhandene Laute überhaupt nicht wahrnehmen, so, als würde es sie gar nicht geben. Auf einer abgelegenen Pazifikinsel lebten Urvölker, deren Sprache für uns unhörbare Vokale enthielt. Ich meine damit nicht etwa «unaussprechliche» Vokale oder Konsonantenkombinationen, wie sie in vielen Sprachen vorkommen. Nein, die Laute dieser Völker lösten in den Gehirnen der Anthropologen und Kulturwissenschaftler, die dort ihre Forschungen durchführten, absolut keine Reaktion aus. Dabei dürften ihre Ohren durchaus etwas registriert haben, denn die Schallmessgeräte der Wissenschaftler schlugen eindeutig an. Aber die Gehirne der Forscher waren einfach nicht darauf konditioniert, diese Informationen ins Bewusstsein dringen zu lassen.

Denn die Ohren empfangen beim Hören nicht nur Signale von außen in Form von Schallwellen, sondern gleichzeitig Anweisungen vom Gehirn, über welche Anteile das Hörzentrum überhaupt informiert werden soll. Diese Filterbefehle gehen an die äußeren Haarzellen im Innenohr, von denen wir rund viermal mehr besitzen als innere Haarzellen, die auf den Schall reagieren. Mit den äußeren Haarzellen stellt das Ohr seinen Empfindlichkeitsbereich ein. Dadurch selektieren wir Laute und Geräusche, die sich in der Vergangenheit als wichtig erwiesen haben. Für alles andere stellt das Gehirn die Ohren auf taub. Die westlich denkenden Gehirne der Forscher wollten also partout nichts von den seltsamen Vokalen der Inselbewohner wissen – sie kannten sie nicht aus eigener Erfahrung, also waren sie fest von deren Unwichtigkeit überzeugt (kenn ich nicht – gibt es nicht) und filterte sie bereits in den Ohren aus. (Hatte ich schon erwähnt, dass Gehirne unglaublich rechthaberisch und dickköpfig sein können?)

Etwas Ähnliches lässt sich an Babys beobachten, die mit Amerikanisch und Japanisch aufgewachsen sind. In den ersten Monaten hat sich ihr Gehirn noch so offen und flexibel gezeigt, dass sie jede der beiden Sprachen aufnehmen und lernen konnten. Hörten die Babys später aber nur die Laute der einen Sprache, stellten ihre Gehirne ihre Filter so ein, dass sie für die Feinheiten der anderen Sprache regelrecht taub wurden. Deshalb konnten Kinder, die ausschließlich Japanisch hörten, nach einiger Zeit den Unterschied zwischen «L» und «R» kaum hören. Für Japaner klingen das L und das deutsche R fast gleich. Das japanische R hat dagegen für uns Deutsche einige Besonderheiten, mit denen unser Gehirn nichts anfangen kann. Deshalb raten Japanischlehrer ihren deutschen Schülern gerne, einfach alle Rs als Ls auszusprechen. Damit fällt man in Japan nicht weiter auf, während das deutsche R zusammen mit der langen Nase den Ausländer verrät. (Falls Sie geglaubt haben, Japaner hätten überhaupt kein R, dann haben Sie eigentlich Chinesen gemeint. Aber Asiaten sehen ja sowieso alle gleich aus, oder? Darum wird es aber erst im nächsten Kapitel gehen.)

Wir stellen also fest, dass Wahrnehmen ein aktiver Prozess ist, bei dem die einprasselnden Informationen gleich doppelt gefiltert werden: durch unsere Sinne und vom Gehirn, wenn es anhand seines erworbenen Vorwissens die vermeintlich relevanten Signale auswählt und interpretiert. Mit dieser Erkenntnis können wir nun eine Frage beantworten, mit der sich die Menschheit schon seit Jahrhunderten herumquält: Was würde ein Blinder sehen, wenn er plötzlich sehen könnte?

Nicht dasselbe wie wir! Seine Augen würden zwar dieselben Lichtstrahlen mit denselben Wellenlängen und denselben Intensitäten im selben Muster empfangen. Aber sein Gehirn wüsste – zumindest am Anfang – nicht, was es damit anfangen sollte. Es würde untergehen in einem Wust von Farben und Formen. Ja, es würde die Formen nicht einmal als solche erkennen, denn schon um eine Kante als Kante zu sehen, muss das Gehirn lernen, worin

Bild 8. Erwachsene sehen ein Liebespaar, Kinder sehen … neun Delfine!

sich Kanten von Flächen unterscheiden. In Bezug auf das Sehen müsste das Gehirn eines ehemaligen Blinden ganz von vorne anfangen, auf der gleichen Stufe wie ein Neugeborenes. Erst mit der Erfahrung käme langsam Sinn in das bunte Durcheinander der Welt – und bei manchen käme er nie, weil die entsprechenden Nervenbahnen im Gehirn, trotz seiner bewundernswerten Plastizität, seiner Anpassungsfähigkeit (siehe auch Kapitel 4), nicht mehr vollständig neu gebildet werden können.

Wie die Erfahrung den Sinn und das Sehen beeinflusst, zeigt Bild 8 auf besonders schöne Weise. Wenn Sie erwachsen sind, sehen Sie vermutlich ein Liebespaar in inniger Umarmung. Falls Sie gerade ein Kind greifbar haben, das noch nicht durch unbeaufsichtigtes Surfen auf dubiosen Internetseiten einschlägig geprägt ist, erkennt dieses Kind etwas ganz anderes: Es sieht eine Gruppe von Delfinen! Wir sehen eben, was wir gewohnt sind zu sehen.

Kein Date mit Robocop

Soll ich Ihnen verraten, was uns Neurowissenschaftler noch nicht gelungen ist? Wir wissen zwar, dass unser Gehirn besonders am Anfang eine wissbegierige Lernmaschine ist – aber wir haben bislang nur oberflächlich herausgefunden, wie dieses Lernen funktioniert. Nun, wie wäre es dann, wenn wir uns das Lernen bei Maschinen abgucken, die wir selbst gebaut haben? Computer mit künstlicher Intelligenz haben den Menschen immerhin schon in allen möglichen Wettbewerben für kluge Köpfe geschlagen: Dame, Jeopardy, Schach und vor kurzem sogar in Go, das asiatische Brettspiel, von dem man bis dato überzeugt gewesen war, kein Computer würde jemals die Kunst dieses Spieles beherrschen.

Wie im Bild 9 können Computer Bilder im Stil von Kandinsky, Picasso oder van Gogh produzieren, sie können vorhersagen, wie

Bild 9. Ein Computer kann sogar Tübingen im Stil von Kandinsky, Picasso oder van Gogh malen!

das Wetter wird, und werden demnächst sogar unsere Autos steuern. Kurz gesagt: Computer können vieles besser als wir! Können wir da nicht einfach nachschauen, wie wir den Elektronenrechnern das Lernen beigebracht haben?

Die Antwort ist auch hier etwas zweigeteilt. Wir haben zwar schon früh Wege gefunden, wie wir die neuronalen Netze im Gehirn simulieren und Computer-Algorithmen so einsetzen können, dass eine Maschine das Lernen von Menschen «nachahmen» kann, aber genau verstanden, wie das dann wirklich funktioniert, haben wir es auch bei Computern nicht wirklich. Vor allem sind Computer keineswegs die besseren Gehirne! Sie versagen oft bei Aufgaben, deren Lösung für uns Menschen überhaupt kein Problem ist.

Zugegeben, die Erfolge der modernen Informatik und Robotik sind beeindruckend. Aber nur, solange der Computer oder der Roboter seine Fähigkeiten auf sein Spezialgebiet beschränkt. Um Sie im Schach zu schlagen, braucht Ihr Smartphone sich nicht sonderlich anzustrengen. (Das gilt sogar, wenn Sie ein Supergroßmeister mit einer ELO-Wertung jenseits der 2700 sind und damit unendlich mal besser spielen als ich.) Aber wehe, das Spiel findet auf einem richtigen Brett und mit echten Figuren statt! Dann gerät Ihr Handy plötzlich heftig ins Schwitzen. Schon bei für uns einfachen Aufgaben wie «Wo ist eigentlich das Spielfeld?» und «Welche Figur ist nun der Läufer?» (bei besonders kunstvoll geschnitzten Exemplaren) laufen seine Chips heiß. Besser, wir tauschen es aus gegen einen Hochleistungsrechner. An den schließen wir einen Industrieroboter mit sieben Achsen an, damit Robbi seine Züge selbst ausführen kann. Geht doch! Oder nicht? Mir ist nämlich danach, zwischen den einzelnen Spielzügen ein bisschen spazieren zu gehen. Oh, bevor ich es vergesse: Auf dem Weg gibt es ein paar Treppen, ein kleiner Abstecher über den Rasen wäre nicht schlecht, und vielleicht ist das Gras noch ein wenig schlüpfrig vom Regen. Wissen Sie, was dann passiert? Robbi gibt auf! Egal, wie groß und schnell der Computer im Rechnen ist und wie gut er vielleicht eine Schach- oder Mathe-Aufgabe meistert – viele kleine Aufgaben in einer sich ständig ändernden Welt ohne feste Regeln zu lösen ist einfach zu viel für ihn. Und dabei reden wir noch gar nicht von Dingen wie Sprache, Interpretation, Ironie oder Witz. Sobald viele verschiedene Fähigkeiten in einer unvorhersehbaren komplexen Kombination verlangt werden, entpuppen sich Computer und Roboter als das, was sie eigentlich immer noch sind: kleine Kinder, die in der Entwicklung noch einen weiten Weg vor sich haben. Vielleicht besitzen sie bereits Inselbegabungen, aber insgesamt müssen sie sehr viel dazulernen.

Der Mensch ist dagegen eine Art dilettantisches Universalgenie. Wir können fast alles und schaffen sogar, die ungewöhnlichsten Kombinationen von Aufgaben zu meistern. Bitten Sie ein zehnjähriges Mädchen, seilzuspringen und dabei das Einmalsieben aufzusagen, wird es das wahrscheinlich ebenso meistern wie ein fünfjähriger Junge, der schaukeln und nebenher erzählen soll, was er heute im Kindergarten erlebt hat. Gut, vielleicht kommt bei acht mal sieben (das ist die schwierige Stelle) fälschlicherweise 54 heraus, und der Zwischenfall mit dem fiesen Nachbarsjungen hat bereits gestern stattgefunden – aber das ist nichts gegen die Fehlleistungen, die derartiges Multitasking bei Ihrem PC auslösen würde!

Und selbst wenn Computer dazu fähig wären – und eines Tages wird die Technik sicherlich so weit sein –, würde ihnen immer noch etwas Entscheidendes fehlen. Stellen Sie sich vor, Sie hätten einen Roboter als Kollegen. Er sieht ziemlich menschlich aus, mit zwei Armen und Beinen, einem Gesicht und einer modischen Frisur. Seine künstlichen Augen sehen so gut wie unsere natürlichen, seine Ohren sind den unseren ebenbürtig, und sein Duftanalysator kann sogar erraten, welches Eau de Toilette Sie heute aufgelegt haben – vorgetragen natürlich mit einer perfekten, angenehmen Stimme. Würden Sie sich von ihm täuschen lassen oder ihn als Roboter erkennen? Und hätten Sie gerne ein Date mit ihm? (Oder mit ihr? Es soll ja auch weibliche Roboter geben.)

Diese Fragen sind vermutlich nicht einfach zu beantworten. Die erste, ob wir einen Roboter immer als solchen identifizieren könnten, ist eine Erweiterung des *Turing-Tests*, den der britische Informatiker Alan Turing 1950 vorgeschlagen hat, um zu überprüfen, ob ein Computer denken kann. Dafür unterhält sich der Tester über Tastatur und Bildschirm mit zwei Gesprächspartnern, die er nicht sehen kann. Durch geschicktes Fragen soll er herausfinden, welcher der Partner menschlich und welcher ein Rechner ist. Solange das Gespräch kurz bleibt, schlagen sich selbst einfache Programme wie ELIZA ziemlich gut, indem sie einzelne Stichwörter aus den Sätzen des Testers herausgreifen und in eigene Sätze einbauen. Ein Dialog sieht damit in etwa so aus:

Tester: Wie geht es dir?
ELIZA: Warum fragst du, wie es mir geht?
Tester: Weil mich das interessiert.
ELIZA: Es ist schön, dass du dich dafür interessierst.
Tester: Und wie geht es dir nun?
ELIZA: Mir geht es gut.

Zugegeben, das ist keine besonders tiefgründige Unterhaltung. (Mich erinnert sie frappierend an einige der Meetings, an denen ich gelegentlich teilnehmen muss.) Dementsprechend scheitert ELIZA in der Regel auch nach wenigen Minuten daran, sinnvolle Antworten zu geben – obwohl manche Menschen angaben, sich nach dem Gespräch mit ELIZA zum ersten Mal verstanden gefühlt zu haben. Erfolgreicher waren dagegen die Computerprogramme, die 2008 an der Universität von Reading angetreten waren und immerhin ein Viertel der Tester reinlegen konnten. Wirklich überzeugend ist aber bis heute noch kein Programm. (Ja, auch ihr nicht, Siri und Cortana!)

Der originale *Turing-Test* ist im Vergleich zu einem Test, bei dem sich Mensch und Roboter Auge in Sensor gegenüberstehen, sowieso recht simpel. Denn zwischen echten Menschen passiert in solchen Situationen eine ganze Menge. Hat er gerade geblinzelt? War das ein Anflug eines Lächelns? Ich wette, sie sieht gerade her! Oh, ich werde rot!

Wir Menschen beschäftigen uns ständig mit derartigen Gedanken. Den größten Teil unserer Zeit verbringen wir damit zu überlegen, was andere Menschen glauben oder meinen. Was hat er damit bezweckt? Wie fühlt sie sich wohl gerade? Ob das auch in seinem Sinne ist? Rechnet sie vielleicht damit?

Kommunizieren, diskutieren, gemeinsam handeln, kurz: Interaktion auf allen Ebenen macht einen Gutteil des Menschseins aus. Wir denken uns nahezu pausenlos in andere hinein und interpretieren selbst kleine Gesten, häufig unbewusst. Schon ein Blick genügt, um wahre Glückswellen in uns auszulösen oder uns vor Furcht zusammenzucken zu lassen.

Könnte ein Roboter das auch?

Mit der richtigen Programmierung wäre es sicherlich möglich, ein ähnliches Verhalten vorzutäuschen. Aber es wäre eben das: vorgetäuscht. Ich bin davon überzeugt, dass man mit einem Roboter niemals so gut den Samstagnachmittag im Café verbringen könnte wie mit der besten Freundin und der Kneipenabend mit einem Roboter nicht so hemmungslos locker wäre wie mit einem alten Kumpel. Und welche Geschichten hätte Robbi schon zu erzählen? Ein Date mit Robocop wäre daher sicherlich eher eine skurrile Erfahrung. Und für eine richtige Freundschaft oder Beziehung ist unser gutes, altes Gehirn allemal besser geeignet.

Das soziale Miteinander ist eben ein echtes Spezialgebiet unseres Gehirns, auf dem es nicht so leicht zu schlagen ist.

Viele Nachbarn machen klug

Nun sind wir Menschen nicht die einzigen Wesen mit einem Gehirn. Trotzdem bilden wir uns ein, unseren tierischen Vettern überlegen zu sein, und zwar gerade aufgrund unseres Gehirns. Was ist also so besonders an unseren grauen Zellen? Haben wir vielleicht das größte Gehirn im Tierreich? Mitnichten. Ein Blick auf Abbildung 10 zeigt, dass unser Gehirn in Sachen Volumen im Mittelfeld rangiert. Immerhin nicht auf einem Abstiegsplatz – aber Meister werden wir damit sicherlich nicht. Im Schnitt bringt es ein menschliches Gehirn auf rund 1450 Kubikzentimeter und wiegt 1,5 Kilogramm – das entspricht dem Inhalt von zwei Flaschen Wein oder anderthalb Packungen Milch. Ein ausgewachsener afrikanischer Elefant trägt gut und gerne das Dreifache an Hirnmasse herum, und beim Pottwal ist es sogar sechsmal so viel. Da kommt man sich plötzlich ganz mickrig vor.

Nun gut, Elefant und Pottwal sind auch insgesamt viel größer als wir. Wer so große Ohren hat oder so viele Stunden in der Tiefsee nach Riesenkalmaren jagt, benötigt dafür bestimmt eine Menge spezialisierter Nervenzellen. Wie sieht es jedoch aus, wenn wir die Größe des Gehirns mit der Körpergröße vergleichen, also die relative Größe des Gehirns ins Rennen schicken? Stehen wir dann ganz oben auf der Liste?

Nein, wieder nicht! Wie Abbildung 11 zeigt, haben dieses Mal die kleinen pelzigen Zeitgenossen wie Maus und Eichhörnchen die Nasen, pardon, das Gehirn vorne. Bei Menschen trägt es bescheidene zwei Prozent zur Gesamtmasse bei. Den Elefanten mit 0,2 Prozent lassen wir damit weit hinter uns, und auch der Schimpanse ist mit 0,9 Prozent deutlich abgeschlagen. Die Spitzmaus verfügt dagegen über etwa vier Prozent relative Gehirnmasse und damit doppelt so viel wie wir. Selbst einige kleinere Primaten wie beispielsweise Kapuzineraffen schlagen uns in dieser Disziplin.

Sind wir mit unserem Gehirn also nichts weiter als universeller Durchschnitt? Immer und überall im Na-ja-geht-so gefangen? Können wir denn gar nichts am besten?

Doch, wir können!

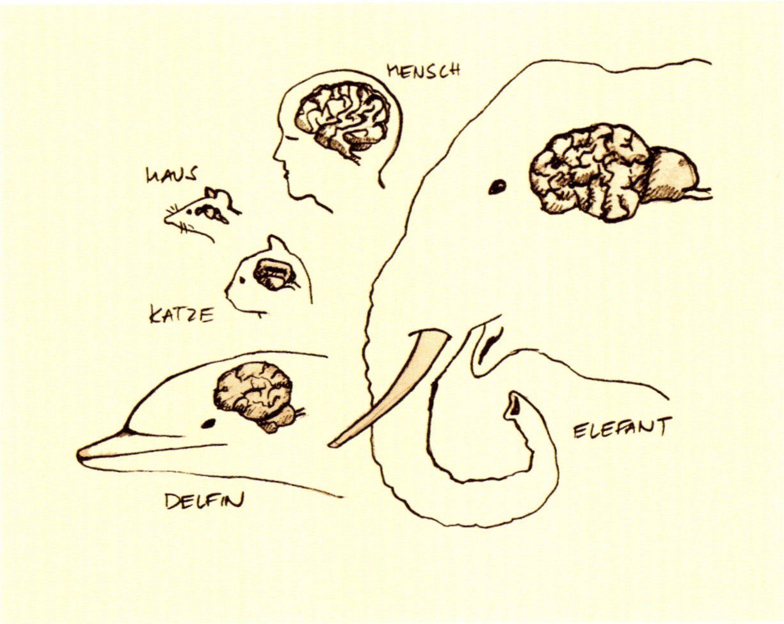

Bild 10. Unser Gehirn ist absolut betrachtet allenfalls mittelgroß.

In einer Hinsicht sind der Mensch und sein Gehirn einsame Spitzenklasse. Und weil wir darauf so unheimlich stolz sind, haben wir unsere persönliche Paradedisziplin mit einem besonders schönen und ehrfurchtgebietenden Namen versehen: Unter allen Tieren haben wir den größten Enzephalisationsquotienten! (Der Begriff ist eigentlich Beweis genug dafür, dass diese Aussage richtig sein muss. Oder kennen Sie ein Tier, das dieses Wort hätte erfinden oder auch nur aussprechen können?)

Der Enzephalisationsquotient oder EQ (ich vermute mal, es hat niemand von Ihnen etwas dagegen, wenn ich im weiteren Text einfach nur «EQ» schreibe, oder? Sie denken sich dann einfach statt «EQ» immer «Enzephalisationsquotient», ja?) gibt grob gesagt

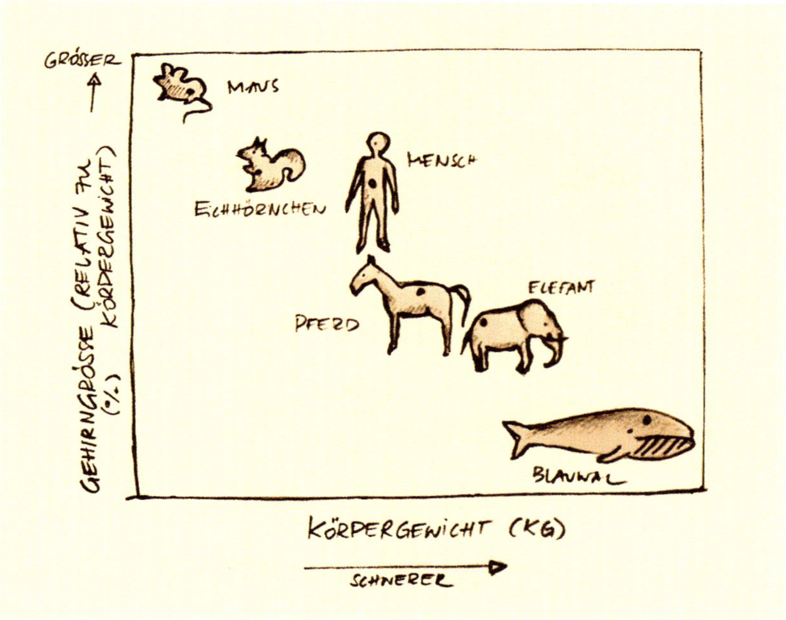

Bild 11. Auf die Körpergröße bezogen, haben Nagetiere das größere Gehirn.

an, wie groß der Anteil des Gehirns ist, der sich mit dem eigentlichen Denken beschäftigen kann. Denn bevor ein Gehirn überhaupt ans Denken denken kann, hat es eine ganze Menge anderer Aufgaben zu erledigen, die wichtiger sind: Es muss die Atmung in Gang halten, für den Herzschlag sorgen, die Körpertemperatur kontrollieren und hundert andere Top-Jobs mit Priorität eins ausführen. Lauter Tätigkeiten, ohne die wir auf der Stelle tot umfallen würden und die genau an die jeweilige Situation angepasst werden müssen. Wie groß oder klein das jeweilige Tier ist, spielt dabei kaum eine Rolle – einen Elefanten atmen zu lassen ist nicht sonderlich aufwändiger als eine Maus –, und deshalb ist das entsprechende Zentrum bei Giganten nur unwesentlich größer als bei

Winzlingen. Kleine Tiere besitzen darum ein relativ großes Gehirn im Vergleich zu ihrer Körpergröße, denn die lebenserhaltenden Komponenten nehmen nun einmal ein gewisses Maß an Raum und Masse ein.

Biologen und Anthropologen können auf dieser Grundlage ausrechnen, wie groß das Gehirn eines Tieres mit einer bestimmten Größe sein müsste, damit es überleben kann. Mit dieser «erwarteten Gehirnmasse» vergleichen sie dann die tatsächlich gemessene Gehirnmasse, und – voilà! – schon haben wir den EQ!

Interessant und gut fürs Ego ist ein Vergleich der EQ-Werte verschiedener Tierarten. Als Bezugstier nehmen wir einmal die Katze. (Katzen beziehen alles in der Welt auf sich selbst, also passt das schon.) Ein Pferd ist nach dem EQ geurteilt ein klein bisschen weniger intelligent als eine durchschnittliche Katze. Das Schaf liegt noch etwas darunter. Die Maus ist sogar nur halb so klug wie ihr Todfeind. (Vermutlich ist das einer der Gründe, warum sich Katzen von Mäusen ernähren und nicht umgekehrt. Und dann sind da ja auch noch die Krallen und die Reißzähne.) Richtig unbedarft sind Kaninchen, sie setzen offenbar mehr auf Flauschigkeit als auf Grips. Der Hund hingegen übertrifft mit seinem EQ knapp die Katze. Affen haben einen doppelt so hohen Wert wie sie, und Delfine sind fünfmal so denkfreudig ausgestattet. Die Spitze gehört aber dem Menschen mit einem rund siebeneinhalbfachen Katzen-EQ. Darauf einen Tusch!

Wir Menschen sind folglich die schlauesten Tiere. Aber wieso sind wir so clever geworden? Liegt es vielleicht am ... Wie soll ich es sagen? Sie wissen schon ... Nun ja, am Sex? Vielleicht stehen Menschenfrauen auf kluge Männer, so wie die Hennen des Pfaus bunten Schwanzfedern nicht widerstehen können. Hatte also Charles Darwin recht, als er vermutete, der Mensch sei durch sexuelle Selektion so intelligent geworden?

Sie müssen jetzt ganz tapfer sein! Klug zu sein hilft Ihnen

nämlich leider nicht unbedingt bei der Partnersuche. Das beweist die leidige Erfahrung zahlreicher intelligenter Singles, die auf Partys und in Clubs immer wieder feststellen, dass ganz andere Attribute darüber entscheiden, ob man später zu zweit oder alleine nach Hause geht. Obendrein hat der Evolutionsbiologe David Geary von der Universität von Missouri im Jahr 1998 festgestellt, dass es bedeutende Intelligenzunterschiede zwischen Männern und Frauen geben müsste, wenn Frauen ihre Wahl nach der Klugheit des Mannes treffen würden. Da Frauen im Schnitt weder dümmer sind als Männer noch clevere Männer sich beim anderen Geschlecht leichter tun als Dumpfbacken, können wir diese Hypothese also getrost streichen.

Wie wäre es dann mit neuen Erfindungen und Fähigkeiten? Könnte es nicht sein, dass unsere Vorfahren klüger wurden, als sie auf die Idee des Ackerbaus gekommen sind?

Dieses Mal sind es die Fossilfunde, die gegen den Zusammenhang sprechen. Ackerbau betreibt der Mensch seit der Jungsteinzeit vor rund 12 000 Jahren. Sein großes Gehirn trug der *Homo sapiens* aber bereits seit mindestens 160 000 Jahren mit sich herum. Und der Trend setzte noch viel früher ein. Vermutlich unterschieden sich schon die Australopithecinen genannten Vormenschen in ihrem EQ von den Affen. Lange bevor sie anfingen, mit Steinen als Werkzeugen herumzuexperimentieren. Prähistorisches Hightech hat uns somit nicht zu klugen Köpfen gemacht. Was war es aber dann?

Wir waren es selbst!

Vergleichen wir die Größe der Gehirne von Primaten mit der Größe ihrer Gruppen, in denen sie zusammenleben, stellen wir fest, dass ein großer Sozialverband gut für den EQ ist. Wenn es von Nachbarn nur so wimmelt, wird das Leben eben kompliziert. In vielköpfigen Verbänden ist es wichtig, die Stimmungen der anderen zu erkennen, sich gegenseitig zu helfen oder im Zweifelsfall auch mal Intrigen zu spinnen. Der Mensch wurde so zu seinem besten Freund und zu seinem besten Feind. Wer damit zurechtkommen wollte, brauchte unbedingt ein großes Gehirn! Je mehr graue Zellen zur Verfügung stehen, desto mehr Mitglieder darf die Gruppe umfassen. Für unser aktuelles Gehirn liegt die Obergrenze dem britischen Anthropologen Robin Dunbar von der Universität Oxford zufolge bei rund 150 Kollegen, Freunden und Verwandten. So viele können wir noch einigermaßen gut im Kopf behalten und die Kontakte zu ihnen (in wechselnder Intensität, versteht sich) pflegen. Selbst bei sozialen Netzwerken wie Facebook oder Twitter übersteigt die Zahl der «Freunde», mit denen wir uns aktiv austauschen, nicht diese Marke. Jenseits der magischen 150 ist unser Gehirn anscheinend überfordert – für mehr Follower müsste es erst noch ein bisschen wachsen.

Wir sind alle verschieden – auch Sie!

Wir haben in diesem Kapitel gesehen, dass unser Gehirn eine ganz eigene Sicht auf die Welt hat. Es kombiniert den bescheidenen Ausschnitt an Informationen, die ihm von den Sinnesorganen geliefert werden, mit den Erfahrungen, die es bereits abgespeichert hat. Erst mit dem erlernten Wissen wird Rot zu Rot. Nur wenn Sie den Geschmack von Erdbeeren kennen, können Sie entscheiden, ob ein Eis danach schmeckt. Und erst mit einiger Erfahrung sind Sie in der Lage, einen Merlot von einem Cabernet-Sauvignon zu unterscheiden oder ein Pils von einem Hefeweizen.

Der Sinneseindruck, den Sie dabei gewinnen, ist einzigartig und exklusiv nur für Sie. Weil wir alle im Laufe unseres Lebens ganz unterschiedliche Erfahrungen sammeln und diese auf verschiedene Weisen im Gehirn miteinander verknüpfen, gibt es vermutlich keine zwei Menschen, die wirklich genau dasselbe schmecken, sehen, hören oder riechen. Selbst so grundlegende

Eindrücke wie Farben verarbeiten wir auf individuelle Art und Weise. Wenn Sie und ich physikalisch die gleiche Information erhalten, ist dennoch Ihr Rot nicht mein Rot, Ihr Süß nicht mein Süß und Ihr Rosenduft nicht mein Rosenduft.

Die Erfahrungen sind nicht nur dafür verantwortlich, dass wir die Welt verschieden wahrnehmen, sie ermöglichen uns vor allem, überhaupt etwas mit den zahlreichen Sinneseindrücken anzufangen. Was Farben, Formen und Figuren sind, müssen wir als Babys erst lernen, indem wir Vergleiche anstellen und Kategorien einrichten. Dabei steuern wir unbewusst auf ein Ziel zu. Ein Ziel, dem wir die Entwicklung unseres Gehirns überhaupt verdanken: Wir wollen mit unseren Mitmenschen in Kontakt treten.

2. VON AUTOS MIT GESICHTERN UND ASIATEN, DIE WIE PINGUINE AUSSEHEN –
Wie wir andere Menschen wahrnehmen

Ich begreife die Menschen nicht. Ich muß mich noch so oft über sie wundern.

JOHANN WOLFGANG VON GOETHE

Das Leben geht weiter, und es nimmt Gestalt an. In den ersten Tagen unseres Lebens waren wir als Babys vollauf damit beschäftigt, ein Gefühl für Farben und Formen zu entwickeln. Eine Zeitlang hat es uns glücklich gemacht, in einem Meer aus Rot, Gelb, Grün und Blau zu baden und die Zimmerdecke, das Rasselgedöns sowie unsere eigenen Füße anzustaunen.

Aber da war noch mehr! Schon bald stellten wir fest, dass sich unsere neuen Fähigkeiten ausbauen und zu einem nützlichen Werkzeug entwickeln ließen. Einige der Dinge in unserem Gesichtsfeld erschienen immer wieder. Aha!, meldete unser Gehirn freudig, das kennen wir doch! Vor allem ein komisches Etwas faszinierte unsere Nervenzellen: Es war mehr oder weniger rund, hatte im oberen Teil zwei bunte Punkte, etwa mittig, ein wenig tiefer eine längliche Ausbuchtung und darunter eine Öffnung von links nach rechts, die sich ständig bewegte und machte, dass es in den Ohren kitzelte.

Was konnte das bloß sein? Und warum interessierten wir uns so brennend dafür?

Punkt, Punkt, Komma, Strich …

Es ist ganz einfach, und es ist überall! Wir sehen es in tausend Dingen: in Autos, in Häusern, im Gebüsch, in den Wolken, sogar in abstrakten Symbolen: Was sehen Sie hier?

:-)

Natürlich, ein Gesicht! Ich wette, von 100 Lesern geben 99,47 diese Antwort. (Krumme Werte suggerieren wissenschaftliche Exaktheit, besonders wenn sie mit einer Sieben aufhören.)

Wohl kaum jemand hätte geantwortet, dass dort ein Doppelpunkt, ein Bindestrich und eine schließende Klammer zu sehen sind. Ist doch komisch, oder? Ich meine, wie viele von uns würden bei einem Symbol wie diesem

* * *

gleich an Schneeflocken denken? Dabei ist das Bild echten Schneeflocken mindestens genauso ähnlich wie Doppelpunkt, Bindestrich und Klammer einem Gesicht. Eigentlich sogar viel ähnlicher.

Die Wissenschaft hat sich für den Effekt, überall Gesichter zu entdecken, einen schönen Namen ausgedacht: Pareidolie. Das Wort stammt aus dem Griechischen von «para» für «daneben» und «eídolon» für «Erscheinung», was zusammen sinngemäß ein «Trugbild» ergibt. Ein paar Beispiele für Dinge, in denen wir nicht vorhandene Gesichter erkennen, zeigt Bild 12.

Genau genommen brauchen wir für eine Pareidolie nicht unbedingt ein Gesicht zu erkennen, es können auch andere Gegenstände sein. Wenn Sie also in einer Wolke ein Wikingerschiff sichten oder im Sand eine gewundene Doppelhelix, handelt es sich

Bild 12. Für die meisten Menschen haben viele Dinge ein Gesicht.

ebenso um Pareidolie. Im Falle der Helix würde ich außerdem die Prognose wagen, dass Sie irgendetwas mit Biologie zu tun haben (und dringend Urlaub bräuchten).

Warum dominieren aber die Gesichter? Weil sie uns mit ausnehmend wichtigen Informationen versorgen. Beispielsweise erkennen wir am Gesicht, dass wir es mit einem Menschen zu tun haben. Zwar verfügen auch Teddybären und Säbelzahntiger über Augen, Nase und Mund, und auch die ortet unser Gehirn in einem Wust von Mustern. Doch die spezielle Kombination dieser drei Merkmale ist typisch menschlich. Das Gesicht ist sozusagen das ultimative Erkennungsmerkmal für einen Menschen, und darum malen wir Punkt, Punkt, Komma, Strich an die Tafel, wenn wir einen Menschen symbolisieren wollen.

Außerdem sind Gesichter etwas Individuelles. Als Baby haben wir bald gelernt, unsere Mutter anhand ihrer besonderen Gesichtszüge von anderen Menschen zu unterscheiden, und belohnen sie mit einem Lächeln. Heutzutage akzeptieren Kinder dafür auch den Vater, sofern er sich um den Nachwuchs kümmert. Geliebt wird, wer oft und regelmäßig auftaucht, leckeres Futter mitbringt und die Schweinerei wegmacht, mit der Babys ihre Umwelt beglücken. Einfach mal vor dem Bettchen den Clown zu spielen ist nicht genug, um auserwählt zu sein. Solche Personen qualifizieren sich zwar mit ihrem Gesicht als Menschen, aber für das Prädikat Mama oder Papa reicht es nicht.

Es verbergen sich noch weitaus mehr Informationen im Gesicht. Wenn wir älter werden, lernen wir, Gesichter regelrecht zu lesen. Die Mimik unseres Gegenübers verrät uns auf einen Blick, wie er sich fühlt. Manche Signale sind dabei sehr deutlich: Fallen die Mundwinkel herab, kann das ein Zeichen für Traurigkeit oder Missmut sein. Fest aufeinandergepresste Lippen deuten auf Frust oder Ekel hin, hochgezogene Mundwinkel auf ein Lächeln, also Wohlwollen oder Freude. (Es sei denn, es ist ironisch oder herablassend gemeint, aber das ist wieder ein anderes Thema.) In Kombination mit Form und Bewegung der Augen, der Brauen und der Gesichtsmuskeln sind wir in der Regel schnell über die Gefühlslage unserer Mitmenschen im Bilde.

Andere Signale sind feiner, sodass wir sie nur unbewusst wahrnehmen. Vor allem wenn jemand seine wahren Gefühle verbergen möchte, verraten sie sich nur durch solche *micromomentary expressions*, die häufig nur Sekundenbruchteile andauern, in denen zum Beispiel ein Muskel unwillkürlich zuckt.

Die Gesichter der anderen lesen zu können war für den Menschen schon immer essenziell. Wenn jemand aus der eigenen Gruppe Anzeichen von Furcht zeigte, drohte vielleicht eine Gefahr für das eigene Leben; war der Anführer sauer, ging man ihm besser aus dem Weg. Instinkte, die noch bis heute nützlich für uns sind, wenn es beispielsweise darum geht, den richtigen Zeitpunkt für die Bitte um eine Gehaltserhöhung der Mimik des Chefs nach auszuwählen.

Doch das Gesichtsorakel ist nicht zuverlässig. Da gibt es einmal die Möglichkeit, die Mimik bewusst zu unterdrücken und nach außen ein Pokerface aufzusetzen – oder gar absichtlich irreführende Signale auszusenden. So manch falsche Träne soll schon Wunder bewirkt haben. Einige Menschen haben dagegen von Natur aus ein Gesicht, das die ganze Zeit über Anspannung oder Wut auszusenden scheint, obwohl die Betreffenden eigentlich neutral gestimmt sind und ihre Gesichtsmuskeln entspannt haben. Andere sind mit einem ewigen Babyface ausgestattet, sodass man sie die ganze Zeit knuddeln möchte, während sie selbst vor Wut schon fast explodieren. Trotz solcher Fehlerquellen profitiert unser Zusammenleben enorm von der wortlosen Kommunikation über die Mimik. Deshalb sind wir wahre Experten für das Lesen von Gesichtern.

Aber leider nicht alle.

Obwohl es uns nicht bewusst ist, zählt das Erkennen von Emotionen anhand der Gesichtszüge zu den ausgesprochen schwierigen Aufgaben, die unser Gehirn automatisch erledigt. Das wird deutlich, wenn diese Fähigkeit aufgrund einer Krankheit gestört ist. Menschen mit Autismus beispielsweise können häufig nichts mit der Mimik ihres Gegenübers anfangen. Einige Betroffene sind nicht in der Lage, ihre Stimmung (richtig oder überhaupt) einzuschätzen, und es fällt ihnen schwer, ihre eigenen Gefühle über Mimik ausdrücken. Sogenannte hochfunktionale Autisten, die eine durchschnittliche Intelligenz erreichen und ihr Leben selbständig gestalten können, bemühen sich deshalb, Gesichter bewusst zu lesen. Sie stellen für sich Regeln auf, welche Mimik auf welche Emotion hinweist, und prüfen das Gesicht ihres Gesprächspartners ständig auf diese Merkmale. Eine anstrengende und oft genug frustrierende Arbeit.

Menschen mit dem Möbius-Syndrom haben ein anderes Problem, bei ihnen sind die Gesichtsmuskeln gelähmt, sodass die Betroffenen wirken, als würden sie eine Maske tragen. Zudem können sie die Augen nicht seitlich bewegen. Ein Gespräch mit ihnen zu führen ist irritierend, da sie überhaupt nicht zu reagieren scheinen. Häufig hält man sie für unhöflich oder gar für minderbemittelt, obwohl die meisten von ihnen normal intelligent sind.

Es darf also nichts schiefgehen in der Entwicklung des Gehirns, damit wir Mimik produzieren und interpretieren können. Nur dann kann sie ihre volle soziale Funktion entfalten.

Aber da ist ja nicht nur die Mimik.

Wer bei den Nilpferden Boss ist

Eine große Klappe zu haben kann von Vorteil sein. Wenigstens, wenn Sie ein Nilpferdbulle sind. Wenn es bei den Nilpferden so richtig zur Sache geht, machen die nämlich in der Regel nichts weiter, als das Maul ordentlich aufzureißen und zu vergleichen, wer die größere Klappe hat (Bild 13). Es gibt keine Beißereien, niemand tritt den anderen, und es wird auch nicht lange diskutiert. Mund auf, Größe abschätzen, und der Gewinner steht fest. So einfach ist das.

Schuld daran ist die Evolution. Nilpferde können mit ihren gewaltigen Mäulern richtig fest zubeißen, sodass echte Kämpfe zwischen ihnen auch den Sieger so schwer verletzen könnten, dass er nicht mehr viel von seinem Erfolg hätte und schlimmstenfalls

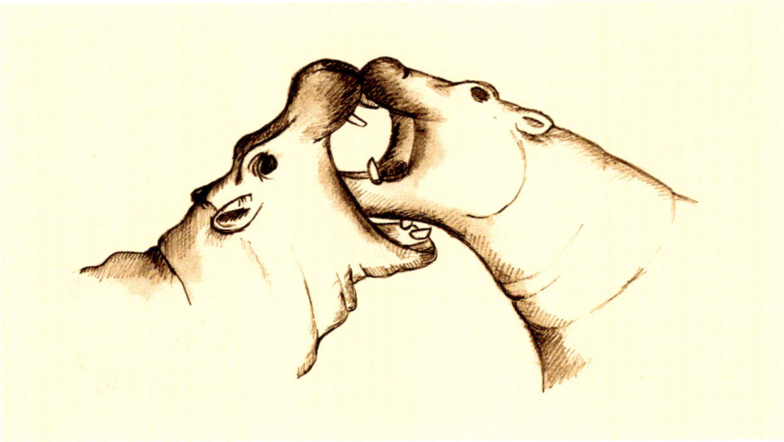

Bild 13. Chef ist, wer das größere Maul hat.

vor der Vermehrung sterben würde. Kampfeswütige Bullen waren darum meist nicht sonderlich gut darin, sich fortzupflanzen und ihre Powergene weiterzugeben. Stattdessen setzten sich diejenigen Nilpferdmännchen durch, die allein mit ihren Drohungen von vornherein alles klarmachten oder so klug waren, sich rechtzeitig zurückzuziehen, wenn der Gegner doch eine Nummer zu stark wirkte. Das Ergebnis ist ein großes Maul als unmissverständliches Signal für Dominanz.

Ähnliche Mechanismen kennen auch wir Menschen. Allerdings gehen wir ein wenig subtiler und umfassender vor als Nilpferde. Menschen setzen ihren gesamten Körper ein, um Signale zu senden. Die Botschaft wird dadurch nicht weniger deutlich, wie Sie am Bild 14 sehen können. In die Hüfte gestemmte Hände und der nach vorne geschobene Kopf symbolisieren unmissverständlich, wer in der Rolle des Chefs ist, während die vor dem Bauch gefalteten Hände ein beschwichtigendes Zeichen der Unterwürfigkeit darstellen.

Es muss aber nicht immer gleich um Machtspielchen gehen. Unsere Körpersprache transportiert auf vielerlei Wegen Informationen über uns. So reicht häufig alleine die Silhouette aus, um zu erkennen, welches Geschlecht jemand hat und was er gerade tut (Bild 15). An der Kleidung lesen wir ab, zu welcher Gruppe sich jemand selbst zählt. Die Pose, die Gestik, die Bewegungen – sie alle erzählen uns so viel über einen Menschen, dass wir ihn innerhalb von Sekunden einschätzen und in eine Schublade werfen.

Aber sind wir bei unseren Schnellschüssen immer treffsicher?

Bild 14. Keine Frage, wer hier das Sagen hat.

Bild 15. Manchmal verraten Silhouetten fast mehr als Worte.

Schubladendenken im Sekundentakt

Die US-Amerikaner lieben es. Beim Speed-Dating haben Sie nur drei Minuten, um sich mit jemandem zu unterhalten, ihn nach seinen Vorlieben, seinem Leben und seinen Träumen zu befragen – und schon ist die Runde um, und Sie sitzen dem nächsten Kandidaten gegenüber. (Es soll inzwischen Firmen geben, die wählen Bewerber für ein längeres Vorstellungsgespräch nach dieser Methode aus.) Drei Minuten! Und das soll reichen, um zu entscheiden, ob Sie vielleicht den Rest Ihres Lebens mit dieser Person verbringen möchten?

Tatsächlich reicht es häufig.

Eine ganze Reihe von Untersuchungen deutet darauf hin, dass der erste Eindruck, den wir uns von einem Menschen machen, ziemlich genau der Meinung entspricht, die wir später von ihm haben, nachdem wir ihn besser kennengelernt haben. Anders ausgedrückt: Unser Bauchgefühl hat es von Anfang an gewusst!

Um jemanden einzuordnen, dem wir zum ersten Mal begegnen, gehen wir schrittweise vor. Zuerst nehmen wir nur die groben Umrisse wahr, dann ergänzen wir, wie beim Reinzoomen in ein digitales Foto, immer feinere Details. Dementsprechend läuft unsere Charakterstudie auf verschiedenen Zeitebenen ab: von Sekunden über Minuten bis hin zu Jahren.

Die ersten Informationen verarbeiten wir innerhalb von Millisekunden. Werfen Sie doch einmal einen flüchtigen Blick auf Bild 16. Was können Sie über die gezeigten Personen sagen?

Vermutlich ist Ihnen aufgefallen, dass es sich um einen jungen Araber, eine US-Amerikanerin mittleren Alters und einen älteren asiatischen Mann handelt. Ungefähres Alter, Geschlecht und Kulturkreis bzw. Ethnizität – das sind die Merkmale, die unser Gehirn auf einen Blick erfasst. Dazu zieht es alle Indizien heran, die sich finden lassen: die Form des Gesichts, der Nase, der Augen und des Mundes, die Farbe der Haare und der Haut, die Frisur, die Kleidung, eventuellen Schmuck und für das Alter die Textur der Haut. Eben all das, was ein Schriftsteller erwähnt, wenn er eine

Bild 16. Der erste Blick gilt dem Alter, dem Geschlecht und der Ethnizität.

neue Figur einführt. Ein Blinzeln reicht, und unser Gehirn hat ein Bild mit den wesentlichen Informationen für einen Romanhelden.

Übrigens haben wir uns nicht bewusst entschieden, ausgerechnet die drei Grundinformationen Alter, Geschlecht und Ethnizität wahrzunehmen. Unser Gehirn macht das automatisch. Es ist sogar ausgesprochen schwer, es daran zu hindern, wenn wir jemanden erblicken. Vielleicht waren dies in der Menschwerdung entscheidende Kriterien, um eine Begegnung einzuordnen: Gehört der andere zu meiner Gruppe, oder ist er fremd (Ethnizität)? Könnte er als Sexualpartner geeignet sein, oder ist er ein potenzieller Angreifer (Geschlecht)? Ist er zu jung oder zu alt für eine der beiden Aktionen, oder sollte ich besser damit rechnen (Alter)?

Hat unser forschender Blick den anderen nicht verscheucht und haben wir selbst nicht aus dem einen oder anderen Grund Reißaus genommen, sammelt unser Gehirn in den folgenden Minuten weitere Hinweise. Auch ohne Unterhaltung tauschen wir ständig eine Fülle nonverbaler Informationen aus. Die Mimik, die wir bereits oben angesprochen haben, verrät uns den Gemütszustand. Sie ist so tief in uns verankert, dass sogar Blinde mimische Signale aussenden, obwohl sie sie selbst nicht sehen können. Die Körpersprache erzählt ebenfalls eine Menge über die Stimmung des Menschen. Wer ängstlich ist, tendiert dazu, in sich selbst zusammenzusinken. «Kinn hoch und Brust raus» zeugt in der Regel von einem großen Selbstvertrauen.

Haltung und Blick sagen so viel über uns aus, dass japanische Samurai mitunter einen Kampf abgebrochen haben, nachdem sie sich eine Weile bewegungslos gegenübergestanden hatten. Der schwächere Kämpfer erkannte an der Körpersprache und der Entschlossenheit im Blick des stärkeren, dass er einen Hiebwechsel nicht überleben würde, und zog sich mit einer Verbeugung ehrenvoll zurück. Ganz im Sinne unserer Nilpferde.

Ein weiterer wichtiger Aspekt ist der Klang der Stimme. Eine angenehme Stimme assoziieren wir unwillkürlich mit einem angenehmen Charakter. Und falls Sie ein Mann sind und mit tiefer Stimme sprechen, werden sie allein deshalb schon für dominant und einflussreich gehalten. Nur sollten Sie besser nicht plappern, denn das suggeriert eher eine hektische, entscheidungsschwache Natur.

Bleiben wir über Monate oder Jahre mit jemandem in Kontakt, geschieht etwas Seltsames. Wir bemerken nicht nur immer mehr Finessen im Verhalten des anderen – wir übernehmen sogar einige seiner Eigenheiten. Freundinnen lachen auf die gleiche Weise, Ehepartner zeigen die gleiche Mimik, Arbeitskollegen wählen dieselben Worte, Sportfreunde machen die gleichen Bewegungen. Innerhalb unserer Gruppe entwickeln sich Muster, mit denen wir uns teilweise bewusst von anderen abgrenzen, die uns selbst aber manchmal gar nicht mehr auffallen. Herzlichen Glückwunsch! Sie haben soeben einen wichtigen Schritt zu einer eigenen Kultur vollzogen!

Besonders markant sind die Verhaltensmuster größerer Regionen, bzw. Nationen, wie beispielsweise die US-amerikanische Sitte, bei der Begrüßung die freie Hand in der Hosentasche zu lassen. Oder die italienische Angewohnheit, beim Sprechen so ausgelassen zu gestikulieren, dass manche deutsche Gehörlose im Italienurlaub im ersten Moment glaubten, dort würden die meisten Menschen in Gebärdensprache reden. Oder die indische Art, mit einer Kopfbewegung weder «Ja» noch «Nein» zu sagen.

Wenn Sie zu einer bestimmten Kulturgruppe gehören, werden Ihnen die Eigenheiten der Gruppe vertraut sein. Sie können sie mit Leichtigkeit interpretieren und werden sie häufig noch nicht mal als etwas Besonderes ansehen. (Das macht doch jeder so, alles ganz normal.) Sind Sie jedoch ein Außenseiter, werden Sie mit einigen Verhaltensweisen nichts anfangen können und innerlich vermutlich denken: «Die spinnen, die Römer!»

Die Weisheit des Bauchgefühls

Was wir von einem Menschen halten, steht also schon nach wenigen Sekunden oder Minuten relativ fest. Nicht umsonst gibt es zahlreiche Redewendungen dazu wie etwa: «Es gibt keine zweite Chance für einen ersten Eindruck.»

Dieses Vorgehen, ein Urteil allein auf Grundlage weniger Informationen zu fällen, wird im Fachjargon als *Thin-slicing* bezeichnet. Im Deutschen nennen wir diese Taktik der «dünnen Scheiben» umgangssprachlich «Bauchgefühl», obwohl eigentlich unser Gehirn für die Entscheidung verantwortlich ist. Das Erstaunlichste am Bauchgefühl ist, dass es ein ziemlich zutreffendes Ergebnis liefert. Vorausgesetzt, wir sehen die Wahrheit als eine Art demokratisches Abstimmungsergebnis an.

Als Pioniere in der Erforschung des Bauchgefühls gelten Nalini Ambady und Robert Rosenthal von der Harvard-Universität. Die beiden Psychologen führten in den 1990er Jahren Testpersonen kurze Videoclips ohne Ton vor, die Lehrer oder Universitätsdozenten während ihres Unterrichts zeigten. Nach den Clips, die zwischen zwei und dreißig Sekunden dauerten, sollten die Probanden den jeweiligen Lehrer aufgrund seiner nonverbalen Signale in verschiedenen Kategorien wie Kompetenz, Dominanz, Ehrlichkeit, Enthusiasmus und Professionalität bewerten. Ambady und Rosenthal errechneten anschließend aus den Einzelwertungen eine Gesamtnote.

Das Ergebnis überraschte die Wissenschaftler. Obwohl die Testpersonen nur extrem kurze Ausschnitte aus dem Unterricht zu sehen bekamen, schätzten sie die Lehrer und Dozenten ziemlich genau so ein, wie es deren echte Schüler und Studenten am Ende des Semesters in ihren Bewertungsbögen gemacht hatten. Dabei spielte es keine Rolle, ob die Videoclips zehn, fünf oder nur zwei Sekunden lang waren. Der «Bauch» wusste instinktiv, ob ihm eine Schlaftablette oder ein Alleinunterhalter gegenüberstand.

Für eine solche Einordnung bedarf es noch nicht einmal eines Bewegtbilds. Der Schweizer Psychologe Jakub Samochowiec legte für seine Doktorarbeit an der Universität Basel seinen Probanden Fotos unbekannter Politiker vor und bat sie, den Personen eine politische Orientierung im Sinne von «links» oder «rechts» zuzuordnen. Tatsächlich war die Trefferquote erstaunlich hoch, vor allem bei Politikern, deren Ansichten der Einstellung des jeweiligen Probanden entgegengerichtet war. Die Kleidung hatte Samochowiec übrigens wegretuschiert: Allein die Gesichter hatten offensichtlich Bände gesprochen!

Überhaupt die Politiker! Im Grunde genommen könnten sie sich den ganzen Aufwand mit ihren Reden und Wahlkampfauftritten getrost sparen und einfach Fotos von sich veröffentlichen. Alexander Todorov und Chris Olivola von der Princeton-Universität in den USA haben nämlich festgestellt, dass Wähler anhand der Porträts innerhalb einer Sekunde einschätzen können, wie kompetent jemand ist. Den Forschern gelang es sogar, auf dieser Grundlage das Wahlergebnis vorherzusagen! Statt an die Urnen zu pilgern, könnten wir doch die nächste Regierungschefin im Stile von *Germany's Next Top-Kanzlerin* ermitteln. Wetten, dass die Einschaltquoten höher wären als die übliche Wahlbeteiligung?

Unser Bauchgefühl kann noch mehr: David Kenny und Linda Albright führten an der Universität Connecticut ein Experiment durch, in dem Studenten im ersten Semester (Studis sind bei psychologischen Versuchen gern genommene Opfer, die so ziemlich alles mit sich machen lassen, wenn man dafür Leistungspunkte für das Semester bekommt) sich selbst und ihre Kommilitonen in Bezug auf einige Charaktereigenschaften einschätzen sollten. Es zeigte sich, dass vor allem in den Kategorien Extravertiertheit und Verantwortungsbewusstsein Fremdwertung und Selbsteinschätzung weitgehend übereinstimmten. Es kommen also nicht nur viele Bäuche zum gleichen Resultat, sie erraten sogar, wie der Bauch im Mittelpunkt des Interesses sich selbst sieht.

Mit den Gesichtern ist das Signalrepertoire für unser Bauchgefühl noch nicht ausgereizt. David DeSteno von der Northwestern-Universität und Cynthia Breazeal vom MIT ließen ihre Studenten paarweise ein Spiel spielen, bei dem es Geld zu gewinnen gab. (Warum nur wurde ich als Student nicht öfter zu solchen Experimenten eingeladen?) Kooperierten die beiden, bekamen sie den doppelten Einsatz. Entschied sich aber einer dazu, völlig egoistisch vorzugehen, erhielt er maximal die dreifache Summe – und der Betrogene überhaupt nichts. Damit niemand Angst vor sozialen Repressalien haben musste, kannten sich die Probanden nur von einem kurzen Gespräch miteinander und sahen sich auch nach der einzigen Spielrunde nicht wieder.

Das Entscheidende geschah während der knappen Unterhaltung im Vorfeld. Die Gesten, die jemand in diesen Minuten machte, bestimmten, wie sehr ihm sein Spielpartner anschließend vertraute. Kratzte sich einer der Spieler am Kinn oder verschränkte er die Arme, verlor er an Glaubwürdigkeit, und es kam seltener zu einer Kooperation. So weit, so nachvollziehbar. Richtig spannend wurde es aber, als die Wissenschaftler am MIT den Roboter Nexi so programmierten, dass er ebenfalls die als negativ empfundenen Gesten ausführen konnte, und ihn dann an dem Test teilnehmen ließen. Obwohl deutlich zu sehen war, dass Nexi kein Mensch war, vertrauten ihm seine Spielpartner weniger, wenn er beim Aufeinandertreffen die abweisenden Signale zeigte. Verhielt er sich hingegen neutral, kooperierten die menschlichen Probanden gerne mit ihm. Unserem Bauch ist demnach egal, ob es sich um einen Menschen oder einen Roboter handelt, solange der entsprechende Körper die von uns in dieser Situation gelernte, eindeutige Sprache spricht. Unser Hirn liest diese Signale wohl fast automatisch.

In einem eigenen Versuch wollte ich herausfinden, ob auch im Prinzip unverfängliche Bewegungen eine Botschaft vermitteln. Dazu ließ ich zwölf Versuchspersonen verschiedene Dinge tun: Sie sollten ganz normal gehen, schnell laufen, sich die Hand schütteln, Tischtennis spielen, frei tanzen oder den choreographierten Macarena-Tanz aufführen. Anschließend bat ich andere Teilnehmer, die Probanden auf Grundlage ihrer Performance hinsichtlich ihrer Bereitschaft zur Kooperation und Teamarbeit einzuordnen. Und ich ermittelte mit verschiedenen Testmethoden, wie kooperativ sie wirklich waren. Was meinen Sie, welche der obigen Handlungen verraten uns eine Tendenz zu Kooperation und Teamfähigkeit? Tischtennis spielen vielleicht? Frei tanzen?

Daneben! Wir können anscheinend die Kooperationsbereitschaft bei Menschen besser vorhersagen, wenn sie Bewegungen ausführen, die uns vertraut sind. Im Experiment waren dies Gehen, Laufen und Macarenatanzen. Falls Sie nicht selber zufällig Tischtennis spielen, ist es schwieriger für Sie, von den schnellen Bewegungen irgendwelche Informationen herauszulesen. Beim freien Tanzen ist es wohl noch schwieriger: Denn wenn jemand beim Tanzen völlig unberechenbar herumhopst, ich aber eher dazu neige, beim Tanzen mit einer Flasche Bier in der Hand lediglich mit dem Kopf den Takt mitzunicken (der typisch deutsche Männertanz), kann ich fast nichts über die andere Person aussagen. Dagegen kann ich wohl besser beurteilen, wer mir ähnlicher ist, wenn ich einen choreographierten Tanz sehe, den ich selbst beherrsche, wie z. B. Macarena (oder womöglich Gangnam-Style).

Mit einem weiteren Versuch habe ich die übliche Reihenfolge auf den Kopf gestellt. Ich ließ meine Probanden zuerst in einem Spiel demonstrieren, wie kooperativ sie sich verhalten, und befragte sie hinterher, wie sie sich ihren Partner vorgestellt haben.

Für die Spielrunde verband ich je zwei Teilnehmer über ein Seil miteinander. Die beiden konnten sich wegen eines Vorhangs zwischen ihnen nicht sehen, und Kopfhörer verhinderten, dass sie sich hörten bzw. miteinander sprechen konnten. Das Spiel bestand darin, auf einem Computer in der eigenen Spielfeldhälfte eine Taste zu drücken, wofür es zur Belohnung ein bisschen Geld gab. Dummerweise war das Seil so kurz, dass nur ein Spieler zur selben Zeit seinen Computer erreichen konnte. Das Problem lösten die Probanden nach einigem Hin und Her, indem sie sich abwechselten: Mal durfte der linke Spieler tippen, dann war der rechte an der Reihe. Wie mochten sie wohl ihren Partner dabei eingeschätzt haben?

Generell fanden die Teilnehmer diejenigen kooperativer, die sich ähnlich verhielten wie sie selbst. Die Fragerunde ergab außerdem, dass meine Probanden einen Mitspieler, der sich schnell auf das abwechselnde Drücken einließ, in der Regel für weiblich hielten. War jemand hingegen weniger kooperativ und zog egoistisch den anderen zu seinem eigenen Computer, stellten ihn sich die unterdrückten Mitspieler als größer und männlich vor. Unser Bauchgefühl schließt folglich nicht nur aus dem Aussehen auf den Charakter, es geht auch den umgekehrten Weg und macht sich anhand der Handlungen ein Bild des Akteurs.

Sind wir also alle Superpsychologen, die mit ihrem ersten Blitzurteil immer richtig liegen?

Leider nicht! Zwar zeigen die Studien, dass unser Bauchgefühl überraschend gut darin sein kann, Menschen in Sekundenschnelle so einzuschätzen, als würden wir die Person schon lange kennen. Aber für diese Studien wurden immer die Bewertungen vieler Probanden gemittelt. Betrachten wir die Urteile der einzelnen Teilnehmer, haben viele einen anderen Eindruck gehabt als die Mehrheit. Es ist demnach nicht jedem und schon gar nicht jedem immer ein sicheres Bauchgefühl gegeben. Abhängig von der jeweiligen Situation können wir durchaus gründlich danebentippen.

Das wird auf erschreckende Weise deutlich, wenn in den Medien über eine besonders brutale Gewalttat berichtet wird. Die Attentäter vom 11. September beispielsweise, die kaltblütig Flugzeuge in das World Trade Center steuerten, um möglichst viele Menschen zu töten, wurden teilweise von ihren früheren Nachbarn und Professoren als freundlich und hilfsbereit beschrieben. Kein Bauchgefühl hatte erahnt, an welchem Plan die Terroristen längst im Geheimen arbeiteten. Auch zeigt die Statistik, dass wir Menschen mit einem Babyface für harmlos halten und diese häufig tatsächlich weniger aggressiv sind. Allerdings gab es auch einige berühmte Serienmörder in den USA, die für ihr Babyface bekannt waren. Unser Bauch lässt sich offensichtlich bisweilen vom schönen Schein täuschen. Vor allem wenn wir selbst nicht gut drauf sind. Unsere eigene Stimmung beeinflusst stark die Fähigkeit zur Schnelleinschätzung. Sind wir gut gelaunt, fällt unser Bauch bessere Urteile, als wenn wir bedrückt sind.

Und dann ist da noch die Sache mit den verschiedenen Kulturen. Es fällt uns deutlich leichter, Menschen aus unserem eigenen Kulturkreis einzuordnen als jemanden, der unter anderen Normen aufgewachsen ist. Mit ein und demselben Verhalten würde man Sie in den USA als introvertiert und zurückhaltend beschreiben, während Sie in Japan als extrovertiert bis aufdringlich gelten würden.

Wir sind eben alle verschieden – fast überall.

Ich denke das, was du denkst

Wollen Sie ein bisschen Spaß haben? Dann versammeln Sie ein paar Freunde, und stellen Sie in der Fußgängerzone Ihrer Stadt eine leere Colaflasche auf den Boden. Bewundern Sie diese Flasche! Staunen Sie! Gehen Sie in die Hocke, um das Werk genauer zu betrachten! Sagen Sie «Oh!», «Krass!» und «Abgefahren!». Machen Sie sich gegenseitig auf dieses einmalige Objekt aufmerksam!

Sie werden sehen: Es dauert nicht lange, und die ersten Passanten werden stehen bleiben, um zu sehen, was es da zu sehen gibt. Ihre größer gewordene Gruppe wird weitere Neugierige anlocken, und nach ein paar Minuten ist die Ansammlung so weit angewachsen, dass Sie und Ihre Freunde sich diskret zurückziehen und das Schauspiel aus der Ferne betrachten können. Niemals zuvor ist sich eine Colaflasche so wichtig vorgekommen!

Im Grunde liegt es natürlich nicht an der Flasche. Ebenso gut hätten Sie und Ihre Freunde einfach begeistert in die Luft starren können. Der entscheidende Faktor ist, dass sich eine Gruppe von Menschen sichtbar auf ein Objekt konzentriert. Für Unbeteiligte ist dies ein starkes Signal, dass dort etwas Wichtiges stattfindet. Droht eine Gefahr? Oder gibt's dort einen Leckerbissen? In früheren Zeiten wäre ein Höhlenlöwe ein denkbarer Grund gewesen, warum alle Steinzeitler in die gleiche Richtung starren. Oder ein kaum verwestes Stück Aas. Heute rechnen wir in der Stadt eher mit Freibier. Oder auf Autobahnen mit einem schlimmen Unfall. Worum auch immer es sich handeln mag: Oft können wir kaum anders, als hinzusehen, um zu erfahren, was dort los ist.

Unser Gehirn will es so!

Was andere Menschen meinen oder tun, bezieht unser Gehirn in seine eigenen Bewertungen ein. Denken Sie nur an Fernsehserien, die durch die eingespielten Lacher gleich viel lustiger wirken. (Ganz ohne Lachen aus der Konserve ist bei vielen Serien der einzige Witz, dass man überhaupt über die flachen Gags lachen kann.) Oder Wahlkampfauftritte von Politikern, bei denen selbst Banalitäten so heftig beklatscht werden, dass am Ende jeder zustimmen muss.

Nun mögen Humor und Wahlkampfparolen eine Frage des Geschmacks sein – die Länge von Strichen ist hingegen ein physikalisch eindeutiger Fakt. Trotzdem schlossen sich viele Versuchspersonen in einem Experiment des Sozialpsychologen Solomon Asch zum Konformitätsdruck der klar falschen Mehrheitsmeinung an.

Die Probanden sollten aus drei Strichen denjenigen heraussuchen, der einem Vergleichsstrich entsprach (Bild 17). Die Aufgabe hätte jede Testperson spielend lösen können, doch Asch hatte den Teilnehmern eine kleine Falle gestellt. An dem Versuch nahmen mehrere Probanden gleichzeitig teil, die ihre Antworten frei in den Raum riefen. So schien es jedenfalls. In Wahrheit gab es jedoch nur eine einzige Testperson, alle anderen waren eingeweihte Mitarbeiter, die absichtlich unisono behaupteten, der längste Strich wäre der Vorgabe am ähnlichsten. Was falsch war, aber dem echten Probanden eben als Gruppenkonsens erschien. In

Bild 17. Welcher der rechten Striche ist so lang wie der linke Strich?

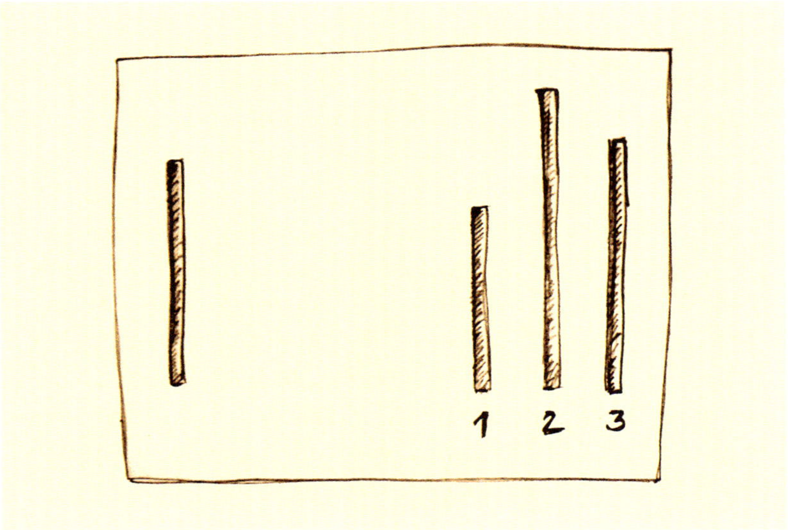

zwei Dritteln der Fälle warf der Überstimmte seine eigene Wahrnehmung kurzerhand über den Haufen und schloss sich der Mehrheit an. Viele Augen sehen schließlich genauer als zwei, und die Herde wird schon in die richtige Richtung laufen! Ein klarer Fall von Gruppenzwang.

Oder verbirgt sich dahinter ein tiefergehendes Geheimnis?

Die Suche nach der Antwort führt uns wieder in die Welt der Farben. In einem ähnlichen Experiment wie Aschs Konformitätsstudie sollten die Teilnehmer eine Farbe benennen, die unter fairen Bedingungen von 99 Prozent aller Menschen als Grün erkannt werden würde. Die heimlichen Mitarbeiter bezeichneten sie jedoch einhellig als Blau, sodass der einsame Proband sich ebenfalls für Blau entschied. Bei diesem Versuch gab es allerdings einen wichtigen Unterschied zu Aschs Original: Die vermeintlichen und wahren Teilnehmer sollten direkt nach dem Versuch nicht die gesehene Farbe nennen, sondern den Farbeindruck, den sie wahrnahmen, nachdem sie lange auf die Farbtafel gestarrt hatten.

Unter solchen Bedingungen spielt uns unser Sehvermögen einen kleinen Streich. Schauen wir über eine Minute konzentriert auf eine farbige Fläche, beispielsweise auf eine grüne, so erschöpft das unsere Wahrnehmungsfähigkeit für diese Farbe. Blicken wir sofort nach der Tortur auf eine weiße Fläche, sehen wir die sogenannte Komplementärfarbe zu Grün: Rot. Ist die Farbfläche zum Anstarren blau, erscheint uns danach ein weißes Feld in der Komplementärfarbe Orange. Dieses Phänomen nennt man *Adaptation*.

Auf genau diese Weise sollten die Probanden in dem Experiment vorgehen: Sie schauten angestrengt auf die Farbkarte und sahen danach die Komplementärfarbe, nach der sie die Versuchsleiter befragten. Weil die Teilnehmer den Effekt mit der Komplementärfarbe nicht kannten, gaben sie die Farbe an, die sie tatsächlich gesehen hatten, und das war – Orange. Statt einfach der

Mehrheit nachzuplappern, hatte sich unter dem Einfluss der anderen Meinungen die Farbwahrnehmung der Probanden tatsächlich geändert. Sie hatten die Farbe Blau gesehen, weil sich ihr Gehirn hatte überzeugen lassen, eine blaue Tafel vor sich zu haben. Und so interpretierte es die Signale der nach wie vor unbestechlichen Augen einfach um. Aus «Ich denke das, was du denkst!» war ein wahrhaftiges «Ich sehe das, was du siehst!» geworden.

Fast wie Klonkrieger

Vor einigen Jahren, als ich noch in Konstanz am Bodensee studiert habe, war ich abends am See spazieren. Es war ein unheimlich nebliger Abend, der fast die Grenze zwischen Wirklichkeit und Traum verschwimmen ließ. Ich nutzte die Gelegenheit, um meinen Gedanken nachzuhängen, als mich ein alter Bekannter ansprach.

«Hi! Lange nicht gesehen. Wie geht's dir?»

«Hi, cool! Mir geht's bestens! Und dir?»

«Läuft alles. Hab gehört, du warst im Ausland.»

«Stimmt, bin gerade erst wiedergekommen. Wie isses mit dem Klimperkasten? Brummt der Laden?»

Wir unterhielten uns eine Weile. Ich erzählte von meinem Auslandsaufenthalt, er von der Kneipe, die er übernommen hatte und in der ich oft zu Besuch war. Nach einer Viertelstunde trennten sich unsere Wege.

«Mach's gut, Peng! Bis bald!»

«Hä, Björn, wieso Peng, ich bin doch Dong!»

«Wie? Willst du mich verarschen? Ich bin nicht Björn, ich bin Lars!»

Verdutzt schauten wir uns an, bis wir begriffen, was gerade schiefgelaufen war: Er hatte mich mit seinem chinesischen Bekannten Peng verwechselt, der zufällig auch gerade ein Auslandsjahr gemacht hatte. Und ich hatte ihn für seinen Zwillingsbruder Björn gehalten.

Okay, eineiige Zwillinge zu verwechseln ist keine Schande und kommt häufiger vor. (Auf jeden Fall öfter, als Sie in Konstanz Zwillinge treffen, die nordische Namen wie Björn und Lars tragen.) Aber Peng und mich zu verwechseln? Wo wir doch nicht miteinander verwandt waren und uns überhaupt nicht ähnlich sahen? Wie konnte das passieren? Sehen etwa alle Asiaten gleich aus? So wie Pinguine?

Als Wissenschaftler wollte ich das natürlich genauer wissen, und weil wir uns hier im Kapitel über die Wahrnehmung anderer Menschen befinden, ist das der geeignete Ort, Ihnen zu erzählen, was die Neurowissenschaft zu dem Thema zu sagen hat.

Mit den Augen eines Westlers betrachtet, sehen Europäer schon auf den ersten Blick sehr unterschiedlich aus: Sie haben blonde, rote, brünette oder schwarze Haare, blaue, grüne, graue oder braune Augen, lange, kurze, dicke, dünne, gerade oder gebogene Nasen, dazu Hautfarben von skandinavisch-blass bis mediterran-dunkel. Asiaten haben dagegen in der Regel schwarze Haare, dunkelbraune Augen und leicht gelblich-bräunliche Haut. Alle gleich. Oder?

Überhaupt nicht, wird Ihnen jeder Asiate entgegenhalten. Zunächst gibt es beispielsweise bei der Hautfarbe ein ziemliches Spektrum an Nuancen. Aber vor allem variieren zwischen den Individuen Merkmale, die Europäer kaum beachten, den Asiaten hingegen sehr wohl auffallen: Da sind etwa die Wangenknochen, die hoch oder tief sitzen, grazil oder mächtig sein können. Die Form des Kopfes kann rund, länglich oder quadratisch sein, die Kinnform von zierlich bis nussknackerartig reichen, die Augenbrauen können buschig oder fein gezogen sein, gerade verlaufen oder sich wölben ... Glauben Sie mir: Kein Asiate sieht wie der andere aus, wenn man weiß, worauf man achten muss.

Der Punkt ist nur: Die meisten Europäer wissen es nicht. Ihnen fehlt die Erfahrung im Kontakt mit Asiaten. Haben Sie erst mal eine Weile in Korea, China oder Japan gelebt, stellt sich Ihr Gehirn entsprechend ein, und es kann Ihnen niemand mehr einen Dong-Seon für einen Peng vormachen.

Unser Problem, Gesichter von Menschen einer anderen Ethnizität zu unterscheiden, bezeichnen Wissenschaftler als *Other-Race-Effect*. Und er betrifft nicht nur Asiaten. Denn Asiaten können ihrerseits Afrikaner nicht gut auseinanderhalten. Mit welcher Gruppe Afrikaner wiederum ihre Sorgen haben, ist leider nicht so gut untersucht. Jedenfalls kann der Effekt auch in der entgegengesetzten Richtung auftreten, wie mir Freunde aus Asien erzählt haben. Es ist für Asiaten nämlich nicht immer einfach, zum Beispiel europäische oder amerikanische Schauspieler und Schauspielerinnen auseinanderzuhalten wie den deutschen Sänger Helge Schneider und den amerikanischen Schauspieler William H. Macy, den deutschen Schauspieler Antoine Monot Jr. und Hollywood-Schauspieler Zach Galifianakis, die amerikanische Schauspielerin Uma Thurman und das russische Model Daria Strokous, ganz zu schweigen von Natalie Portman und Keira Knightley. Sie glauben mir nicht? Dann googeln Sie mal die Begriffe «Schauspieler» und «zum Verwechseln ähnlich».

Es fehlt uns eben allen ein wenig die Übung. Wie schnell man aber lernen kann, anscheinend identische Gesichter schließlich doch zu unterscheiden, habe ich bei der Fußballweltmeisterschaft 2006 in Deutschland festgestellt. Damals habe ich ein koreanisches Fernsehteam zu Interviews mit den Spielern begleitet. Unter anderem wollten wir einen bestimmten Spieler von Togo vor die Kamera bekommen, doch wir erwischten jedes Mal den falschen Mann. (Ein Trost war, dass es den deutschen und englischen TV-Teams nicht besser erging.) Doch kaum zehn Tage später hatten wir uns so weit in die Merkmale der togoischen Gesichter eingesehen, dass wir problemlos alle Nationalspieler auseinanderhalten konnten und uns fragten, warum uns das vorher so schwer gefallen war.

In der Tierwelt ist das etwas anders, zum Beispiel bei den Pinguinen. Sie können sich nicht anhand des Aussehens unterscheiden – Frack trägt in diesen Kreisen schließlich jeder. Stattdessen erkennen sich die Partner während der Brutsaison am individuellen Rufmuster. Auch die Jungvögel prägen sich nach dem Schlüpfen schnell ein, wie Mama und Papa klingen, damit sie nicht den falschen Vogel um Fisch anbetteln.

Eine Frage des gemeinsamen Codes

Wir haben in diesem Kapitel festgestellt, dass unser Gehirn darauf spezialisiert ist, andere Menschen zu erkennen und einzuordnen. Selbst da, wo eigentlich nur Autos oder Häuser stehen, sieht es bereitwillig Gesichter. Lieber einmal mehr mit einem Briefkasten reden als einen Artgenossen zu übersehen!

Die Bewertung unseres Gegenübers findet innerhalb von Sekunden mit Hilfe des Bauchgefühls statt (das natürlich eigentlich im Gehirn gebildet wird). Dafür nutzt es neben der Mimik weitere Signale wie zum Beispiel Körpersprache, Kleidung und Frisur sowie unbewusste Erfahrungswerte. Dadurch liegt er mit seiner Prognose häufig recht dicht an der Selbsteinschätzung des anderen.

Schwierig wird der Prozess, wenn wir jemanden mit einer anderen Ethnizität beurteilen sollen. Ohne Übung haben wir Probleme, die einzelnen Individuen auseinanderzuhalten. Darüber hinaus gelten in verschiedenen Kulturen für die verschiedenen Charaktereigenschaften unterschiedliche Maßstäbe.

Aber das Gehirn ist flexibel und stellt sich schnell auf seine Umgebung ein. Wir können lernen, Afrikaner, Asiaten und Europäer mit gleicher Sicherheit zu unterscheiden. Und wir können sogar Blau sehen, wo eigentlich Grün ist, wenn wir uns damit der Mehrheit anpassen.

Eine ähnliche Vereinheitlichung des Denkens lässt sich auch beobachten, wenn wir uns gemeinsam mit dem gleichen Thema beschäftigen. Bei Vorträgen beispielsweise überträgt sich das Denkmuster des Redners auf die aufmerksamen Zuhörer, sodass sich die Hirnwellen tatsächlich synchronisieren. Es sieht also ganz so aus, als hätten unsere Gehirne eine Art gemeinsamen Code, mit dem wir unsere Gedanken formulieren. Sie und ich – wir denken trotz aller Unterschiede auf die gleiche Weise, wenn wir beispielsweise über die Themen dieses Buches grübeln.

Da stellt sich automatisch die Frage: Was weiß mein Gehirn eigentlich über mich selbst?

3. VON HÄNDEN AUS GUMMI UND TREULOSEN GEHIRNEN – Wie wir uns selbst wahrnehmen

Es ist leichter, zum Mars vorzudringen, als zu sich selbst.

CARL GUSTAV JUNG

Mein Sohn Theo war zwei Jahre alt und vollauf damit beschäftigt, die Welt zu entdecken. Als neugieriger Papa und Wissenschaftler entdeckte ich mit, wann immer es meine Zeit erlaubte. An einem besonders schönen Tag beschlossen wir, in den Zoo zu gehen. Vor dem Haus begegneten uns Nachbarn, die ich nur flüchtig vom Sehen kannte und die ebenfalls einen kleinen Sohn hatten.

«Theo!», rief Theo aus und wies mit dem Finger auf das Kind. Nanu, wunderte ich mich, das ist ja ein Zufall, dass die ihrem Sohn denselben Namen gegeben haben wie meine Frau und ich!

Am Eingang zum Zoo mussten wir uns in eine Warteschlange einreihen. Offenbar waren wir nicht die einzige Familie, die den Tag bei den Tieren verbringen wollte. Ein kleines Stück vor uns hielt eine Frau zwei Mädchen an den Händen.

«Theo!», freute sich Theo und zeigte auf die Kinder. Er grinste mich überglücklich angesichts seiner neuerlichen Entdeckung an. Ich grinste zurück, kam aber ins Grübeln. Meiner Ansicht nach war es höchst unwahrscheinlich, dass mein Theo diese Leute erstens überhaupt kannte, die Eltern zweitens ihren beiden Mädchen denselben Namen gegeben hatten und die Wahl drittens obendrein auf einen Jungennamen gefallen sein sollte. Ob Theo noch nicht zwischen Jungen und Mädchen unterscheiden konnte? Ab welchem Alter sind Kinder dazu eigentlich in der Lage? Ich beschloss, das später zu Hause nachzuschlagen.

Auf dem Zoogelände theosierte Theo munter weiter, indem er den Anblick jedes Kleinkinds mit einem lautstarken «Theo!» feierte. Ah!, dachte ich, für Theo ist «Theo» offenbar der Oberbegriff für ein Kind oder Baby. Er ordnete seine Welt und bildete Kategorien. Eine sehr interessante Phase der Entwicklung, bei der kleine Ungenauigkeiten nur Anzeichen für den laufenden Fortschritt sind. Ich gebe zu, ich war stolz auf die Leistung meines Sohns und seines cleveren Gehirns.

Dann kamen wir zu den Elefanten. Es herrschte ein bisschen Gedränge vor dem Gehege: Wenige Wochen zuvor hatte nämlich eine der Elefantenkühe gekalbt, und das Elefantenbaby unternahm nun in der Außenanlage seine ersten Versuche im öffentlichen Herumtollen. Es war unbestritten der Star des Zoos. Ich nahm Theo auf den Arm und drängelte mich nach vorne, damit er etwas sehen konnte. Ein Pärchen wurde auf meine Bemühungen aufmerksam. Als Theo ihnen ein Lächeln schenkte, traten sie bereitwillig ein Stück zur Seite. Nun hatten wir freie Sicht. Theo schaute staunend auf die riesigen Elefanten mit ihren großen Ohren, als plötzlich das Baby hinter der Mutter hervorstürmte. Begeistert riss Theo bei dem Anblick beide Arme in die Höhe.

«Theo!», stieß er hervor. Und mit allen ihm zur Verfügung stehenden Fingern zeigte er freudestrahlend auf den kleinen Elefanten.

Ein Ich und viele Du

Ein Baby hat andere Probleme als wir Erwachsenen! Schon wenn wir erst ein paar Wochen oder Monate alt sind, läuft das Leben nicht immer nach Plan. Mal haben wir Hunger, dann ist es zu kalt, wir haben Hunger, es ist zu warm, wir haben Hunger, fühlen uns alleine, haben Hunger, es sind zu viele Menschen um uns herum. Irgendetwas ist immer. Meist aber haben wir – Hunger. Und am schlimmsten ist, dass wir selbst so gut wie gar nichts tun können, um diesen Missstand zu beheben. Also müssen Mama oder Papa ran. Zum Glück erkennen wir sehr früh ihre Gesichter und wissen, wie wir auf uns aufmerksam machen. Wer dieses «Wir» dabei ist, interessiert uns allerdings kein bisschen!

Als Baby haben wir keine Vorstellung von dem Konzept eines «Ich» oder «Selbst». Für Babys ist die Welt nicht nur eine große Einheit mit ihnen selbst im Zentrum – sie sind die Welt! Erst wenn sie größer, älter und klüger werden, stellen sie fest, dass es ein Drumherum gibt, das nicht zu ihnen gehört. Und wenn sie groß und alt und klug sind, fangen sie an, darüber nachzudenken, was denn dieses Selbst ausmacht. Woraus das Ich besteht. Und woher wir unser Bild von uns selbst haben.

Das ist es, was Philosophen und Neurowissenschaftler von Babys unterscheidet. (Das und die Vorliebe für alkoholhaltige Erfrischungsgetränke.)

Los geht es etwa nach einem Jahr. Dann stellt das kleine Gehirn fest, dass Dinge existieren können, obwohl das Auge keine Signale sendet wie: «Da, eine Rassel!» Die Rassel gibt es offenbar auch dann, wenn sie mal nicht zu sehen ist. Mehr noch: Ab und zu können Mama und Papa die Rassel sehen, man selbst aber nicht. Ob Mama und Papa etwa anders sind als Hände und Füße? Sind die am Ende selbst so was wie ich? Aber das würde ja bedeuten, dass ich nicht alles bin! Dass es neben mir noch andere Ichs gibt!

Vielleicht ist das der bedeutendste Schritt in der Entwicklung unserer Geistesleistung: zu begreifen, dass die Welt unterteilt ist in «Ich» und «alles andere» und dass es neben dem eigenen «Ich» noch eine Reihe weiterer «Ichs» gibt – eine wahrhaft sensationelle Erkenntnis.

Und es ist ein Absturz epischen Ausmaßes! Eben noch das allumfassende Universum, plötzlich nur ein Ich unter vielen. Wie soll ein Gehirn diese Einsicht verarbeiten? Immerhin hat die

Menschheit im Laufe ihrer Geschichte schon wegen viel kleinerer Selbsterkenntnisse kräftig am Rad gedreht. Beispielsweise, als einige plötzlich behaupteten, die Erde stünde nicht mehr im Zentrum des Universums. Oder sei überhaupt gar keine Scheibe. Damals haben die Menschen sich ihren Frust mit Scheiterhaufen von der Seele gefoltert. Wie soll erst ein Gehirn reagieren, das sich bis vor kurzem für einzigartig hielt?

Es nimmt es einfach hin.

Die Entdeckung ist großartig und macht viel Spaß. Nachdem das Gehirn festgestellt hat, dass die Welt in ein Ich und viele Dus unterteilt ist, startet es eine ausführliche Klassifikation. Mit etwa anderthalb bis zwei Jahren ist es in der Lage, sich selbst im Spiegel zu erkennen. (Nicht das Gehirn an sich, sondern das ganze Kind, versteht sich.) Für uns mag das banal klingen, aber wenn wir einen kurzen Seitenblick ins Tierreich wagen, wird deutlich, in welcher Liga das Kind damit bereits spielt. Hund und Katze fallen beim sogenannten *Spiegeltest* mit Bellen und Fauchen durch. Sie erkennen nicht, dass sie selbst es sind, den sie im Spiegel sehen. Schimpansen und Orang-Utans bestehen ihn, Gorillas nicht. Einige Vögel wie Elstern und Keas wissen ebenfalls, dass sie ein Bild von sich sehen, und falls Ihnen mal ein Spiegel von der Reling ins Meer fallen sollte, werden sich Delfine sicherlich darüber freuen, endlich mal sich selbst anlächeln zu können.

Mit der Selbsterkenntnis kommt das junge Gehirn demnach sehr gut zurecht. Beim Vergeben von Namen hapert es anfangs noch ein wenig, wie Theos Tendenz zeigt, alle Kinder, ob Tier oder Mensch, als Theo zu bezeichnen. Für ihn wimmelte die Welt eben nur so von Theos. Aber nur für ein Jahr. Mit drei bis vier Jahren ist bei Kindern der Sinn für Persönlichkeit so weit herangereift, dass «Theo» nur noch ist, wo Theo selbst drinsteckt. Der Rest wird dann mit dem eigenen Namen angesprochen oder muss sein Dasein als anonymes «Baby» oder «Kind» fristen.

Wie weit ein Kind mit der Entwicklung seines Modells von Ich und Du ist, untersuchen Wissenschaftler gerne mit *False-Belief-Tests*, die Heinz Wimmer und Josef Perner von der Universität Salzburg in den 1980er Jahren etabliert haben. Eine Variante davon ist der *Sally-Anne-Test*, wie ihn Bild 18 zeigt. Sally und Anne können dabei Puppen oder echte Menschen sein, für die Kinder macht das keinen Unterschied. Die kleinen Probanden schauen zu, wie Sally einen Gegenstand, beispielsweise einen Ball, in einen Korb steckt und dann weggeht. Nun nimmt Anne vor den Augen der Kinder, aber unsichtbar für Sally, den Ball aus dem Korb und versteckt ihn in einer Kiste. Wenn Sally zurückkommt, fragt der Versuchsleiter die Kinder, wo sie wohl nach dem Ball suchen wird.

Mit der Antwort scheiden sich die Kleinen von den Großen. Für die Kleinen ist völlig klar, dass Sally in der Kiste nachsehen wird, weil da ja der Ball drin ist. Das wissen sie, und deshalb weiß es auch Sally. So denkt das Gehirn bis zu einem Alter von vier bis fünf Jahren. Die Großen können sich hingegen in Sally hineinversetzen. Ihnen ist bewusst, dass Sally über ein anderes Wissen verfügt als sie selbst und deshalb im Korb nach dem Ball suchen wird, obwohl er dort nicht ist. Wissenschaftlich ausgedrückt haben die Kinder eine *Theory of Mind* entwickelt. Sie wissen, dass andere Menschen so sind wie sie selbst, aber trotzdem etwas Eigenes. Mit eigenen Gedanken, Gefühlen und Wünschen.

Diese Trennung ist wichtig, denn erst durch die Abgrenzung von anderen verstehen wir überhaupt, wer wir sind. Unser Selbst erwächst aus dem Wechselspiel zwischen uns und anderen Menschen. Wenn wir dem sowjetischen Psychologen Lew Semjonowitsch Wygotski folgen, werden wir überhaupt erst durch andere zu uns selbst. Ähnliches sagt das Wort «Ubuntu» aus, das in den afrikanischen Bantu-Sprachen eine ganze Philosophie ausdrückt: «Eine Person wird nur durch andere Personen zur Person.»

Bild 18. Wo sucht Sally den Ball?

Dass diese Aussage zutrifft, wird unter anderem deutlich, wenn wir uns selbst beschreiben sollen. Sagen Sie mir doch bitte, wer Sie sind! So, als müssten Sie sich auf einer Social-Media-Seite charakterisieren oder eine Bewerbung aufsetzen. Ja, ich weiß! Ich hasse das auch. Der Teil mit den technischen Daten wie Geburtsdatum, Ausbildung, Schuhgröße und Lieblingsbier geht ja noch. Aber was soll ich bloß über meine Persönlichkeit erzählen? Was gibt es dazu überhaupt zu sagen? Wer bin ich eigentlich?

Wenn Sie bei dieser Aufgabe ins Schwimmen geraten, habe ich den passenden Tipp für Sie parat: Überlegen Sie, wie einer Ihrer Freunde Sie charakterisieren würde. Denn diese zählen zu den wichtigsten Quellen, wenn es darum geht zu wissen, wie wir sind. Wer hält sich schon für humorvoll, ohne dass andere über seine Witze lachen? Wer glaubt von sich, einfühlsam zu sein, wenn andere nicht mit ihren Sorgen zu ihm kommen? Wer denkt, er sei zuverlässig, wenn ihm andere nicht vertrauen? Ohne diese anderen wüssten wir herzlich wenig über uns selbst.

Und wir wären langweilig für uns selbst.

Wackelnde Welten und das Selbst

Haben Sie schon einmal versucht, sich selbst zu kitzeln? Probieren Sie es ruhig erneut aus, Sie werden bestimmt nicht lachen. Es funktioniert einfach nicht.

Schon Charles Darwin hat vermutet, dass beim Egokitzeln das Überraschungsmoment fehlt. Wir wissen ja, dass da gleich eine kribbelnde Berührung unter den Fußsohlen oder unter den Achseln kommen wird. (Deshalb ist der Spaß ungefähr so spannend wie eine Überraschungsparty, zu der man selbst die Einladungen verschickt hat.) Also sorgte die Neurowissenschaftlerin Sarah-Jayne Blakemore vom Londoner University College London 1998 für das notwendige Quäntchen Unsicherheit, indem sie eine Kitzelmaschine konstruierte, die zwischen das Starten und den eigentlichen Kitzelvorgang eine zufällige Zeitverzögerung einfügte. Und siehe da: Mit diesem Apparat war endlich der alte Menschheitstraum vom selbstbestimmten Kitzeln erfüllt.

Nun, da es die Maschine schon mal gab, führte die Forscherin gleich ein paar Experimente mit ihr durch. Sie stellte fest, dass unser Gehirn bei einer selbst ausgelösten Aktion aufgrund früherer Erfahrungen weiß, mit welcher Reaktion es zu rechnen hat, und vorbeugend die eintreffenden Reize unterdrückt. In etwa so, wie wir beim Fernsehen die Lautstärke herunterregeln, wenn wir wissen, dass gleich eine Werbeeinblendung kommt. Unser Gehirn schaltet gewissermaßen auf stumm, wenn es einen selbstverursachten Reiz erwartet. Nicht nur beim Kitzeln, sondern beispielsweise auch, wenn wir uns selbst kneifen oder brüllen. Bei anderen tut es mehr weh bzw. ist lauter.

Aber warum ignoriert unser Gehirn das eigene Tun?

Dafür gibt es mindestens zwei Gründe. Zum einen hält es damit gewissermaßen den Kanal für Signale von außen frei. Was im Umfeld passiert, hat Priorität, denn ein hungriger Säbelzahntiger wartet nicht, bis wir damit fertig sind, uns selbst zu kitzeln. Hätten die selbst verursachten Reize das Gehirn überflutet, wäre das in unserer Entwicklungsgeschichte sicherlich oft böse ausgegangen. Außerdem hilft die Diskriminierung dabei, zwischen uns und der Umwelt zu unterscheiden.

Wackeln Sie dafür bitte einmal hektisch mit dem Buch in Ihrer Hand hin und her, hoch und runter. Können Sie dabei diese Zeilen noch lesen? Ziemlich schwierig, oder? Ist ja auch kein Wunder, wenn die ganze sichtbare Welt plötzlich unkontrolliert bebt. Und nun halten Sie das Buch ruhig, und wackeln Sie stattdessen mit dem Kopf. Wie ist es jetzt mit dem Lesen? Einfacher? Das ist der *vestibulo-okuläre Reflex*. Wenn Sie den Kopf bewegen, weiß Ihr Gehirn, wie schnell und in welche Richtung es geht, und kompensiert die Veränderung durch eine entgegengesetzte Augenbewegung. Auf ähnliche Weise gleicht es auch andere eigene Bewegungen aus oder schwächt die Reizstärke ab.

Beispielsweise macht es einen Unterschied, ob Ihre Hand von einem Fließband fortbewegt wird oder Sie selbst den Arm verschieben. Für die aktive Bewegung müssen Sie nämlich Muskeln ansteuern, und Ihr Gehirn erhält einen *Efferenzkopie* genannten Durchschlag des entsprechenden Befehls, sodass es genau Bescheid weiß über alles, wofür Sie selbst verantwortlich sind.

Damit hat das Gehirn ein ziemlich effizientes Hilfsmittel, um zwischen eigenen Aktionen zu unterscheiden, bei denen die *Efferenzkopie* gewissermaßen «Ich war's!» ruft, und von außen ausgehenden Manipulationen ohne innere Meldung.

Vielleicht ist die Trennung zwischen Selbst und Außenwelt aber gar nicht so strikt, wie wir glauben. Doch Vorsicht! Bei dem folgenden Thema haben wir bislang nur wenig gesicherte Erkenntnisse, aber seit Jahren jede Menge populärwissenschaftlichen Trubel: Es geht um Spiegelneuronen.

Fakt ist, dass es Nervenzellen im Gehirn von Affen gibt, die aktiv werden, wenn das Tier selbst nach Futter greift, oder zusieht, wie ein anderes Tier nach Futter greift. Wenn die Nervenzellen in beiden Fällen das gleiche Aktivitätsmuster zeigen, nennen wir diese «Spiegelneuronen». Denn sie reagieren so, als würde man die Handlung selbst ausführen, und «spiegeln» gewissermaßen die Handlungen anderer in das beobachtende Gehirn. Damit sind wir aber auch schon ziemlich am Ende des Wissens und begeben uns ins Reich der mehr oder minder begründeten Spekulation.

Die mutigeren Verfechter der Theorie gehen davon aus, dass die Spiegelneuronen beim Menschen wie beim Affen funktionieren. Direkt untersuchen kann man das meistens nicht, denn einem Menschen Elektroden ins Gehirn zu schieben und dann zu prüfen, unter welchen Bedingungen die Nervenzellen aktiv werden, ist nur möglich, wenn die Person aus medizinischen Gründen sowieso am Gehirn operiert wird. Bei besonders schweren Fällen von Epilepsie kann das zum Beispiel nötig sein. Andere Methoden, die das Gehirn von außen untersuchen, liefern zwar schöne Bilder, können aber keine einzelnen Zellen beobachten, sondern schauen immer auf ganze Gruppen – und in denen gibt es zwar Gruppen, die sich ähnlich wie Spiegelneuronen verhalten, genau definieren kann man diese Zellen aber nicht.

Trotzdem vermuten manche Forscher, dass die Spiegelneuronen des Menschen selbst bei komplexen Bewegungen wie Tanzen im Beobachter das passende Aktivitätsmuster erzeugen und wir auf diese Weise durch Zusehen lernen, als würden wir selbst handeln. Sollten sie damit recht haben, stellt sich für uns natürlich die Frage, wie das Gehirn in solchen Fällen zwischen der Simulation und einer echten, eigenen Aktion unterscheiden kann.

Die experimentelle Psychologin Simone Schütz-Bosbach von der Ludwig-Maximilians-Universität München hat gezeigt, dass die Aktivität in den motorischen Zentren des Gehirns davon abhängt, ob wir selbst handeln oder ob wir der Handlung einer anderen Person nur zuschauen. Die Aktivität im motorischen System wird stärker heruntergeregelt, wenn wir selbst handeln. Reines Zuschauen wirkt sich weniger hemmend aus. Im Prinzip ist es also wie beim Kitzeln: Die eigene aktive Bewegung ist eine wichtige Informationsquelle für das Gehirn, um sich selbst und andere zu unterscheiden.

Echte Teamarbeit

Wenn es um die Wahrnehmung des Selbst geht, arbeiten Gehirn und Körper demnach eng zusammen. Enger, als wir lange Zeit gedacht haben.

Nehmen wir etwa an, Sie beginnen mit einer neuen Sportart

und möchten möglichst schnell die typischen Bewegungen erlernen. Die beste Methode besteht darin, andere Sportler zu beobachten und ihre Aktionen nachzuahmen. Durch die Aktivität Ihres Körpers kann Ihr Gehirn viel besser die damit verbundenen Steuersignale abspeichern. Das klappt sogar, wenn Sie eigentlich nichts sehen. Antonio Casile und Martin Giese von der Universität Tübingen verbanden Freiwilligen die Augen, bevor sie mit ihnen bestimmte Handlungsabläufe trainierten. Als man ihnen später die Binden abnahm, erkannten die Probanden zielsicher, welche Bewegung sie selbst geübt hatten und welche nicht. Der Körper hatte dem Gehirn sozusagen die Augen ersetzt.

Er mischt sich sowieso gerne ein, wenn wir gebeten werden, eine Situation einzuschätzen. So können Basketballprofis besser die Flugbahn eines geworfenen Balls vorausahnen als ihre Trainer, die zwar weitaus häufiger Bälle haben fliegen sehen, dafür aber weniger spezifisches Körpergefühl besitzen. Und wo wir gerade beim Fühlen sind: Was meinen Sie, wann kommt Ihnen ein Hügel steiler vor – wenn Sie ihn unbeschwert betrachten oder wenn Sie dabei einen schweren Rucksack auf dem Rücken tragen? Genau! Müdigkeit und Erschöpfung haben ein gewichtiges Wörtchen mitzureden bei unseren Denkprozessen. (Wer hat noch mal den Haustürschlüssel?)

Einen sehr interessanten Versuch zur Teamarbeit von Hirn und Körper führte Maggie Shiffar von der US-amerikanischen Rutgers-Universität durch. Sie befestigte an den Teilnehmern ihres Experiments kleine Leuchtpunkte, wie es sonst bei Hollywoodfilmen gemacht wird, wenn die Bewegung eines Schauspielers mit einer Figur aus dem Computer kombiniert werden soll. Die Probanden führten dann in ihrer Weihnachtsbaumverkleidung verschiedene Aktivitäten aus, vom normalen Gehen und Laufen bis hin zu Tanzen und einen Sandsack verhauen. Shiffar und ihr Team nahmen sie dabei auf Video auf. Danach sollten die Teilnehmer sich alle

Clips ansehen und sagen, ob die einzelnen Filmchen sie selbst, einen Freund oder einen Fremden zeigten.

Die Aufnahmen mit den Fremden dienten dabei nur als Referenz für den Fall, dass man anhand der hüpfenden und schwingenden Lichtpunkte überhaupt niemanden identifizieren konnte. Insgeheim rechnete die Forscherin aber mit einem anderen Ergebnis. Entweder dominiert beim Erkennen von Bewegung unser Körpergefühl, dann sollten sich die Probanden selbst am besten wiedererkennen. Oder wir sprechen stärker auf visuelle Eindrücke an, dann müssten die Teilnehmer am leichtesten ihre Freunde, die sie täglich in Aktion sehen, herausfinden.

Gewonnen hat das Körpergefühl.

In fast 70 Prozent der Fälle erkannten die Probanden sich selbst, ihre Freunde dagegen nur in rund der Hälfte der Videos. Am einfachsten war die Aufgabe anscheinend bei komplexen Bewegungen wie Tanzen und Boxen, die einen individuellen Stil zulassen. Gehen und Laufen hatten am wenigsten Persönliches, sodass die Trefferquote kaum höher war als durch bloßes Raten. Die Perspektive von außen war außerdem für die Identifikation besser geeignet als der *Ego-Mover*-Blick, in dem das Video aus der Ich-Perspektive gezeigt wurde. Sogar unsere eigenen Bewegungen identifizieren wir besser, wenn wir als externer Beobachter zuschauen.

Wahre Gefühle sind eine Sache der Muskeln

In Ordnung, mögen Sie jetzt einwenden, dass der Körper bei Bewegungen zum Selbstgefühl beiträgt, ist ja irgendwie zu erwarten. Aber was ist mit Eigenschaften, die wir traditionell dem Geist zuordnen? Wie sieht es beispielsweise mit Emotionen aus?

Welch ein Zufall, dass Sie fragen!

Meine Lieblingsemotion ist ja Freude. Und die können Sie tatsächlich mit einer kleinen Körpertäuschung fördern. Alles, was Sie dazu brauchen, ist ein Bleistift. Den nehmen Sie quer in den Mund und halten ihn mit den Zähnen fest. Nicht mit den Lippen! Es müssen die Zähne sein. Nur dann setzen Sie nämlich die gleichen Muskeln wie beim Lächeln und Lachen ein. (Vor allem, wenn Sie einen Bleistift mit Blümchenmuster benutzen und sich damit im Spiegel betrachten.) So ausstaffiert begeben Sie sich nun in eine vermeintlich witzige Situation. Ich schlage vor, Sie kramen einen alten Band mit Cartoons aus dem Regal und sehen sie sich an. Nach den Ergebnissen, die Fritz Strack von der Universität Würzburg 1988 gewonnen hat, erscheinen Ihnen die Geschichten mit dem Bleistift im Mund viel lustiger als ohne Stift. Das liegt an den Signalen der Muskeln, die dem Gehirn mitteilen, dass Sie gerade ein lachendes Gesicht machen. Oh, denkt sich das Gehirn, wenn ich lache, dann gibt es sicherlich einen Grund dafür, und es ist angebracht, dass ich mal mit der Ausschüttung entsprechender Hormone ordentlich die Stimmung hebe! Diese in wissenschaftlichen Kreisen *Facial Feedback* genannte Rückkopplung erzeugt folglich aus einem körperlichen einen waschechten emotionalen Zustand.

Weil das so schön funktioniert, möchte ich Ihnen hierzu gleich eine weitere Studie vorstellen.

Ihnen ist sicherlich schon aufgefallen, dass sich Verliebte stundenlang gegenseitig in die Augen schauen können. Das funktioniert bis zu einem gewissen Grad auch andersherum: vom Ansehen zur Sympathie! Dazu teilen Sie einander völlig fremde Menschen in Paare aus Mann und Frau ein und bitten diese, sich zwei Minuten konzentriert in die Augen zu sehen. Damit es nicht zu peinlich wird, dürfen Sie zur Ablenkung die Tarnaufgabe stellen, das Blinzeln des Gegenübers zu zählen. Nach Ablauf der Zeit sollen sich die Teilnehmer gegenseitig bewerten. Und siehe da: Jene Paare, die einen ausführlichen Blickkontakt genießen durften, fanden sich sympathischer, attraktiver und vertrauenswürdiger als Männer und Frauen, die sich gegenseitig auf die Hände geschaut haben. Damit wissen wir endlich, warum Humphrey Bogart in *Casablanca* Ingrid Bergman unbedingt dazu bringen wollte, ihm in die Augen zu sehen.

In der Regel gestatten wir das nur sehr nahestehenden Menschen. Indem wir uns dazu zwingen, mit einem Fremden so lange intensiven Augenkontakt zu halten, schreibt unser Gehirn ihm wohl allerlei positive Eigenschaften zu.

Ein Gefühl der Verbundenheit entsteht auch immer dann, wenn wir mit anderen Menschen interagieren. Ohne dass es uns bewusst wird, imitieren wir mit der Zeit die Mimik oder auch die Körperhaltung des anderen. Das können Sie beobachten, wenn sich Menschen längere Zeit gegenübersitzen: Schlägt der eine die Beine übereinander, tut es oft auch der andere, lehnt sich der eine zurück, tut es der andere ebenfalls. Wir synchronisieren unser Verhalten in gewissem Maße, und da unser Gegenüber anscheinend so handelt wie wir, unterstellen wir ihm ähnliche Gedanken und Gefühle – was ihn uns sympathischer macht.

Ohne Mimik läuft das nicht.

Sicherlich kennen Sie Botox. Das Nervengift ist der große Renner, wenn es darum geht, Falten wegzuspritzen. Im Grunde genommen kümmert sich Botox gar nicht um die Falten, sondern legt vielmehr die Verbindung der Nerven zu den kleinen Muskeln lahm, die durch ihre Kontraktion die Haut zerknittern. Das Problem mit Botox, an dem vor allem alternde Schauspieler gerne verzweifeln, besteht darin, dass ein knappes Zuviel aus einem lebendigen Gesicht ein mimikloses Puppenköpfchen macht. Vielleicht hübsch anzusehen, aber merkwürdig gefühlskalt. Und das ist nicht nur so dahergeredet!

David Neal von der Universität von Südkalifornien wies 2011 nach, dass die Injektion von Botox nicht nur die Gesichtsmuskulatur hemmt, sondern auch die Fähigkeit, die Mimik anderer Menschen richtig zu interpretieren. Mit Botox wird es schwerer oder ganz unmöglich, die emotionalen Ausdrücke des Gegenübers nachzuahmen. Ohne das Zusammenspiel von visuellem Signal und den Meldungen der Muskeln versteht unser Gehirn nicht mehr genau, was das Runzeln und Zucken im Gesicht bedeutet. Botox legt damit buchstäblich die Fähigkeit zum Mitfühlen lahm.

Erstaunlicherweise kann das Nervengift unter den richtigen Umständen die Stimmung aber auch heben. Viele Menschen mit Depressionen neigen dazu, die Stirnrunzelmuskulatur im Bereich der Augenbrauen ständig anzuspannen. Als Folge entwickeln sie die sprichwörtliche Zornesfalte, die zwar nicht unbedingt in einem Zusammenhang mit Wut steht, allerdings auch nicht gerade ein Zeichen von Lebenslust darstellt. Schaltet man die Runzelmuskeln mit Botox aus, verschwindet nicht nur die Zornesfalte, sondern bei den Patienten einer Hamburger Studie gingen auch die Symptome der Depression um die Hälfte zurück. Ohne körperliche Anzeichen für krankhafte Niedergeschlagenheit lässt anscheinend die Niedergeschlagenheit selbst nach.

Und da geht noch mehr!

Hinter dem Begriff *Power Posing* verbirgt sich nebenwirkungsfreies, legales und obendrein kostenloses Doping. Wollen Sie sich fühlen wie Superman (oder Supergirl oder Supermaus)? Dann nehmen Sie einfach die entsprechende Pose ein! Breiten Stand, aufrechte Haltung, Brust raus, Arme in die Hüften gestützt. (Sie können auch eine Faust nach oben recken, nur sollten Sie bitte nicht versuchen, vom Hausdach zu fliegen.) Jetzt geht es los, wird Ihr Körper denken und kräftig Hormone wie Testosteron ausschütten, mit denen Sie sich stark und risikobereit fühlen. Machen Sie sich dagegen körperlich klein, duckt sich gewissermaßen auch Ihr Geist, und Sie werden mutlos und schwach.

Power Posing hat sich bereits im Alltag bewährt. Wenn Sie vor schwierigen Situationen wie Prüfungen, Vorstellungsgesprächen oder Gehaltsverhandlungen ein wenig an Ihrer Körperhaltung arbeiten, treten Sie spürbar selbstbewusster auf. Bleibt nur zu hoffen, dass Ihr Chef nicht auch dieses Buch gelesen hat.

Das Gehirn gibt also nicht nur Befehle, es nimmt auch Meldungen des Körpers entgegen und passt den mentalen Zustand entsprechend an. Schwierig wird es dann, wenn nicht mehr eindeutig zu erkennen ist, welches eigentlich der eigene Körper ist.

Mein Avatar und ich

Bis hier klingt alles so, als wären unser Gehirn und der Rest des Körpers beste Freunde, die alles gemeinsam und in trauter Eintracht erledigen. Unzertrennlich bis in den Tod! Nun, Sie werden staunen, wie untreu das Gehirn sein kann.

Lassen Sie uns den Gruselfaktor steigern und mit der sogenannten *Gummihand-Illusion* beginnen. Sie benötigen dafür eine Versuchsperson und eine Gummihand mitsamt Unterarm, die in Form und Farbe der natürlichen Hand Ihres Freiwilligen möglichst ähnlich sieht. (Derlei Requisiten bekommen Sie in Geschäften für Halloween-Artikel.) Bitten Sie Ihren Probanden, sich an einen Tisch zu setzen und beide Arme parallel auf die Tischplatte zu legen. Die Gummihand platzieren Sie neben die entsprechende natürliche Hand und decken die Unterarme mit einem Tuch ab, wie es in Bild 19 zu sehen ist. Ein ausgebuffter Magier würde nun mit dem Zauberstab wedeln, und im Nu hätten die Hände ihre Plätze getauscht oder sich in Blumensträuße verwandelt. Wir arbeiten aber wissenschaftlich seriös und ohne Tricks, sodass Ihr Freiwilliger jederzeit sehen kann, welche Hand ihm gehört und welche nur aus Gummi ist.

Doch sein Gehirn wird ihm gleich etwas anderes erzählen. Die Verwirrung beginnt mit leichten Pinselstrichen, die Sie synchron

Bild 19. Ein Körper mit drei Händen – welche sind echt?

auf der echten und der falschen Hand ausführen. Schön gleichzeitig und in dieselbe Richtung. Es dauert nicht lange, und Ihre Versuchsperson hat das Gefühl, die Gummihand wäre echt. Wenn Sie das Tuch so platzieren, dass die echte Hand nicht zu sehen ist, vergisst das Gehirn sie sogar langsam. Und zwar physikalisch messbar! Die Temperatur in der versteckten echten Hand sinkt, sie ist weniger empfindlich für Berührungen, und es zeigen sich gesteigerte Immunreaktionen. Wenn Sie Ihren Probanden bitten, auf seine Hand zu zeigen, wird er womöglich auf die Gummiattrappe deuten. Als besonderen Effekt zum Abschluss (Wissenschaftler sind zwar seriös, aber in jedem Forscher steckt ein kleiner Magier) nehmen Sie eine große Nadel oder einen Hammer und holen damit aus, als wollten Sie in die künstliche Hand hinein stechen bzw. auf sie einschlagen. Bei dem Anblick schrillen in den Hirnzentren, die den Körper auf einen bevorstehenden Schmerz vorbereiten, alle Alarmglocken, und Ihr Freiwilliger überlegt sich spontan, dass er ganz dringend etwas anderes zu tun hat, das weit, weit weg erledigt werden muss. Fast alle Versuchsteilnehmer zucken zusammen, und viele ziehen instinktiv ihre echte Hand zurück.

Zurück bleibt das leicht ratlose Gehirn, das sich wundert, wie einfach es zu täuschen ist. Es genügen eine optische Information («Sieht aus wie meine Hand») und eine sensorische Bestätigung (die Striche mit dem Pinsel), und schon verwechselt das Gehirn Original und Fälschung.

Aber falsche Hände sind nicht die einzigen Körperteile, die das Gehirn bereitwillig adoptiert.

Wie wäre es mit einem neuen Gesicht? Nicht, dass mit Ihrem aktuellen Gesicht etwas nicht in Ordnung wäre! Aber haben Sie sich nicht schon einmal vorgestellt, wie es wäre, in die Haut eines anderen Menschen zu schlüpfen? Ganz ohne plastischen Chirurgen und nur für kurze Zeit? Mit der *Enfacement Illusion* bekommen Sie innerhalb von Sekunden ein neues Gesicht, das sich anfühlt wie Ihr echtes!

Manos Tsakiris von der Royal Holloway University und Mel Slater von der Universität Barcelona haben im Jahr 2008 ein Experiment vorgestellt, das sehr ähnlich wie die *Gummihand-Illusion* funktioniert und den Teilnehmern eine neue Identität verleiht. Dieses Mal sitzen die Probanden vor einem Monitor, auf dem ihr neues Gesicht zu sehen ist. Die Muskeln sind möglichst entspannt, und der Blick geht geradeaus. Über mehrere Minuten hinweg streicht ein Wissenschaftler mit einem Pinsel oder einem Wattestäbchen über die Wange – in der Realität sowie auf dem Monitor. Für den Effekt ist es wichtig, dass die reale Aktion synchron zum Video abläuft. Wenn das gegeben ist, erstreckt sich das Selbstgefühl plötzlich auf das eigentlich fremde Gesicht. Der Bildschirm wird wie ein Spiegel wahrgenommen, und das Gehirn hält das darin sichtbare Gesicht für sein eigenes.

Neben dem schönen illusorischen Eindruck hat der Gesichtertausch auch unerwartete Nebenwirkungen. Das Gehirn identifiziert sich umfassender mit der Person im vermeintlichen Spiegel, als die Wissenschaftler erwartet hatten. Es schlüpft sozusagen in die Identität der Person im Video – und wechselt dabei gegebenenfalls Ethnizität und Geschlecht. Ist ein Europäer zu sehen, hält sich das Gehirn für einen Europäer. Zeigt das Bild einen Asiaten, wird es zum Asiaten. Erblickt das Gehirn einen Afrikaner, fühlt es sich als Afrikaner. Erhält das Gehirn das Gesicht einer Frau, sieht es sich als Frau. Oder als Mann, wenn das Videogesicht männlich ist.

Der Sprung in eine fremde Identität bleibt nicht ohne Folgen. Probanden, die vor dem Experiment eine sexistische Einstellung oder Vorurteile gegenüber Menschen mit einer anderen Herkunft hatten, berichteten nach der Illusion, dass sie ihre Ansicht geändert oder zumindest abgeschwächt hätten. Offenbar tut es unserem Weltbild ganz gut, mal in den Schuhen eines anderen zu stecken. Und sei es auch nur für ein paar Minuten.

Die Königsdisziplin des Identitätswechsels ist natürlich der Sprung in den Körper eines anderen Menschen. Henrik Ehrsson vom schwedischen Karolinska-Institut hat mit seiner Arbeitsgruppe gezeigt, dass sich die *Gummihand-Illusion* im Rahmen einer künstlichen außerkörperlichen Erfahrung problemlos auf den gesamten Körper erweitern lässt. Die Probanden sehen sich dabei selbst an einem anderen Ort oder als Avatar genanntes Wesen in einer virtuellen Welt (Bild 20). Wie unser Gehirn mit der neuen Situation umgeht, schauen wir uns im nächsten Kapitel genauer an. Entscheidend für die Echtheit der Täuschung ist aber in allen Fällen die multisensorische Reizung. Wenn Sehen und Füh-

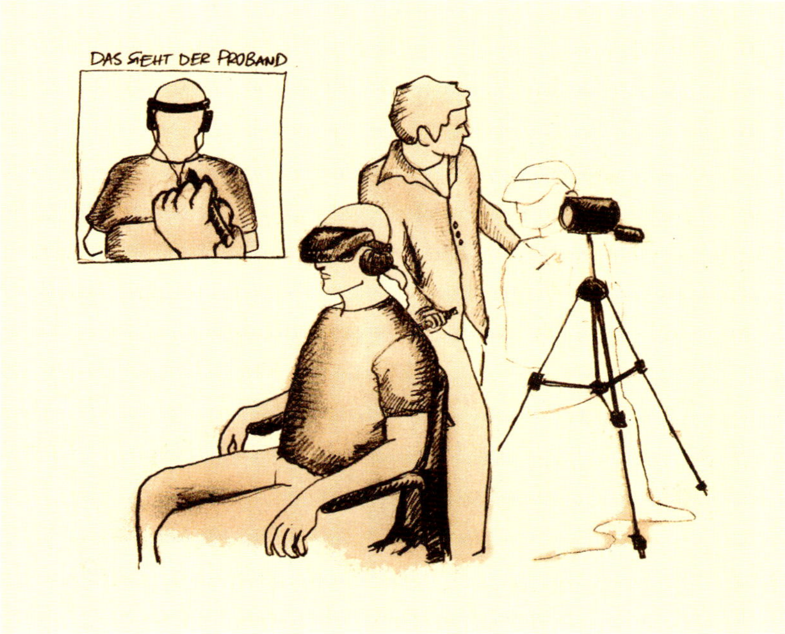

Bild 20. Wenn der Druck auf den Avatar und den echten Körper synchron ist, verlässt der Geist den Körper zugunsten seines virtuellen Ichs.

len zueinanderpassen, ist unser Gehirn anscheinend bereit, jeden und alles als Partner für das Ich anzusehen. Auch einen Roboter.

Weltweit arbeiten mehrere Gruppen von Wissenschaftlern mit Hochdruck an Schnittstellen zwischen Gehirn und Maschinen, sogenannten *Brain-Computer-Interfaces.* Mit ihrer Hilfe sollen Nervenzellen Maschinen oder Roboter steuern, als wären es eigene Körperteile. Die Signale des Gehirns werden beispielsweise wie bei einem EEG mit Elektroden auf der Kopfhaut abgenommen, mit einer speziellen Software analysiert und als Befehle an die Motoren weitergereicht. Auf diese Weise konnte beispielsweise die gelähmte Patientin von John Donoghue an der Brown-Uni-

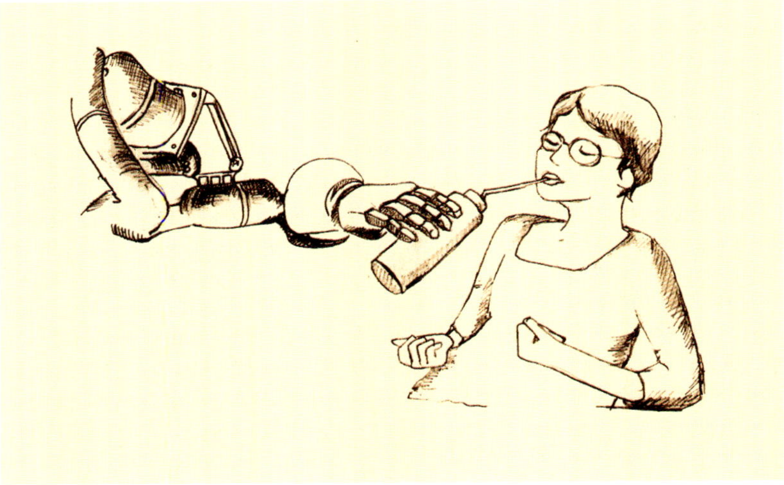

Bild 21. Mit ihren Gedanken steuert die Probandin einen Roboterarm, sodass er ihr eine Flasche reicht.

versität per Gedankenkraft und Roboterarm ohne fremde menschliche Hilfe ihren Durst aus einer Flasche löschen (Bild 21).

Für Patienten mit dem Locked-in-Syndrom bieten die Apparate eine Möglichkeit, mit ihrer Umwelt aktiv zu kommunizieren. Sie sind aufgrund eines Hirnschadens fast vollständig gelähmt, häufig können sie nur die Augen bewegen. Bei Niels Birbaumer an der Universität Tübingen trainieren sie, über ein *Brain-Computer-Interface* einem Rechner mitzuteilen, für welche von zwei Alternativen sie sich entscheiden. Dazu stellen sich die Patienten etwa intensiv vor, sie würden den linken Arm heben oder den rechten. Die dazugehörigen Muster der Hirnaktivität werden umgewandelt in die Bewegung eines Zeigers, der über den Bildschirm wandert, bis er auf das gewünschte Feld zeigt. Mit einem anderen Signal klickt der Patient es an und macht sich daran, den nächsten Buchstaben anzusteuern. Schritt für Schritt wachsen Wörter und Sätze, und 1999 wurde auf diesem Weg in Birnbaumers Labor der erste Brief verfasst, der alleine durch die Kraft der Gedanken entstanden war.

Falls es aber ein kleines Spielchen zur Entspannung sein soll, dann ist das Projekt der Informatiker Klaus-Robert Müller und Benjamin Blankertz sowie des Neurologen Gabriel Curio von der Berliner Charité bestimmt das Richtige für Sie: Das Trio hat sein Interface mit einem Flipper verbunden und zockt gelegentlich mit Hirnwellen im Kampf gegen die Kugel. Neben einer Menge Spaß bietet die Kombination den Forschern vor allem eine gute Möglichkeit, die Geschwindigkeit ihrer Verbindung von Hirn und Maschine zu optimieren. Denn das eigentliche Ziel ist natürlich, dem wachen Geist einen möglichst perfekten maschinellen Körper anzubieten.

Und die Moral von der Geschicht'

Hände, Gesichter und Körper, die beliebig austauschbar sind, sogar durch Maschinen – das Gehirn ist wahrlich nicht wählerisch, mit wem es unser Selbst formt. Kann es vor diesem Hintergrund überhaupt ein stoffliches Selbst geben? Viele Wissenschaftler und Philosophen haben mittlerweile ihre Zweifel. Zumal Linguisten hervorheben, dass das Wort «Selbst» längst nicht in allen Sprachen eine Entsprechung hat. Häufig gibt es lediglich Wörter für «Ich» und «andere», aber kein «Selbst». Gerade ostasiatische Sprachen setzen den Fokus stärker auf die Gemeinschaft: Das «Wir» hat hier einen höheren Stellenwert als das «Ich». Chinesische Wissenschaftler haben 2014 gezeigt, dass die Gehirnareale, die für die Wahrnehmung des «Selbst» zuständig sind, auch auf das Wort «Mutter» ansprachen. «Selbst» ist für ein chinesisches Gehirn demnach «meine Mutter und ich». Europäische Gehirne sind da deutlich selbstzentrierter.

Und trotzdem muss es das besondere Etwas geben, das einen Menschen zum einzigartigen Individuum macht. Denn – um wieder linguistisch zu argumentieren – «So bin ich nun einmal», «Am Abend darf ich endlich ich selbst sein» und «In der Stresssituation war ich ein anderer Mensch». Haben wir denn gar keinen Anhaltspunkt, an dem wir dieses Ich festmachen könnten?

Die Erfahrung mit Patienten, die an neurodegenerativen Erkrankungen wie Morbus Alzheimer leiden, hat gezeigt, dass Angehörige den Menschen weiter als ihren Ehegatten, Vater, Mutter oder Freund ansehen, auch wenn seine Intelligenz immer weiter nachlässt oder er sich nicht mehr an gemeinsame Erlebnisse erinnern kann. Sogar, dass er sie nicht mehr erkennt, rüttelt nicht an seiner eigenen Identität. Zu «einem anderen Menschen» wird er für die Angehörigen erst dann, wenn sich sein Verhalten in Bezug auf seine Rechtschaffenheit, Ehrlichkeit, sein Mitgefühl und seine Toleranz verändert. Ein Bruch in den Eigenschaften, die wir unter dem Begriff «Moral» zusammenfassen, macht ihn für seine Umwelt fremd. Die Persönlichkeit eines Menschen steckt demnach zum großen Teil in seiner Moral.

Wenn Körper und Geist, Muskeln und Gehirn ein solch enges Team bilden, wie wir in diesem Kapitel gesehen haben – wo ist dann der Sitz des Ichs? Können wir die Trennung in einen stofflichen Organismus und eine ätherische Seele, wie sie der Philosoph René Descartes im 17. Jahrhundert vorgenommen hat, noch ernsthaft vertreten? Lässt sich das Ich wirklich auf das Gehirn reduzieren (und dann wie in Science-Fiction-Geschichten in einem Glas mit Nährlösung aufbewahren)?

Nach dem, was wir in diesem Kapitel bislang erfahren haben, ist das Selbst am wahrscheinlichsten eine Konstruktion, die Körper und Gehirn in Interaktion mit der Umwelt gemeinsam geschaffen haben. Als Material nutzen sie Nervenzellen und Sinnesorgane, Eindrücke und Erinnerungen, kulturelle Normen und die Erfahrungen anderer. Das alles flexibel und dynamisch. Mein Ich von heute ist ein anderes als mein Ich von gestern. Aber mein Ich ist nur dann das gleiche Ich, wenn es die gleichen moralischen Maßstäbe in meinem Verhalten gegenüber anderen aufrechterhält. Wenn sich die ändern, werde ich als ein anderer Mensch wahrgenommen – zumindest von den anderen Menschen. Aber was hatten wir nochmal am Anfang gesagt? Wir werden ja erst durch andere zu uns selbst.

4. VON KLICKBAREN KÜHEN UND GEMOBBTEN AVATAREN – Wie wir die digitale Welt erleben

> *Hattest du jemals einen Traum, Neo, der dir komplett real erschien? (...) Wie würdest du den Unterschied zwischen Traumwelt und realer Welt erkennen?*
>
> AUS DEM FILM *MATRIX*

Tippen Sie bitte einmal unten auf die Seitenzahl! Vielen Dank! Zur Belohnung erhalten Sie einen Tipp-Punkt. In sechs Stunden dürfen Sie das nächste Mal tippen.

Können Sie sich vorstellen, dieses Spiel immer und immer wieder zu spielen? Und sogar Geld dafür zu bezahlen, dass Sie nicht die vollen sechs Stunden warten müssen, bis Sie erneut tippen dürfen? Ihre Freunde anzustiften, ebenfalls auf eine Seitenzahl zu tippen? Glauben Sie, das würde überhaupt irgendjemand so spannend finden, dass er seine Zeit dafür opfert? Ich nicht. Aber ich wurde eines Besseren belehrt.

Kühe klicken als Lebenszweck

Das echte Spiel heißt *Cow Clicker* und wird – natürlich – online gespielt. Sie können sich entweder mit Ihrem Browser auf den Spielserver begeben oder sich die App für Ihr Smartphone herunterladen. Und schon kann es losgehen! Obwohl nicht viel geht. Alles, was Sie machen können, ist tatsächlich, auf das Bild einer Kuh zu klicken. Gut, es ist immerhin eine niedliche Kuh. Mit einer übergroßen rechteckigen Schnauze und süßen Knopfaugen (Bild 22). Aber anfangen können Sie nichts mit ihr. Außer, darauf zu klicken. Danach müssen Sie warten. Sechs Stunden lang. Dann

Bild 22. Ein absichtlich blödes Spiel: Auf die Kuh klicken.

dürfen Sie erneut klicken. Für jedes Klicken gibt es einen Punkt, der passenderweise *Click* heißt. Wow!

Bringen Sie einen Freund dazu, sich ebenfalls eine Klickerkuh anzuschaffen, erhalten Sie zusätzlich zu Ihren eigenen *Clicks* für jeden seiner Klicks einen weiteren *Click*. Bis zu acht fremde Kühe dürfen Sie auf Ihrer Weide aufnehmen. Sie sehen schon: Da kommen einige *Clicks* zusammen.

Und nun verrate ich Ihnen einen Trick! Wenn Sie ein wenig Geld investieren, können Sie sich einige Privilegien erkaufen. Zum Beispiel eine witzige Kuh mit Karomuster oder in Regenbogenfarben. Für einen kleinen Obolus dürfen Sie auch die Klickfrequenz erhöhen. Das ist wichtig, denn sobald Sie genügend *Clicks* gesammelt haben, wird Ihnen eine Auszeichnung verliehen. Beispielsweise für 100 000 *Clicks* die goldene Kuhglocke. Die ist natürlich nicht echt – das bezahlte Geld hingegen schon.

Ian Bogost, der Programmierer von *Cow Clicker*, weiß manchmal nicht, ob er über den Erfolg seines Spiels lachen oder weinen soll. Zu seiner besten Zeit wurde *Cow Clicker* von über 50 000 Menschen gespielt und brachte seinem Erfinder ein hübsches Sümmchen Geld ein, weil die Spieler Geld für Extras ausgaben. Dabei hatte Bogost das Programm eigentlich geschrieben, um zu demonstrieren, wie dämlich andere Spiele waren, die um das Jahr 2010 die Gamerwelt in Atem hielten. Vor allem *FarmVille*, bei dem der Gamer einen Bauernhof bewirtschaftet, hatte sich für Programmierer mit künstlerischem Anspruch zu einem wahren Hassobjekt entwickelt. Für Bogost war *FarmVille* nicht mehr als stupides Klicken auf Kühe – womit die Idee zu *Cow Clicker* als Satire geboren war.

Anfangs erfüllte *Cow Clicker* seinen Auftrag als Satirespielchen auch ordnungsgemäß. Andere Programmierer lachten sich bei jedem Klicken kaputt über die primitive Spielidee und empfahlen das Game einander, wie man einen guten Witz weitererzählt. Dadurch wurden die Fachmagazine auf das Spiel aufmerksam und berichteten mit der gebührenden Häme über *Cow Clicker*. Doch dann gerieten die Kühe außer Kontrolle.

Das Spiel brach aus dem Kreis der Eingeweihten aus und entkam in die freie Wildbahn der unbedarften Gamer. Mehr und mehr Menschen klickten auf Kühe und nahmen das Spiel ernst. Sie luden ihre Freunde ein, unterhielten sich in Chatrooms über ihre *Clicks*, schrieben Rezensionen – und bezahlten bereitwillig Geld für virtuelle Extrawünsche. Alles, worüber sich Bogost lustig machen wollte, sogen die Gamer begeistert in sich auf. Bogost wurde gedrängt, weitere Features einzuführen, und er musste das Programm sogar auf einen neuen Server portieren, um den Andrang zu bewältigen. Er lebte im ständigen Konflikt: Sollte er weitermachen und gutes Geld verdienen oder sich selbst treu bleiben und seine beste Kuh (im übertragenen Sinne) schlachten?

Bogost beschloss, das Spiel zu beenden.

Für den 21. Juli 2011 rief er die *Cowpocalypse* aus. Jeder Klick, den irgendein Spieler auf der Welt machte, sollte die restliche Zeit, die *Cow Clicker* noch online stehen würde, um 30 Sekunden verkürzen. Wer spielte, brachte damit das Spiel um.

Es sei denn, es wären ausreichend Spieler bereit, ihr Hobby mit Geld zu verlängern. Im Angebot waren Tarife von Stunden bis Monaten. Niemand, so dachte Bogost, würde sich einer so plumpen Erpressung beugen und ihm auch nur einen Cent überweisen. Doch die Gamer zahlten. Sie opferten mehrere hundert Dollar, bis es am Abend des 7. September 2011 so weit war: Bogost entfernte alle Kühe von den Weiden. Zurück blieben nur leere Felder – und leere Seelen.

Bis die Spieler bemerkten, dass sie einfach weitermachen konnten, indem sie auf die leeren Felder klickten. Ja, Sie haben richtig gelesen! Ganz eiserne Gamer klicken bis heute auf den leeren Platz und sammeln dafür *Clicks*. Auf die Bemerkung eines Fans, auf diese Weise mache das Spiel weniger Spaß, antwortete Bogost genervt: «Das hat auch vorher keinen Spaß gemacht!»

Womit sich für mich als Neurowissenschaftler eine Menge Fragen stellen: Was fasziniert uns Menschen nur so an der digitalen Welt? Warum verbringen wir so viel Zeit im Internet? Welche Bedeutung haben soziale Medien für uns? Und wie kommt unser Gehirn mit einer virtuellen Umgebung zurecht?

Die Zukunft hat schon begonnen

Im Gestern war die Welt noch übersichtlich. Ein Computer war ein Mensch, der gerechnet hat. Mit Papier, Bleistift und allenfalls einem Rechenschieber oder einer mechanischen Rechenmaschine.

Eine Addition pro Sekunde war ein durchaus akzeptables Tempo. Mehr als Rechnen konnte man mit dieser Ausrüstung nicht anfangen (allenfalls noch Nüsse knacken mit den schweren Maschinen) und wollte auch niemand. Was sollte man schon großartig mit Zahlen machen? Bilanzen aufstellen, Brückenstatik berechnen und Versicherungsprognosen durchführen. Aber doch keinen Spaß haben! Spaß? Mit Rechnen? Ich bitte Sie!

Heute ist das ein klein wenig anders. Einen Computer hat jeder von uns. Was heißt einen? Mehrere! Neben dem Notebook zu Hause sind da das Tablet und das Smartphone. Vielleicht noch eine Smartwatch (diese Dinger, die früher Uhren hießen und nur die Zeit und das Datum angezeigt haben). Von den versteckten Computern in Waschmaschine, Spülmaschine, Fernseher, Staubsauger, Kühlschrank usw. gar nicht zu reden. Aber hier soll es nur um Computer für den Spaß gehen. Jawohl: Spaß! Was sollte man denn sonst großartig mit Computern machen? Spielen, chatten, Videos sehen, Selfies verschicken!

Morgen wird es noch ein bisschen anders sein. Der Computer wird dann nicht mehr Teil unserer Welt sein, sondern wir ein Teil seiner Welt. Mit Hochdruck arbeiten Konzerne und Institute an Technologien, die den Menschen in eine virtuelle Realität transportieren.

Zwischen diesem Gestern, Heute und Morgen liegen nicht mehr als rund 100 Jahre. Für einen einzelnen Menschen mag das ein ziemlich langer Zeitraum sein, der ihm am Ende den Bürgermeister mitsamt Blumenstrauß in die Wohnung bringt. Aus Sicht der Evolution sind 100 Jahre allerdings nicht einmal ein Wimpernschlag. Für gewöhnlich dauert es Jahrtausende oder gar Jahrmillionen, sich an neue Lebensbedingungen anzupassen. Der *Homo sapiens sapiens*, den wir als Menschenrasse darstellen, ist schätzungsweise 200 000 Jahre alt. Und in diesen Äonen haben sich zwar unsere gesamte Vorgeschichte und Geschichte abgespielt – das Gehirn ist aber weitgehend unverändert geblieben. Was das mit unserer Zukunft im Cyberspace zu tun hat, möchten Sie wissen?

Ganz einfach: Wir Menschen stürzen uns mit einem Gehirn in die virtuellen Welten, das immer noch dafür optimiert ist, sich in der Steinzeit zurechtzufinden!

Hansdampf in allen virtuellen Gassen

Das Max-Planck-Institut für biologische Kybernetik in Tübingen, an dem ich meine Doktorarbeit geschrieben habe, ist eine der ältesten und bekanntesten Forschungsanstalten für Kybernetik. Der Begriff Kybernetik stammt vom altgriechischen Wort «kybernetes», das einen Steuermann bezeichnet. Die Kybernetik beschäftigt sich also mit den gemeinsamen Steuerungsmechanismen, die allen Prozessen zugrunde liegen, beispielsweise, wie ein Algorithmus eine Maschine oder wie der Geist den Körper steuert. Und darüber hinaus, wie all diese Dinge sich gegenseitig in einem Netzwerk regulieren können. Für viele der aktuellen Wissenschaftsdisziplinen und technischen Errungenschaften hat sie die Grundlage geschaffen, darunter künstliche Intelligenz, Systemtheorie, neuronale Netzwerktheorie, Informationstheorie und Computerwissenschaften. Nicht zuletzt stammt der Wortteil «Cyber» in Cyberwelt oder Cyberspace von «Kybernetik». So gesehen betätigen wir alle uns tagtäglich als Kybernetiker.

Meine Kollegen der Abteilung «Menschliche Wahrnehmung, Kognition und Handlung» interessiert dabei (Sie werden es während der Lektüre dieses Buches vermutlich erraten haben), wie unser Gehirn Signale und Informationen verarbeitet, um sich ein Bild von der Welt zu machen und sich darin zurechtzufinden. Denn noch immer ist erstaunlich wenig darüber bekannt, auf welche Weise es beispielsweise Gegenstände wahrnimmt und erkennt und wie es lernt. Weil wir nicht einfach den Schädel aufschneiden und dem Gehirn beim Denken zusehen können, müssen wir andere Experimente machen und diese dann mit möglichst vielen Probanden durchführen, denn Sie wissen ja: Jedes Gehirn ist ein wenig anders.

An dieser Stelle wird es schwierig – aber auch richtig cool!

Die Schwierigkeit besteht darin, bei den einzelnen Versuchsdurchläufen immer wieder dieselben Bedingungen herzustellen. Wenn Sie herausfinden möchten, warum ein Gehirn mal so und dann ganz anders reagiert, müssen Sie sicher sein, dass Sie alle erdenklichen Parameter unter Kontrolle haben und genau sagen können, was den Unterschied zwischen den beiden Malen ausgemacht hat. Allerdings möchte jeder Wissenschaftler das Gehirn in einer ganz besonderen Umgebung untersuchen. Während Sie beispielsweise einen Dschungel brauchen, möchte Ihr Kollege auf dem Mond arbeiten. Oder in einer Pyramide. Oder auf einem fliegenden Teppich. Wie soll das funktionieren? Soll das Institut für jeden Forscher eine andere Halle bauen und nach seinen Wünschen einrichten? Oder sollen die Wissenschaftler zwischendurch immer alles auf- und abbauen? (Haben Sie schon einmal eine Pyramide aufgebaut? Glauben Sie mir: Das schaffen Sie nicht in der Zeit eines durchschnittlichen Doktorandendaseins.)

Die Lösung ist der coole Teil! Unser Institut hat eine phantastische Ausstattung, Cyberneum genannt, um künstliche Welten zu erschaffen und virtuelle Realitäten zu erforschen. (Wenn Sie sich näher dafür interessieren: Schauen Sie doch mal auf www.cyberneum.de. Dort finden Sie auch kleine Videos, die einen guten Eindruck vermitteln, was wir dort tun.) Helme für hochauflösende virtuelle Realität entführen Sie in einen Cyberspace, bei dem der Versuchsleiter jeden Pixel festlegen kann. Roboterarme lassen Sie dabei schweben wie auf einem fliegenden Teppich (jawohl, wir haben einen fliegenden Teppich!), Scanner erstellen in Windeseile einen Avatar von Ihnen, der nach Belieben dick oder dünn sein kann, und dank omnidirektionaler Laufbänder dürfen Sie sich frei in alle Richtungen bewegen.

Es ist inzwischen sogar möglich, Charakteren aus Büchern oder Geschichten einen realen Körper zu geben: Sie werden nach den Vorstellungen Tausender Menschen aus dem Netz nachgebaut. Wir können also «Vorstellungen» im Kopf als virtuelle Charaktere visualisieren! Wie würde Schneewittchen aussehen? Oder Harry Potter? Sehen Celebrities in den Köpfen anderer Menschen genauso aus wie in der Realität?

Sie können Ihre Probanden (oder wenn gerade keiner zur Hand ist, ausnahmsweise auch sich selbst) nach Lust und Laune als Astronauten durch das Sonnensystem fliegen lassen, sie wie Gulliver mit Zwergen und Riesen umgeben oder von ihrem Körper loslösen. Es ist ein Forschen ohne Grenzen – auf das die Evolution unser Gehirn nicht im mindesten vorbereitet hat. Das macht aber nichts!

Die Experimente an unserem und anderen Instituten haben gezeigt, dass vor allem eine Eigenschaft wichtig ist, um sich zurechtzufinden: Plastizität! Mit diesem Begriff beschreiben wir die Fähigkeit des Gehirns, flexibel mit neuen Reizen umzugehen. Und in dieser Hinsicht ist das Gehirn hervorragend präpariert: Von jeher musste es sich auf neue Umgebungen einstellen können, seien es die Berge oder das Meer, die Wüste oder die Arktis. Darin ist es gewissermaßen Profi.

Der Ursprung der Signale spielt dabei allenfalls eine untergeordnete Rolle. Darum erkennen wir auf Anhieb Menschen und Personen, egal, ob wir ihnen tatsächlich begegnen, sie in einem Video, auf einem Gemälde oder nur als gemalte Skizze sehen. Eine digitale Simulation ist lediglich eine weitere Quelle; für das Gehirn ist der Cyberspace also nicht mehr als eine weitere Variante der Wirklichkeit. Real, digital, voll egal! (Jetzt wissen Sie, warum ich dieses Buch nicht in Reimform geschrieben habe.)

Bild 23A. Eintauchen in die virtuelle Realität im Paradies für Cybernauten!

Bild 23B. Auf einen fliegenden Teppich steigen,

Bild 23C. ... und tatsächlich fliegen!

Bild 23D. Ein virtueller Stadtrundgang.

Bild 23E. Täuschend echte 3D-Interaktion mit Avataren ist möglich!

Kein Unterschied zwischen Digis und Realos

«Im Internet weiß niemand, dass du ein Hund bist!», hieß es in den 1990er Jahren, als das Internet langsam die privaten Haushalte eroberte. An dem Spruch muss etwas dran sein, denn mir sind bislang tatsächlich wenige Hunde im Internet begegnet. Was daran liegen könnte, dass Hunde sich nicht sonderlich für Computer begeistern. (Obwohl auch ihr Gehirn bereitwillig auf virtuelle Realitäten hereinfällt.) Oder sie surfen zwar eifrig, geben sich dabei jedoch als Menschen aus. Genau so war der Spruch damals gedacht: Es spielt keine Rolle, wer du im wahren Leben bist, weil du im Internet sein kannst, wer du sein möchtest!

Und wer möchten wir sein?

Sie werden es vielleicht nicht glauben, aber die meisten von uns wollen sie selbst sein! Obwohl wir im Internet endlich die Möglichkeit haben, uns ohne Verkleidung als Indianerhäuptling, Kronprinzessin, Modezar, Wikingerin oder zweite Lara Croft auszugeben, zeigen Analysen von sozialen Netzwerken wie Facebook, dass wir uns dort trotzdem ganz brav als Horst und Anneliese outen. Sogar im Cyberspace, wo wir der Phantasie freien Lauf lassen und bei Bedarf als Roboter, Superheld, Waschbär oder Hammer herumlaufen könnten, bleiben wir schlicht wir selbst. Wer ein Mann ist, wählt einen männlichen Avatar, Frauen bevorzugen weibliche Figuren. Europäer möchten weiterhin Europäer sein, Asiaten am liebsten Asiaten und so fort.

Wir sind sogar so sehr wir selbst, dass Wissenschaftler wie Michal Kosinski von der britischen Universität Cambridge aus den Einträgen und Likes bei Facebook ein umfangreiches Persönlichkeitsprofil erstellen können. Neben Alter, Geschlecht und Hobbys verraten die virtuellen Spuren auch sensiblere Informationen wie Ethnizität, Religion, politische Ausrichtung, sexuelle Orientierung und ob die Eltern geschieden sind. Wohlgemerkt, ohne dass die

Forscher zu den «Freunden» der Personen zählen! Kein Wunder, dass auch große Unternehmen diese Analysemethoden für sich entdeckt haben, um auf den Profilen der User individualisierte Werbung zu schalten.

Das finden Sie eigentlich ganz praktisch? Sie meinen, so sei das eben in unserer digitalen Gegenwart? Privatsphäre werde sowieso überschätzt? In der realen Welt würde jedenfalls wohl kaum jemand auf einen wildfremden Menschen zugehen und sich vorstellen mit: «Hallo, ich bin Ole. Meine Eltern haben sich getrennt, ich habe ein Alkoholproblem, wähle eine fundamentalistische Splitterpartei und habe gerade eine gescheiterte Beziehung hinter mir, weil ich ständig den Sexualpartner wechsle.» Durch unser Surfverhalten kann man jedoch all dies ablesen, und oft genug posaunen die Menschen solch intime Dinge auf Facebook & Co. ungehemmt hinaus.

Warum sind wir im Internet so gefährlich ehrlich und offen?

Ganz sicher kann die Wissenschaft das noch nicht sagen. Ein Grund liegt vermutlich im Bestreben unseres Gehirns, sich einer Gruppe zugehörig zu fühlen, denn Gemeinschaft war für unsere Vorfahren schlichtweg überlebenswichtig. Wer in vorgeschichtlicher Zeit aus der Gruppe verstoßen wurde, musste seine Nahrung alleine suchen, alleine Wache halten und sich bei einem Angriff alleine verteidigen. Oder anders ausgedrückt: Wer isoliert war, hatte eine Einladung zum Mittagessen bei Säbelzahntiger, Höhlenbär & Co. schon so gut wie sicher. Und zwar nicht als Gast.

Für das Zusammenleben in der Gemeinschaft sind Ehrlichkeit und Offenheit wichtige Voraussetzungen. Nur mit einem «guten Ruf» ist man vertrauenswürdig. Deshalb legt unser Gehirn Wert darauf, was andere Menschen von uns denken. Und die Meinung der Gruppenmitglieder bestimmt zu einem großen Teil unsere eigene Einstellung anderen gegenüber. Unseren Hang, immer der Gruppenmeinung zu folgen, haben wir schon bei den Wahrnehmungstests in Kapitel 2 kennengelernt, und bei Urteilen über Personen spielt er erst recht eine Rolle. Wird ein Mitglied allgemein gelobt, fallen wir leichter in die Preisung ein, als wenn wir als Erste unser Urteil abgeben müssten. Was alle gut finden, das kann doch nicht schlecht sein! Sogar zehn Monate alte Säuglinge orientieren sich bei der Bewertung anderer Menschen bereits an der allgemeinen Stimmung. Wir sind offensichtlich geborene Opportunisten.

Der Hang zur Konformität kann allerdings schlimme Züge annehmen, wenn es um Verleumdung, Ausgrenzung oder Mobbing geht. Plötzlich will niemand mehr etwas mit demjenigen, der als «Opfer» gebrandmarkt wird, zu tun haben, um nicht selbst in den Fokus der Mobber zu geraten, im schlimmsten Fall beteiligt man sich sogar an Beleidigungen oder gar Gewalttaten gegen die Person.

Einzelne Gruppenmitglieder niederzumachen ist dabei nicht auf das wirkliche Leben beschränkt. Im Gegenteil. Im Internet ist Cybermobbing viel einfacher, da sich das Opfer schlechter wehren kann. Es sieht die Angriffe später, seine Verteidigung geht in der Menge der Attacken einfach unter, oder das Lästern läuft in einer Gruppe, zu welcher der Gemobbte keinen Zugang hat. Hinzu kommt, dass die Beschimpfungen oder Demütigungen digital einer viel größeren Gruppe zugänglich gemacht werden können.

Das traumatische Erlebnis ist aber real. Der dadurch ausgelöste seelische Schmerz ist in den gleichen Hirnarealen lokalisiert, in denen auch körperliche Schmerzen wie beispielsweise echte Nadelstiche gefühlt werden. Cybermobbing ist eine Gewalttat!

Andere virtuelle Gewalt ist dagegen rein unterhaltend gemeint. Was früher das Cowboy-und-Indianer-Spiel auf dem Hof oder der Wiese war, ist inzwischen das Gefecht im Ego-Shooter. (Seltsamerweise treten in diesen Spielen fast nie Cowboys und Indianer als Protagonisten auf. Schade, wo mir die Häuptlingsfedern immer so gut gestanden haben.) Ob und wie sehr wir durch Gewalt in Computerspielen abstumpfen und sie in das reale Leben mitnehmen, ist unter Wissenschaftlern umstritten. Es gibt aber Anzeichen dafür, dass unser Gehirn sich auch hier an Situationen, die es ständig miterlebt, anpasst. Unser Gehirn kann eben nicht zwischen echter Welt und Cyberspace unterscheiden, selbst wenn uns bewusst ist, dass wir nur ein Game spielen. Das Unterbewusstsein muss dennoch die gleichen Signale verarbeiten. Wer aber immer wieder Gewalt ausübt oder Zeuge von Gewalt wird, gewöhnt sich daran und legt die Hürde für Mitgefühl höher, um die Diskrepanz zu seinen moralischen Werten aushalten zu können. Deshalb empfinden Gamer nach einer längeren Spielsession weniger Schuldgefühle, wenn sie anderen Schmerzen zufügen, und weniger Mitleid, wenn sie andere leiden sehen.

Der Effekt kann aber auch positiv sein. Die Eigenschaften und Erlebnisse eines Avatars in der virtuellen Welt verändern die Selbsteinschätzung des Spielers auch, wenn er beispielsweise eine große und attraktive Figur gewählt hat, die bei den Mitspielern auf Zustimmung stößt. Nach dem Spiel bewegt er sich in realen Situationen selbstbewusster, offener und kontaktfreudiger als Gamer mit kleinen, unansehnlichen Avataren.

Für die Einstufung eines Avatars sind dabei weniger dessen wirkliche Taten entscheidend. Häufig reicht sein Aussehen, um ihn in eine Schublade zu packen und nach stereotypen Klischees zu bewerten. Nick Yee und Jeremy Bailenson von der US-amerikanischen Stanford-Universität haben diesen Effekt 2007 zum ersten Mal beschrieben und nach dem griechischen Gott Proteus benannt, der seine Gestalt wechseln konnte: Haben Sie sich beispielsweise einen pummeligen Charakter für Ihr Spiel ausgesucht, werden Sie mit hoher Wahrscheinlichkeit zuletzt in die virtuelle Fußballmannschaft gewählt, weil kleine Dicke als unsportlich gelten. Und Sie werden tatsächlich schlechter spielen, als es Ihren Fähigkeiten entspricht, denn unbewusst orientieren Sie sich an der Erwartungshaltung der anderen.

Für den Cyberspace gilt somit das Gleiche wie für die Realität: Das Ich setzt sich zusammen aus aktuellen Signalen, persönlichen Erfahrungen und den Meinungen anderer.

Gemeinsames Lernen ist nur halb so doof

Das liest sich vielleicht so, als könnten wir auf der Stelle in die Virtualität umziehen, und alles wäre wie in der realen Welt. Schließlich gibt es für unser Gehirn keinen Unterschied zwischen Sein und Schein, oder? Ganz so ist es natürlich nicht.

Patricia Kuhl von der Universität Washington untersucht seit Jahren, wie Babys Sprachen lernen. Ich habe Ihnen bereits im ersten Kapitel ein Ergebnis ihrer Studien vorgestellt. Dabei ging es um bestimmte Laute, die typisch für eine Sprache sind, aber in anderen Sprachen nicht vorkommen. Im Alter von sechs Monaten erkennen Babys als wahre Weltenbürger noch alle denkbaren Laute. Bei ihrem ersten Geburtstag sieht das schon anders aus, ihr Gehirn hat sich inzwischen spezialisiert und nimmt vorwiegend länderspezifische Laute auf.

Kuhl wollte nun herausfinden, wie die Entwicklung bei bilingual aufwachsenden Kindern verläuft. Als Testsprache wählte sie Mandarin, das in China und Taiwan gesprochen wird. Während der kritischen Monate erhielten die Babys von einer Muttersprachlerin Unterricht, in dem die Lehrerin ihnen vorlas oder etwas erzählte. Von den Kindern wurde natürlich nicht erwartet, dass sie die Vokabeln lernen, sondern es ging ausschließlich um die Wahrnehmung von Lauten. Bei der ersten Gruppe setzte sich die Lehrerin direkt zu dem jeweiligen Kind, das gerade mit seinem Unterricht an der Reihe war. Eine zweite Gruppe sah sich alles auf

Video an, und eine dritte Gruppe bekam lediglich die Audiospur vorgespielt.

Die Ergebnisse sprachen eindeutig für die reale Welt. Die Kinder der ersten Gruppe, die eine echte Lehrerin aus Fleisch und Blut erleben durften, waren auch im Alter von einem Jahr noch in der Lage, chinesische Laute zu unterscheiden, die es im Amerikanischen nicht gibt. Die Babys der beiden anderen Gruppen hatten dagegen diese Fähigkeit so sehr eingebüßt, als hätten sie überhaupt keinen Unterricht erhalten. Offenbar hat wenigstens das ganz junge Gehirn ein Faible für die echte Welt.

Das Experiment ging aber noch weiter!

In einer neuen Versuchsreihe setzte Kuhl die Babys nicht einzeln vor das Video, sondern zusammen mit anderen Kindern. Obwohl die Kleinen sich nicht sonderlich füreinander interessierten, nahmen sie sehr wohl wahr, dass sie nun in der Gemeinschaft schauten. Und das war der entscheidende Faktor: Alleine durch die Anwesenheit der anderen stieg der Lernerfolg der Videokinder deutlich an. Psychologen versuchen, den Effekt, dass jemand durch die bloße Präsenz anderer Personen bessere Leistungen erbringt, mit der *Social-Facilitation*-Theorie zu erklären. Danach versetzen uns die anderen in emotionale Aufregung, und wir legen uns mehr ins Zeug. Oder wir lassen uns gehen, denn die Psychologie kennt mit dem *Sozialen Faulenzen* auch das gegenteilige Phänomen. Den Unterschied macht wohl, ob eine individuelle Leistung gemessen wird, für die sich die Anstrengung lohnt, damit unser Ansehen in der Gruppe wächst. Oder ob es eine Gemeinschaftsarbeit ist, bei welcher der individuelle Beitrag unklar bleibt, sodass sich ruhig mal die anderen abrackern sollen.

Auf jeden Fall haben die anderen einen deutlichen Einfluss auf den Einzelnen.

Das macht sich ebenso bei Computerspielen mit Gewalt bemerkbar. Tobias Greitemeyer von der Universität Innsbruck hat nachgewiesen, dass Multi-Player-Spiele, in denen die Gamer zu mehreren agieren, sich weniger negativ auf das Verhalten im realen Leben auswirken als Solo-Spiele. Die Gruppe verankert sich anscheinend gegenseitig in der echten Welt mit ihren Wertmaßstäben.

So wirklich der Cyberspace dem Gehirn insgesamt erscheinen mag, bei den Mitmenschen zieht es also noch den wahren Freund vor.

Gruppenklicken mit Expressbelohnung

Kommen wir zum Abschluss des Kapitels auf das *Cow-Clicker*-Spiel vom Anfang zurück. Dass die stilisierte Kuh im Spiel einem echten Rindvieh zum Verwechseln ähnlich sieht und jeder von uns insgeheim schon immer auf eine Kuh klopfen wollte, können wir wohl als Ursache für den Suchtfaktor des Spiels ausschließen. Den Klickerfreunden kam es vermutlich auf etwas anderes an, das beinahe jedes auch noch so blöde Spiel bietet.

Erstens gibt es bei diesen Games eine soziale Komponente. Das Klicken auf Kühe war zwar doof, aber man klickte zusammen mit Freunden – und das ist für unser Gehirn schon ein Wert für sich. Wenn alle von der Brücke springen, springen wir in der Regel mit. Bei einem Gemeinschaftserlebnis fragen wir nicht lange nach dem Warum. Wer nicht klickt oder springt, schließt sich dadurch selbst aus der Gruppe aus. Und das weckt ganz schnell böse Erinnerungen an hungrige Säbelzahntiger.

Zweitens gibt es sofort eine Belohnung für das Spielen. Vorbei sind die Zeiten, wo wir es ausgehalten haben, ein halbes oder gar ganzes Jahr auf Weihnachten zu warten. Im Internet gibt es die Friends, Likes und *Clicks* ohne Zeitverzögerung. Soziale Netzwerke und Messenger sorgen dafür, dass wir fast augenblicklich Rückmeldung zu allem erhalten, was wir den lieben langen Tag tun. Wer im Internet lebt, lebt vielleicht nicht im Hier – aber er lebt jede Sekunde im Jetzt!

Beide Faktoren zusammen sorgen dafür, dass gerade junge Menschen täglich mehrere Stunden im Internet verbringen und davon den größten Teil in sozialen Netzen. Wenn man dabei der Selfies mit Kaffeebecher in der Hand oder der unscharfen Fotos vom Mittagessen überdrüssig wird, erscheint einem das Klicken auf ein Kuhbildchen plötzlich gar nicht mehr so blöd. Unserem Gehirn ist es schließlich egal, woher es seine Bestätigung durch die Gruppe bekommt. Hauptsache, das Wir gewinnt!

5. VON PAPPENHEIMERN IN SCHUBLADEN UND UNBEDARFTER MASSENINTELLIGENZ – Wie Gruppen unsere Wahrnehmung beeinflussen

Der Mensch für sich allein vermag gar wenig und ist ein verlassener Robinson: nur in der Gemeinschaft mit den andern ist und vermag er viel.
ARTUR SCHOPENHAUER

Ich bin Koreaner. Korea – das ist diese Halbinsel ganz im Osten Asiens, wo der Kalte Krieg nicht als Ost-West-Konflikt, sondern in Form eines Nord-Süd-Dramas noch immer weitergeht. Nach dem Krieg, der das Land Anfang der 1950er Jahre in zwei verfeindete Lager spaltete, war Korea eines der Armenhäuser dieser Erde. Doch das hat sich seitdem gründlich geändert. Zumindest in Südkorea. Das Land wurde von Grund auf industrialisiert und modernisiert. Südkorea erlebte ein Wirtschaftswunder, das sich vor dem Boom im westlichen Nachkriegsdeutschland nicht zu verstecken braucht. Vor allem bei technischen Spitzenprodukten mischen südkoreanische Konzerne ganz vorne mit. Samsung, Hyundai, LG – kaum ein Wohnzimmer, in dem nicht zumindest ein kleines Stück Korea zu finden ist.

Aber das zählt nicht.

«Kommst du aus China oder aus Japan?», werde ich meistens gefragt, wenn ich jemandem zum ersten Mal begegne.

«Ah, aus Vietnam?», legt derjenige schnell als Reaktion auf mein Zögern und meinen leicht genervten Gesichtsausdruck nach.

«Nein! Oppan Gangnam Style!», antworte ich dann manchmal. Und anschließend warte ich. In der Regel ein paar Sekunden, ab und zu einige Minuten. Den Ausdruck «Gangnam-Style» haben die meisten schon einmal gehört. Kein Wunder, schließlich war das Lied des Rappers Psy von Juli 2012 an der absolute Megahit in den Charts und bei YouTube. Mehr als zwei Milliarden Mal ist das Video aufgerufen worden und hält damit den Weltrekord. «Gangnam Style» sagt also beinahe jedem etwas. Und, so dämmert es meinen neuen Bekannten langsam, stammt der Song nicht aus Korea und – ist Gangnam nicht ein teurer Bezirk in Seoul? Also stammt der Typ vielleicht auch aus …? Und schon kramt mein Gegenüber freudestrahlend sein Handy hervor und hält es mir unter die Nase, als sollte ich es beschnüffeln und apportieren, sobald er es geworfen hat.

«Du kommst aus Korea!», heißt es dann siegesgewiss. Und wieder warte ich mit einer Enttäuschung auf.

«Nein, ich komme aus Heidelberg am schönen Neckar.» Das stimmt, denn dort bin ich geboren worden. Manchmal sage ich aber auch: «Tübingen am schönen Neckar», weil ich dort zurzeit lebe. Aber das macht die Situation für mein Gegenüber auch nicht leichter.

«Ich meine, woher du wirklich kommst. Ursprünglich.»

«Du willst wissen, wo meine Eltern herkommen?», helfe ich ein bisschen. Das kräftige Nicken bestätigt mir, was ich insgeheim von Anfang an gewusst habe.

«Meine Mutter kommt aus Nordkorea, mein Vater aus Südkorea.»

Damit wäre das Rätsel gelöst. Und gleich mit einem neuen ersetzt: Welches war noch einmal das «gute» Korea? Nord oder Süd? Aber so genau wollen es die meisten dann doch nicht wissen. Mich verwundert es jedes Mal aufs Neue, dass diese Gespräche stets nach dem gleichen Muster ablaufen: Erst einmal sehe ich asiatisch aus, kann also nicht aus Deutschland stammen. (Sonst würde man mich nicht nach meiner Herkunft fragen.) Dann passt meine Auskunft, dass ich Heidelberger bin, nicht zu den erwarteten Antworten. (Das lässt sich eindeutig an den Gesichtern ablesen.)

Als akzeptabel gilt schließlich die Antwort auf die Frage, wo meine Eltern herkommen. Dort gehöre ich dann «wirklich» hin. Obwohl das eigentlich gar nicht gefragt wurde.

Für Menschen wie mich muss das Gehirn offenbar erst eine neue Schublade einrichten.

Die Schubladenwerkstatt im Kinderzimmer

Die Arbeit an unseren geistigen Schubladen beginnt bald nach dem ersten Geburtstag. Es liegt noch nicht lange zurück, dass wir die Welt in «Ich» und «andere» unterteilt haben, da fangen wir schon an, «die anderen» differenzierter zu betrachten. Wir stützen uns dabei auf das, was wir bei unserem jeweiligen Entwicklungsstand schon von der Welt wissen.

Zum Beispiel auf den Klang der Sprache. Was Mama und Papa uns den lieben langen Tag über erzählen, zugurren oder vorsingen, können wir zwar noch nicht verstehen, aber wir nehmen natürlich wahr, wie es sich anhört. Unser Gehirn erstellt Statistiken, welche Laute häufig vorkommen und welche nur selten benutzt werden, in welchen Kombinationen sie auftreten und an welcher Position in Wörtern und Sätzen sie zu finden sind. (Linguisten mühen sich Jahre später in ihrem Studium ab, die gleichen Fähigkeiten zu erwerben, die uns allen als Babys und Kleinkind in die Wiege gelegt sind.) Daraus entwickeln wir ein Gefühl für unsere Muttersprache. Und darauf aufbauend einen Maßstab, mit dem wir prüfen können, wie ähnlich jemand zu Mama, Papa und uns selbst ist. Wer uns mit der «falschen» Sprache einlullen will, dem vertrauen wir nicht so leicht. Wohl deshalb verhielten sich die Säuglinge in einer Studie von Katherine Kinzler von der Universität Chicago so unterschiedlich, wenn ihnen Erwachsene ein

Spielzeug anboten, das sie gerne haben wollten: Von amerikanisch sprechenden Fremden nahmen sie das Geschenk mit Freuden an. Redete der Erwachsene aber französisch auf sie ein, war der Fremde dann doch zu fremd und damit das Geschenk automatisch suspekt.

Eine weitere Quelle für die Unterscheidung in «einer von uns» und «einer von den anderen» sind die Gesichter und Verhaltensweisen der Menschen, denen wir begegnen. Wer uns freundlich anlächelt, für den vermerken wir intern Pluspunkte. Erscheint jemand oft wütend, merken wir uns, dass es besser ist, vorsichtig zu sein und auf Abstand zu bleiben. Und sicherheitshalber verallgemeinern wir unser Urteil. Der nette Mann hatte lange Haare, also sind alle Langhaarigen nett. Die böse Frau trug eine blaue Bluse, deshalb Achtung vor blau gekleideten Leuten. Keine sonderlich guten Regeln, oder? Aber wo ein junges Gehirn versucht, sich zurechtzufinden, da wird zunächst einmal geklotzt und nicht gekleckert!

Im Laufe der Entwicklung und mit zunehmenden Informationen verfeinern Kinder ihre Kategorien und bilden immer neue Untergrüppchen. Da gibt es dann die eigenen Familienmitglieder, Nachbarn und Freunde aus demselben Kindergarten. Es folgen die Kinder von derselben Schule, vom gemeinsamen Sportverein, mit dem ähnlichen Musikgeschmack, denselben Klamotten und demselben Lieblingsschwarm. Irgendwann treten dann abstraktere Kategorien hinzu wie Religionsgemeinschaften, politische Ausrichtungen und Nationalitäten. Immer gibt es ein «Wir», das sich durch eine besondere Eigenschaft von «den anderen» abhebt.

Die Zugehörigkeit zu «unseren» Gruppen ist so wichtig für uns, dass wir daran uns selbst verorten. «Ich», das ist ein junger Koreaner, ein Familienvater, ein Wissenschaftler, ein Science-Slammer und Lindy-Hop-Tänzer. Kennen Sie die Gruppen, in die ich gehöre, kennen Sie meine Persönlichkeit. Oder wenigstens einige ihrer wichtigen Facetten. Und das gibt ein Gefühl von Sicherheit! Denn wie jeder weiß, sind Koreaner stets fleißig, Wissenschaftler genau, Väter fürsorglich, Science-Slammer auf sympathische Weise abgedreht (ich hoffe doch, dass unsere kleine Verrücktheit als sympathisch angesehen wird!), und Lindy-Hop-Tänzer haben eine nostalgische Ader und treiben gerne Schabernack. Alles klar! Keine Gefahr! Wir wissen, wie dieser Chang tickt!

Das war doch jetzt einfach, oder?

Die Suche nach dem «echten» Amerikaner

Meine Freunde in Korea und den USA fanden das auch. Deshalb riefen sie extra für mich eine neue Schublade ins Leben, in die sie mich stecken konnten.

Zuerst Korea. Als ich während meiner Schulzeit einige Jahre dort gelebt hatte, fiel ich mit meinem Aussehen zwar nicht auf. Aber trotzdem war ich wohl irgendwie anders. An der Sprache kann es nicht gelegen haben, denn ich sprach ebenso fließend Koreanisch wie meine Mitschüler. Trotzdem nannten sie mich fast immer «der aus dem Ausland» oder «der aus Deutschland». Und die Lehrer taten das auch. «Der aus dem Ausland» war aber mehr als ein blöder Spitzname oder ein Etikett. Es war eine Erklärung! Meine Herkunft aus Deutschland war die allumfassende Begründung für alles, was ich tat. Aus meiner Sicht mochte ich exakt dasselbe machen wie meine Mitschüler, trotzdem wurde es bei mir als Folge meiner Zeit in Deutschland interpretiert.

Es tut mir leid, dass ich hier im Vagen bleiben muss. Dummerweise kann ich nämlich nicht genau sagen, welche Signale ich ausgesandt habe, die mich als Fremden verraten haben. Es müssen wohl sehr subtile, aber eindeutige Anzeichen sein, denn auch jetzt noch werde ich bei meinen gelegentlichen Besuchen in Korea gefragt, ob ich «aus dem Ausland» sei. Wenn ich die Frage bejahe, spüre ich ganz deutlich, wie sich mein Gesprächspartner entspannt. Nun kann er mir innerlich ein Etikett verleihen und mein aus seiner Sicht merkwürdiges Gebaren erklären. Was auch immer damit gemeint sein könnte!

In den USA war die Sache etwas komplizierter. Ich lebte dort eine Zeitlang in der Nähe von New York City und war für meine Freunde immer «the Asian guy from Germany» oder der «German-Korean guy». Die Mischung der Nationalitäten war anscheinend so originell und eindeutig, dass sie mich in ihren Augen besser kennzeichnete als mein Name – und sie ließ sich bestimmt auch leichter merken. Interessant fand ich allerdings, in welche Schublade man mich einsortierte, wenn ich Leute aus anderen Bundesstaaten traf, beispielsweise aus Kalifornien. Dort leben sehr viele asiatischstämmige Amerikaner, für die mein Aussehen nichts Besonderes war. Für sie war ein anderes Merkmal entscheidender, wenn wir uns unterhielten: «You are from the east coast!»

Was uns zu der Frage bringt, was eigentlich ein echter Amerikaner ist. Oder wen man dafür hält. Vielleicht erscheint beim Gedanken an den wahren Amerikaner vor Ihrem inneren Auge das Bild eines stolzen Indianerhäuptlings auf einem gescheckten Mustang. Bei mir ist das jedenfalls so. Nicht aber bei den Nachfahren der Siedler, die sich Amerika vor ein paar hundert Jahren einfach unter den Nagel gerissen haben. Der Schweizer Psychologe Thierry Devos, der inzwischen an der staatlichen Universität von San Diego in den USA lehrt, wollte mit einer Reihe von Fotos herausfinden, was sich Amerikaner unter einem «amerikanischen» Aussehen vorstellen. Seine Testpersonen sollten sich die Bilder ansehen und die darauf gezeigten Personen als «fremd» oder «amerikanisch» einordnen. Ahnen Sie schon, wie das Experiment ausgegangen ist?

Für den durchschnittlichen Amerikaner ist der echte Amerikaner selbstverständlich ein Weißer, Typ Europäer. Dabei ist es unwichtig, ob er wirklich aus den USA kommt oder nicht. Auch die Schauspieler Hugh Grant (der ist Brite) und Gerard Depardieu (ein Franzose, der mittlerweile aus steuerlichen Gründen lieber Russe ist) wurden anstandslos eingemeindet. Mit einem asiatischen Gesicht hatten Sie dagegen keine Chance. Selbst in den USA berühmte Amerikaner asiatischer Abstammung wie der Tennisspieler Michael Chang und die Fernsehjournalistin Connie Chung wurden im Test gnadenlos als «fremd» ausgestoßen. Mit Vielfalt und Komplexität ist unser Schubladendenken einfach überfordert. Gefragt ist vielmehr der ganz große Daumen, über den dann mit äußerst grober Peilung einsortiert wird.

Warum bloß macht unser Gehirn solchen offenkundigen Blödsinn?

Schnellschüsse aus der Hüfte als Überlebensstrategie

Zur Entschuldigung unseres Denkorgans können wir zwei Gründe nennen: Es muss schnell arbeiten, und es hat meist keine Ahnung.

Der Mangel an Schnelligkeit hat mal wieder seinen Ursprung in der Entwicklung des Menschen. Oder eigentlich in der Entwicklung der Tiere. Die meisten Tiere haben gegenüber Pflanzen einen gewaltigen Vorteil: Sie können weglaufen, wenn es gefährlich wird. Allerdings muss man mit dem Weglaufen rechtzeitig anfangen, sonst ist es zu spät. Für Tiere ist es daher wichtig, die Umgebung ständig auf Signale zu überprüfen, die auf eine potenzielle Bedrohung hindeuten könnten. Ein knackender Ast, ein Rascheln im Gebüsch, ein Augenpaar in der Hecke. Hinter allem könnte ein Fressfeind stecken. Deshalb werden beim ersten verdächtigen Anzeichen alle Sinnesorgane auf die Quelle des Signals gerichtet, und das Gehirn sammelt in Windeseile so viele Informationen wie möglich, um eine Entscheidung zu treffen. Entspannen oder weglaufen? Gibt es für das Knacken und Rascheln eine harmlose

Erklärung, kann man beruhigt weiterfressen. Erkennen Augen, Ohren oder Nase eine Gefahr oder haben sie Zweifel, wird weggelaufen. Für lange Überlegungen bleibt keine Zeit. Wer in dieser Situation erst mal gründlich nachdenkt (das könnte ein Säbelzahntiger sein oder nur der Wind oder vielleicht eine kleine Maus, hm, kommt da noch was?, ich warte erst mal, ob sich das Geräusch wiederholt ...), ist tot, bevor er zu einem Ergebnis gekommen ist. Zum Überleben reichen zwei Schubladen: «Ungefährlich» und «Könnte gefährlich sein». Die Entscheidung fällt sofort!

Als Grundlage für die Einordnung nutzt das Gehirn die üblichen Quellen. Neben den Sinnesinformationen sind dies vor allem die Erinnerungen an frühere Erfahrungen und die Reaktionen der anderen Gruppenmitglieder. Beim Menschen zählen kulturelle Einflüsse wie Berichte, Geschichten und Erzählungen bis hin zu Märchen zu den Erinnerungen. Unsere Art hat dank ihrer ausdrucksstarken Sprache den Vorteil, dass nicht jeder alles selbst erleben muss, um sich an eine Begebenheit zu erinnern. Dieses Repertoire gleicht das Gehirn blitzschnell auf Ähnlichkeiten zum aktuellen Signal hin ab. Anders ausgedrückt, fragt es sich: «He, hab ich das vielleicht früher schon einmal gehört oder gesehen?» Falls die Antwort «Ja» lautet und sich herausstellt, dass dort nur Onkel Erwin durch das Strauchwerk trampelt oder es einen anderen harmlosen Grund gibt, folgt die Entwarnung. Wenn das Gehirn aber keine passende Erinnerung gespeichert hat, reißt es die Schublade «Fremd und potenziell gefährlich» auf und startet das Angstprogramm mit allen dazugehörenden Abwehrreaktionen.

Neben Säbelzahntigern gehören seit Urzeiten fremde Menschen zu den größten Gefahren für unsereins. Zu verlockend sind die Vorräte und Besitztümer des anderen. Auch seine Jagdgründe scheinen ergiebiger zu sein. Das Gras ist eben immer grüner auf der anderen Seite des Zauns. Und zur Not verkloppt man den Nachbarn einfach so, aus Langeweile.

Vor diesem Hintergrund ist es wenig verwunderlich, wenn wir nur den Mitgliedern aus unserer eigenen Gruppe trauen. Woran erkennen wir aber, wer zu uns gehört, wenn die Gruppe so groß ist, dass wir nicht mehr jeden persönlich kennen können? Das Gehirn nutzt dafür jedes erdenkliche Anzeichen, angefangen mit den sichtbarsten Unterschieden bis hin zu kaum merklichen Abweichungen von der Gruppennorm. Eine andere Hautfarbe? Fremd! Verkehrte Sprache? Fremd! Nicht die richtigen Schnürsenkel? Fremd! (Kein Witz. Gewisse Jugendgruppen nutzen tatsächlich besondere Schnürsenkel in den Stiefeln als Erkennungsmerkmal.)

Was fremd ist, könnte gefährlich sein. Auf alle Fälle ist es anders und gehört erst mal nicht dazu. Denn eines ist ja wohl klar: Die eigene Mannschaft ist die beste, und Deutscher Meister im Fußball wird der ...! (Hier setzen Sie bitte den Namen Ihres Lieblingsvereins ein. Damit ich mich nicht versehentlich als «einer der anderen» oute.)

Die beste aller Gruppen

Fußballweltmeisterschaft 1966. Wembley-Stadion. Finale. 101. Minute. Der englische Stürmer Geoff Hurst ist am Ball. Weitgehend ungestört dringt er in den deutschen Strafraum ein bis fast zum Torraum. Aus rund sechs Metern zieht er ab. Der Ball geht am deutschen Torhüter Horst Tilkowski vorbei und prallt gegen die Latte. Von dort springt er im Bereich der Torlinie auf den Boden, bevor der deutsche Verteidiger Wolfgang Weber ihn ins Aus köpft. War der Ball im Tor oder nicht?

Falls Sie mit einem entschiedenen «Ja!» antworten, sind Sie vermutlich Engländer. Die meisten Fußballfans unter Ihnen werden sich aber wahrscheinlich als Deutsche fühlen und mir erbost «Natürlich nicht!» entgegenschmettern. Dabei kommt es gar nicht darauf an, ob der Ball wirklich die Torlinie vollständig überquert hat oder nicht. Es ist eine Frage des Prinzips. Oder der Gruppenzugehörigkeit, was letztlich das Gleiche ist.

Wissenschaftler bezeichnen das «Wir» als Eigengruppe und «die anderen» als Fremdgruppe. Schon lange haben sie beobachtet, dass wir unserer Eigengruppe alle möglichen positiven Attribute zuschreiben. Was sollen wir auch anderes tun? Wir sind eben schlichtweg klüger, schöner, schneller, stärker, bescheidener und vor allem bessere Fußballspieler. Die aus der Fremdgruppe sind dagegen wahre Loser, mit denen man allenfalls Mitleid haben könnte. Besser aber, man macht sie ordentlich nieder – dann steht die eigene Gruppe gleich noch viel besser da.

Eine solch egozentrische Einstellung verwundert eigentlich niemanden. Erstaunlich ist dagegen, was der in Polen geborene britische Sozialpsychologe Henri Tajfel bei seinen sogenannten Minimalgruppen-Experimenten in Ferienlagern herausgefunden hat: Er teilte die Versuchsteilnehmer durch Münzwurf zufällig in zwei Gruppen ein und ließ sie verschiedene Aufgaben erfüllen. Obwohl sich die Probanden vorher überhaupt nicht kannten und es keine nachvollziehbaren Unterschiede zwischen den Gruppen gab, entwickelten die Teilnehmer innerhalb von Minuten ein starkes Gefühl für ihre Eigengruppe und diskriminierten die Fremdgruppe. Mit Hingabe feuerten sie die Mitglieder ihres Teams an und bewerteten deren Leistungen unverhältnismäßig positiv, während sie die Spieler der Gegenmannschaft lautstark ausbuhten und beschimpften. Und das, obwohl die einzelnen Mitglieder nichts weiter verband oder trennte als die zufällige Gruppenzugehörigkeit. Gruppendenken und Ausgrenzung brauchen offensichtlich keine Begründungen. Es reicht, dass die anderen «die anderen» sind.

Hat sich einmal eine Gruppe gebildet, verstärken gemeinsame Handlungen und konstruierte Eigenschaften (trainierter, schneller, versierter) den Zusammenhalt. Der Schal mit dem Emblem des Vereins schweißt ebenso zusammen wie der gemeinsame Schlachtgesang. Unbewusst schließen wir uns selbst kleinen Handlungsmustern an. So gähnen wir eher, wenn wir jemanden aus unserer Eigengruppe gähnen sehen, als wenn ein Mitglied einer Fremdgruppe Müdigkeit zeigt. Wir können außerdem leichter das Verhalten von Personen unserer Gruppe erraten, weil wir deren Denkprozesse besser mit unserem eigenen Gehirn simulieren können. Das geht so weit, dass die Schmerzareale im eigenen Gehirn aktiv werden, wenn jemand aus der Eigengruppe verletzt wird. Wird dagegen ein Gegenspieler umgesenst, signalisiert das Gehirn mitunter Schadenfreude. Nicht schön – aber musste der Dummkopf dem Ball auch so hartnäckig nachrennen?

Solche Häme oder gar Hass gegenüber Mitgliedern der Fremdgruppe tritt jedoch wohl nur in bereits bestehenden Konfliktsituationen auf. «Traditionell» verfeindete Fangruppen von Fußballvereinen zelebrieren deshalb während der Saison jedes Wochenende ihre dummen Kleinkriege. In größerem Maßstab laufen derartige Gruppenfeindschaften etwa bei politischen oder religiösen Konflikten leicht aus dem Ruder. Dann kann durchaus ein echter Krieg ohne erkennbaren Grund ausbrechen, wie wir an der Entwicklung im Nahen Osten immer wieder beobachten können.

Vernünftig sind solche Eskapaden nicht. Eine mäßige Bevorzugung der Eigengruppe ist hingegen durchaus sinnvoll. Schließlich sind wir Menschen für das Überleben auf unsere Gruppe angewiesen. Ihr Vorteile zu verschaffen kommt uns deshalb letztlich selbst zugute.

Und noch etwas zur Beruhigung der erregten Gemüter: Das Wembley-Tor von 1966 war in Wirklichkeit keines. Der Schiedsrichter hat es zwar nach Rücksprache mit dem Linienrichter gegeben, aber verschiedene Analysen des Bildmaterials und Simulationsrechnungen, die teilweise von Ingenieuren der Universität

Oxford (!) durchgeführt wurden, belegen, dass der Ball weder während seiner Flugphase in der Luft noch beim Aufprallen am Boden vollständig hinter der Torlinie gewesen ist. Also kein Tor! (Ob mich diese Feststellung jetzt fußballtechnisch zu einem «echten» Deutschen macht?)

Wer hat Angst vorm schwarzen Mann?

Darf ich Ihnen zur Einführung des nächsten Gedankens eine Internetlegende aus den letzten Jahren erzählen? Ich höre keinen Widerspruch, also los:

Im Jahr 1973 war der kubanische Revolutionsführer Fidel Castro frisch von einer Reise nach Vietnam zurückgekehrt, als ihn der britische Journalist Brian Davis fragte, wann seiner Ansicht nach die USA und Kuba normale Beziehungen zueinander aufbauen würden.

«Die USA werden erst wieder mit uns reden, wenn sie einen schwarzen Präsidenten haben und der Papst aus Lateinamerika kommt», soll der Comandante geantwortet haben. Welch prophetische Worte! Wie konnte Fidel Castro vor gut 40 Jahren Barack Obama, Papst Franziskus und die Annäherung der beiden Staaten vorhergesehen haben? Ist das nicht unglaublich?

Es ist unglaublich! Und vermutlich falsch. Es ist sogar ziemlich sicher falsch, aber weil Fidel Castro oft und gerne sehr ausgiebig geredet hat, lässt sich trotz wahrer Berge von Aufzeichnungen seiner Äußerungen, die die CIA fleißig gesammelt hat, nicht mit absoluter Bestimmtheit verneinen, dass der Comandante nicht doch irgendwann nebenbei diesen oder einen ähnlichen Satz hat fallenlassen.

Dagegen sprechen die vielen Ungereimtheiten an dieser Geschichte. Vor allem tauchte das Zitat erst im Jahr 2014 wie aus dem Nichts auf und verbreitete sich rasant im Internet, bevorzugt auf Seiten, die Fidel Castro politisch aufgeschlossen gegenüberstehen. Zu diesem Zeitpunkt waren aber sowohl Obama als auch Franziskus bereits im Amt, und die USA hatten begonnen, ihre Haltung gegenüber Kuba öffentlich zu ändern. Die prophetischen Anforderungen waren damit außerordentlich niedrig. Urheber des Gerüchts war der argentinische Autor Pedro Jorge Solans, der es von einem Taxifahrer gehört hat, der 1973 als Student irgendwie von der Pressekonferenz und dem Zitat erfahren haben will. Leider war jener Taxifahrer anscheinend der einzige Zeuge dieser Veranstaltung gewesen, denn weder die kubanischen oder die amerikanischen Medien noch die CIA haben Unterlagen von der Pressekonferenz. Nicht einmal der Journalist Brian Davis, der das Gespräch mit Castro geführt haben soll, konnte bislang aufgespürt werden. An der Geschichte ist folglich – so schön sie auch sein mag – schlichtweg nichts dran.

Warum erzähle ich sie hier? Wegen des wunderbaren Hinweises auf den Rassismus in unseren Köpfen. Ein schwarzer US-Präsident – das war noch vor wenigen Jahren undenkbarer als der Fall der Berliner Mauer oder ein bedienungsfreundlicher Computer. Viel zu tief gründeten die Vorurteile der US-Amerikaner gegenüber allen Menschen mit dunkler Hautfarbe. (Ich sage nicht, dass nur Amerikaner diese Vorurteile haben, doch bei ihnen gibt es die meisten Studien zu dem Thema.) Das bestätigten im Jahr 2000 nochmals Forscherteams um Elizabeth Phelps von der Universität New York und Allen Hart vom Amherst College, die ihren Probanden mit Magnetresonanztomographie in die Gehirne geschaut haben, während sie Fotos von Weißen und Schwarzen betrachteten.

Besonders interessant waren die Reaktionen der Amygdala, die auch als Mandelkern bezeichnet wird. Die Amygdala ist ganz allgemein an der Bewertung von Emotionen beteiligt und trägt wesentlich zur Entstehung von Angstgefühlen bei. Harts Team stellte fest, dass sie beim Anblick der fremden Menschen zunächst einmal immer aktiv wurde. Zeigte das Foto jemanden aus der Eigengruppe, entspannte sich die Amygdala jedoch mit der Zeit. Weiße gewöhnten sich demnach an die Gesichter anderer Weißer und Schwarze an das Betrachten anderer Schwarzer. Die Fremdgruppe war beiden allerdings auch auf längere Zeit suspekt. Da half kein Starren auf Porträts, «den anderen» gegenüber blieb das Gehirn vorsichtshalber argwöhnisch.

Phelps und ihre Kollegen arbeiteten anders als Hart nur mit weißen Versuchspersonen. Dafür ließen sie ihre Teilnehmer zusätzlich zu den Hirnscans Fragebögen ausfüllen, in denen sie schwarze und weiße Menschen mit guten und schlechten Ereignissen assoziieren sollten. Die Fragen konnten beispielsweise lauten, ob Weiße und Frieden zusammenpassen, Schwarze und Liebe, Weiße und Überfälle, Schwarze und Bomben. Die Forscher achteten nicht nur auf die Antworten, sondern auch auf die Zeit, die ihre Teilnehmer für die Entscheidung benötigten. Es stellte sich heraus, dass alle Probanden positive Begriffe schneller mit Weißen in Zusammenhang brachten als mit Schwarzen. Negative Situationen schrieben sie dagegen bereitwilliger Schwarzen zu. Und zwar unbewusst! Einige Teilnehmer waren sogar reichlich aufgebracht, als sie nach Auswertung der Tests erfuhren, dass sie insgeheim Vorurteile haben. Das Interessante: Gerade bei den Personen mit den stärksten unbewussten Vorurteilen reagierte auch die Amygdala am heftigsten auf die Bilder der Schwarzen.

Sind wir demnach alle Rassisten, ob wir es nun wissen oder nicht? Es sieht danach aus. Aber die Wahrheit ist wohl ein bisschen komplexer als ein simples Schwarzweißmuster. So hat Phelps in anderen Untersuchungen mit ihrem Assoziationstest herausgefunden, dass nicht nur die meisten Weißen Vorurteile gegen Schwarze haben, sondern auch rund die Hälfte der Schwarzen selbst. Und Matthew Lieberman von der Universität von Kalifornien in Los Angeles wies den gleichen Effekt bei der Aktivität der Amygdala in Weißen und Schwarzen nach. Er interpretiert die Ergebnisse so, dass unser Gehirn durch die Medien häufiger von Überfällen und Gewalttaten erfährt, die Schwarze begangen haben, als von den Delikten Weißer. Es speichert diese Erfahrungen ab und erinnert sich an sie, wenn es mit einem fremden Gesicht konfrontiert wird. Dazu passt auch, dass Fotos prominenter Afroamerikaner, die das Hirn längst kennt und als harmlos eingestuft hat, die Amygdala nicht alarmierten. Ebenso wenig wurden Bilder asiatischstämmiger Amerikaner als Bedrohung angesehen. Demnach wäre das Gehirn nicht von Natur aus rassistisch. Es richtet sich lediglich nach den Informationen, die es in der Vergangenheit gesammelt hat, verallgemeinert sie und versucht sich auf dieser Grundlage an einer Kategorisierung in «harmlose Eigengruppe» und «potenziell bedrohliche Fremdgruppe». Nur greift es sich für die Zuordnung dummerweise das leicht erkenntliche Merkmal Hautfarbe.

Dabei ist die Welt so viel bunter!

Ist Barack Obama überhaupt ein Schwarzer? Antworten Sie nicht voreilig! Wenn wir nach seinen Vorfahren gehen, ist Obama nämlich irisch-britisch-deutsch-kenianisch. Oder weniger exakt ausgedrückt: Der Präsident der Vereinigten Staaten ist das Resultat einer Mischung verschiedener Ethnizitäten, wie dies bei den allermeisten US-Amerikanern zutrifft. Trotzdem werfen die meisten ihn und andere Menschen mit nicht rein käseweißer Hautfarbe, ohne zu zögern, in die Schublade «Schwarz». Je fester jemand von der Existenz verschiedener Menschenrassen überzeugt ist, desto eher sieht er in einem «Mischgesicht», das am Computer entstanden ist, einen Schwarzen. Schon ein heller Kakaoton reicht dafür aus.

(An dieser Stelle mal schnell ein kurzer, aber wichtiger Exkurs zum Thema Menschenrassen: Es gibt sie nicht! Wenn Wissenschaftler die Gene verschiedener Menschen aus allen Gegenden der Erde miteinander vergleichen, finden sie nicht genug Unterschiede, um wirklich von biologischen Rassen zu sprechen. Und die vorhandene Variabilität ist so verteilt, dass Sie vielleicht genetisch enger mit einem südamerikanischen Amazonasindianer und einem japanischen Beamten verwandt sind als mit dem Bürgermeister Ihres Heimatortes. Der Fehler mit den Rassen tritt deshalb auf, weil manche Populationen sich mit besonders auffälligen Merkmalen an ihren Lebensraum angepasst haben. So sind viele afrikanische und die australischen Ureinwohner wegen der intensiven Sonneneinstrahlung sehr dunkelhäutig, obwohl sie nicht näher miteinander verwandt sind als beispielsweise mit Skandinaviern, die blass sind, um mit Hilfe des geringen Tageslichts noch genügend Vitamin D zu produzieren. Diese Unterschiede betreffen aber nun einmal nur die Hautfarbe, nicht die Intelligenz, das Verantwortungsbewusstsein oder die Fähigkeit, auf einem Seil zu balancieren.)

Es geht aber auch anders. Jonathan Freeman von der Universität New York ließ verschiedene Versuchspersonen «Mischgesichter» wie das von Obama mit dem Etikett «Schwarz» oder «Weiß» belegen. Erneut zeigten die fiktiven Porträts für Weiße in der Regel Schwarze. Doch nicht alle Probanden sahen das so. Manche übertrieben es in die entgegengesetzte Richtung. Schwarze Teilnehmer, deren Eigengruppe hauptsächlich aus dunkelhäutigen Menschen bestand, tendierten dazu, ein mittelbraunes Gesicht als «weiß» einzuordnen. Für sie ist Obama eher ein Weißer. Es genügt offenbar, ein wenig anders zu sein als die Mitglieder der eigenen Gruppe, um entschlossen in die Fremdgruppe abgeschoben zu werden.

Testteilnehmer, die mit beiderlei Hautfarben reichlich Erfahrung hatten, mochten sich dagegen nicht so leicht auf eines der

Extreme festlegen. Aus ihrer Sicht gab es zwischen Weiß und Schwarz noch allerlei Brauntöne.

Dass Vorurteile kein Privileg der Weißen sind, zeigt auch ein Experiment von Kang Lee und Naiqi Xiao von der Universität Toronto. Sie brachten vier- bis sechsjährige asiatische Kinder dazu, «Mischgesichter» mit glücklichen oder wütenden Ausdrücken danach zu sortieren, ob sie eher asiatisch oder afrikanisch aussahen. Wie erwartet ordneten die Kleinen glückliche Gesichter vorwiegend als asiatisch ein, während wütende Mienen als afrikanisch fremd angesehen wurden. Dieses Schema wendeten sie jedoch nur so lange an, bis sich die Kinder in ein paar Trainingssitzungen an afrikanische Züge gewöhnt und sie zu unterscheiden gelernt hatten. Anschließend kategorisierten sie die computergenerierten Mischgesichter deutlich unvoreingenommener.

Überhaupt können unsere Schubladen erstaunlich dynamisch sein. Martin Nowak von der Harvard-Universität und David Rand von der Yale-Universität beobachteten dies 2008 während der Präsidentschaftsvorwahlen bei Anhängern der Demokratischen Partei. Mit einem kleinen Spielchen testeten sie, wie sehr sich die Anhänger Obamas und Hillary Clintons gegenseitig vertrauten. Von einer herzlichen Atmosphäre zwischen den Lagern zu sprechen wäre demnach eine offenkundige Lüge gewesen. Über Monate hinweg konnte man sich nicht ausstehen. Doch dann kam der Tag, an dem Obama nominiert wurde, und plötzlich war alle Rivalität wie weggeblasen. Die früheren Verfechter Clintons wechselten mit fliegenden Fahnen in das Lager Obamas über und wurden dort mit offenen Armen aufgenommen. Von einem Tag auf den anderen waren die beiden Gruppen miteinander verschmolzen, und es gab nur noch Demokraten. «Die anderen», das waren ab sofort die Republikaner.

Unser Gehirn ist also durchaus fähig, umzudenken und seine Schubladen neu zu etikettieren. Allerdings rostet diese Fähigkeit mit dem Alter zunehmend ein. Je mehr gleichartige Erfahrungen wir gesammelt und je länger wir mit unseren Kategorien gelebt haben, desto erbitterter hält unser Gehirn an seinem Ordnungssystem fest. Wenn wir dann noch in einem konstanten Umfeld mit einer homogenen Bevölkerung aufgewachsen und dort zeitlebens geblieben sind, wird es richtig schwer. Wer niemals aus seinem Dorf herauskommt, entwickelt keine weltbürgerliche Toleranz. Das Gehirn sieht dann alles als fremd und gefährlich an.

Zum Glück gibt es dagegen ein einfaches Rezept: durch das Leben gehen und reisen mit offenen Sinnen. Viele verschiedene Menschen und Lebensweisen kennenlernen. Nicht fordern, dass alle und alles gleich sein müssen, sondern die Unterschiede und Eigenheiten kennenlernen. Und das möglichst jung, solange das Gehirn noch informationshungrig ist. Auf diese Weise werden wir unser Schubladendenken zwar nicht los, aber uns stehen sehr viel mehr Schubladen zur Verfügung, und wir können neue Eindrücke bedeutend differenzierter zuordnen. Und wir haben keine Angst mehr vor dem schwarzen Mann!

Ersetzen tausend Trottel ein Genie?

Das Konzept von der Eigengruppe erweckt auf den ersten Blick den Anschein einer homogenen Gemeinschaft, in der ständig glücksbringende Harmonie herrscht. Entspricht das vielleicht Ihrer Realität? Meiner ganz bestimmt nicht! Selbst unter den besten Freunden gibt es ab und zu Meinungsverschiedenheiten, und je größer eine Gruppe ist, desto mehr unterschiedliche Ansichten kursieren. Dennoch muss eine Gruppe, die als Einheit bestehen will, immer wieder gemeinsame Entscheidungen treffen. Und die Entscheidungen müssen obendrein möglichst gut sein, damit sich die Gruppe gegen ihre Konkurrenzgruppen behaupten kann. Braucht deshalb jedes Team eine starke Führung, die den

Durchblick hat und sagt, wo es langgeht? Oder gibt es womöglich einen besseren Weg, als Gruppe optimal alle Herausforderungen zu meistern? Es gibt ihn!

Einen ersten Hinweis auf die Wundermethode fand der britische Naturforscher Francis Galton bereits 1906 auf einer Viehausstellung. Als besondere Attraktion durften die Besucher dort für ein paar Münzen das Gewicht eines Ochsen schätzen. (In den Zeiten vor Internetvideos war das eine ungeheuer spannende Angelegenheit, die massenhaft Kinder und selbsternannte Experten auf den Plan rief.) Galton war überzeugt, dass gewöhnliche Menschen für diese Aufgabe zu dumm wären und weit neben den wirklichen Wert tippen würden. (Galton hielt nicht viel von seinen Mitbürgern, was ihn unter anderem dazu veranlasste, die Eugenik zu begründen.) Zum Beweis für die angenommene Dummheit der Masse ließ er sich die Daten aller 787 Schätzungen aushändigen und bestimmte den Mittelwert. Er kam auf 1207 Pfund. Und dann rechnete er nochmals nach. Und nochmals. Es blieb bei 1207 Pfund. Galton wird sich vermutlich angesichts dieses Ergebnisses resigniert am Kopf gekratzt haben. Die «Stimme des Volkes» – oder «Vox populi», wie Galton sie nannte – hatte das tatsächliche Gewicht des Ochsen von 1198 Pfund um weniger als ein Prozent verfehlt und war sehr viel treffsicherer gewesen als alle Einzelteilnehmer. Selbst Landwirte und Schlachter hatten weiter danebengelegen. Statt die Dummheit des Volkes zu belegen, hatte Galton die Weisheit der Vielen an den Tag gebracht.

Ich selbst habe diese und andere Berichte von der sogenannten kollektiven Intelligenz oder auch Schwarmintelligenz anfangs für eine interessante Spinnerei gehalten, die vielleicht auf Jahrmärkten oder bei einfachen Quizfragen funktioniert, aber niemals bei anspruchsvollen Aufgaben. Bis ich mich dann in einem Hörsaal mit 300 Studenten wiederfand und der Professor seine Vorlesung mit drei Fragen einleitete:

1. Wie schwer ist ein ausgewachsener Afrikanischer Elefant?
2. Wie weit ist der Mond von der Erde entfernt?
3. Wie viele Flugzeuge heben pro Minute von deutschen Verkehrsflughäfen mit internationalen Verbindungen ab?

Wissen Sie die Antworten? Falls nicht, ist das kein Drama! Die Fragen verlangen ein Spezialwissen, das wir allenfalls zufällig in irgendwelchen versteckten Winkeln unseres Gedächtnisses abgespeichert haben. Es dürfte kaum jemanden geben, der alle drei Antworten weiß. (Ich tappte jedenfalls ebenso im Dunkeln wie die Leute um mich herum.) Die Studenten kannten trotzdem die richtigen Antworten! Aber nur als Gruppe. Jeder einzelne schrieb seinen Tipp auf ein Blatt Papier, und anschließend wurden die Mittelwerte gebildet. Was soll ich sagen? Obwohl niemand die tatsächlichen Werte wirklich kannte, hatte die Gemeinschaft doch erstaunlich gut geraten, dass ein Afrikanischer Elefant zwischen 2,8 Tonnen (Weibchen) und 5 Tonnen (Männchen) wiegt, der Mond im Mittel 384 400 Kilometer von der Erde entfernt ist und im Schnitt jede Minute vier Verkehrsflugzeuge starten. Kaum zu glauben, wie klug wir sind, wenn wir unsere Intuitionen und unser Halbwissen zusammenwerfen!

Aber die kollektive Intelligenz funktioniert nur unter bestimmten Bedingungen. Vor allem ist wichtig, dass sich jeder Einzelne unabhängig von allen anderen informiert und seine Wahl trifft. Selbst offensichtlich völlig abwegige Meinungen haben dann ihren Wert, denn sie heben sich mit den Extremen in der anderen Richtung auf. Gibt die Gruppe dagegen schon eine Antwort vor oder drängelt sich ein vermeintlicher Experte in den Vordergrund, kollabiert die Schwarmintelligenz zum stumpfen Herdentrieb. Bevor sie ihre Stimme abgegeben haben, dürfen die Mitglieder der Gruppe nicht einmal erfahren, wie der Zwischenstand aussieht. Das kommt Ihnen bekannt vor? Stimmt! Aus dem gleichen Grund werden bei Wahlen erst dann Prognosen veröffentlicht, wenn die Wahllokale geschlossen haben.

Findet die Entscheidung öffentlich statt, gelten andere Regeln. Ian Couzin vom Max-Planck-Institut für Ornithologie und andere Wissenschaftler studieren die Gruppendynamik bei solchen Prozessen an Schwärmen von Fischen und Vögeln. Ihren Beobachtungen zufolge gehen die Tiere erstaunlich demokratisch vor: Sie richten sich einfach nach der Mehrheit.

Während der Schwarm unterwegs ist, gibt es immer wieder einzelne Individuen, die eine bestimmte Richtung einschlagen möchten. Sei es, dass sie eine Futterquelle ausfindig gemacht oder eine günstige Strömung entdeckt haben oder dass ihnen einfach der Sinn nach einer Linkskurve steht. Wechseln sie daraufhin den Kurs, folgen ihnen häufig die anderen Schwarmmitglieder. Manchmal möchte aber ein anderes Tier zur gleichen Zeit in eine alternative Richtung. In solchen Fällen spaltet sich ein Teil des Schwarms mit jeweils einem der Abbieger als vorübergehendem Leittier. Doch die Teilung ist nur von kurzer Dauer. Sobald die Fische oder Vögel der einen Hälfte bemerken, dass die konkurrierende Untergruppe größer ist, drehen sie ab und schließen sich der Mehrheit an. Frei nach ABBA: *The winner takes it all.* Oder im Wissenschaftlerjargon: Fast alle Gruppen zeigen bei ihren Schwarmentscheidungen eine Mehrheitspräferenz.

Es sei denn, jemand kennt den Trick.

Mit dem richtigen Verhalten kann eine Minderheit oder sogar ein einzelnes Individuum der gesamten Gruppe seinen Willen aufzwingen. Dafür reicht es, entschlossen und selbstsicher aufzutreten – so, als wisse man selbst, und nur man selbst, was das einzig Richtige ist. Die Wortwahl, die Körpersprache und die Mimik müssen unbedarften und unentschlossenen Mitgliedern unschlagbare Kompetenz suggerieren. Unsichere Gruppenmitglieder schließen sich gerne den starken an. Und im Zweifelsfall sind viele der Meinung, es sei besser, auf der Seite der Sieger zu sein. Haben sich genug Anhänger um den vermeintlichen Superhelden geschart, greift bald das Mehrheitsprinzip, und die übrigen Schwarmmitglieder schließen sich ebenfalls an, weil sie glauben, dass alle es tun. Auf diese Weise kann ein Vater mit einem entschlossenen «Da geht es lang!» seine Familie beim Ausflug noch weiter in die Irre leiten – oder ein geschickter Demagoge eine ganze Nation in den Abgrund führen. (Soll alles schon vorgekommen sein.)

Kennen Sie Ihre Pappenheimer?

Nicht jede Entscheidung ist so simpel wie die Frage nach der Richtung, in welche der Schwarm ziehen soll. Und nicht immer ist es sinnvoll, eine aufwändige Abstimmung durchzuführen. Einfach mal in die Runde zu fragen resultiert häufig darin, dass die lautesten Stimmen am besten gehört werden. Außerdem werden nur die Gruppenmitglieder berücksichtigt, die gerade anwesend sind. Auch Befragungen übers Internet erreichen in der Regel lediglich einen Teil der Gesamtgruppe.

Und dann ist da noch ein Problem, mit dem eigentlich niemand rechnet. Am besten erkläre ich es Ihnen anhand eines vereinfachten Beispiels: Stellen Sie sich vor, Sie wären Bürgermeister einer kleinen Gemeinde von 14 Personen. (Gut, die Gemeinde ist damit wirklich sehr, sehr klein, aber bei mehr Mitgliedern verliert man zu leicht den Überblick.) Durch vorbildliches Wirtschaften oder weil Ihr Schwager mit dem Neffen des Ministerpräsidenten im gleichen Golfclub spielt, stellen Sie am Ende des Jahres fest, dass in der Kasse genügend Geld für den Bau eines Sportplatzes ist. Das ist natürlich eine kleine Feier wert, stellt Sie aber zugleich vor die schwierige Frage, welche Art von Sportplatz gebaut werden soll. Sie wissen, dass es in Ihrem Ort sowohl Fußballanhänger als auch Baseballfans gibt. Beide würden sich über eine moderne Anlage freuen, aber das Geld reicht nur für einen Platz. Als vorbildlicher Demokrat beschließen Sie deshalb, die Bürger entscheiden zu lassen, und fragen Ihre Wähler, welche Sportart ihrer Meinung nach die meisten Fürsprecher hat. Das klingt vernünftig, oder?

Ein paar Tage später erhält jedes Gemeindemitglied einen Fragebogen und überlegt sich, was im Freundeskreis beliebter ist – Fußball oder Baseball. Nun kennt aber nicht jeder Bürger jeden anderen. Bild 24 zeigt die Verteilung der Sportfreunde und ihr Beziehungsnetz. Die Symbole stehen für die Bürger, und die Striche zeigen Bekanntschaften an. Dank unseres allumfassenden Überblicks sehen wir sofort, dass Fußball mit elf Anhängern weit vor Baseball mit nur drei Fans liegt. Die Situation erscheint sonnenklar: Es müsste ein Fußballplatz gebaut werden! Ein anderes Ergebnis kann die Abstimmung gar nicht haben.

Für den einzelnen Bürger gestaltet sich die Entscheidung jedoch etwas komplizierter. Jeder von ihnen zählt unter seinen Freunden die Fußballer und die Baseballer. Und dabei geschieht das Seltsame: Die Baseballspieler stellen erwartungsgemäß fest, dass die Mehrheit ihrer Freunde auf Fußball steht. Aber die Fußballer kommen überraschenderweise zu der Erkenntnis, dass in ihrem Bekanntenkreis die Baseballfans überwiegen. Falls Ihnen das unglaubwürdig vorkommt, können Sie die Symbole in Bild 24 durchnummerieren und die Verbindungen jeweils auszählen. Tatsächlich gehen bei Ihnen im Bürgermeisteramt elf Fragebögen ein, die wegen der Vorlieben im Bekanntenkreis für Baseball stimmen, und nur drei, die aufgrund der Präferenzen ihrer Freunde einen Fußballplatz wünschen.

Was ist da bloß schiefgelaufen?

Eigentlich nichts. Trotzdem liefert die sogenannte *Mehrheitsillusion* ein verzerrtes Abbild der wahren Verhältnisse. Schuld daran sind die ungleich großen Freundeskreise der Gemeindemit-

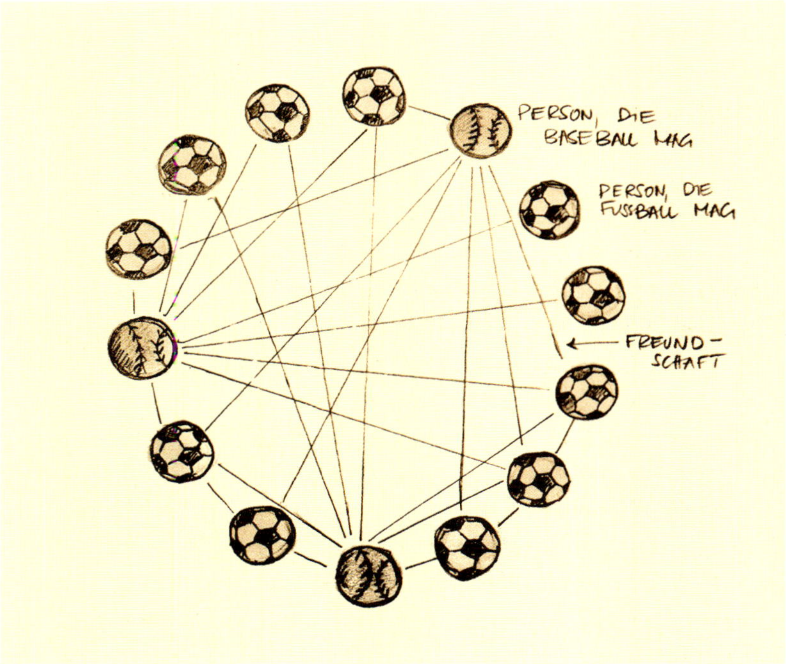

Bild 24. Fußball hat eindeutig mehr Anhänger. Oder etwa nicht?

glieder. Während die Fußballer in unserem Beispiel nur wenige Bekannte haben, kennt jeder Baseballer das halbe Dorf. Und das halbe Dorf kennt mindestens einen Baseballanhänger, die meisten haben sogar zu mehreren Kontakt. Damit gehen deren Vorlieben viel häufiger in die Auszählung ein als die Ansichten eines durchschnittlichen Fußballers. Die Baseballfans sind sozusagen Meinungsmacher. Ihre Zahl ist zwar niedrig, aber jeder weiß, was sie wollen, und berücksichtigt das beim Abstimmen. Und schon hat die Minderheit auf demokratischem Wege die Mehrheit überstimmt. Ganz ohne Schiebung oder Bestechung und in unserem Fall nicht einmal absichtlich.

Im wahren Leben ist die *Mehrheitsillusion* lediglich ein exotisches Beispiel für Mechanismen, die zu einer schiefen Wahrnehmung der Realität führen. Häufiger wirkt sich die gesteuerte Auswahl von Informationen aus, die uns angeboten werden oder die wir uns selbst aussuchen. Beispielsweise berichten Medien kaum über Alltägliches oder den Normalfall. Stattdessen stellen sie das Außergewöhnliche und Besondere in den Vordergrund. Und so erhalten fremdenfeindliche Demonstrationen mit ein paar tausend Teilnehmern größere Aufmerksamkeit als zig Millionen Bürger, die nichts gegen Ausländer und Flüchtlinge haben. Unser Gehirn urteilt jedoch nach den Eindrücken, die es selbst gesammelt hat. Begegnen ihm über Tage hinweg im Fernsehen, in den Zeitungen und auf Internetseiten ständig Berichte über Fremdenhass, hält es nach einiger Zeit die Ausnahme für die Normalität und Deutschland für ein zutiefst fremdenfeindliches Land.

Nicht nur die Medien picken heraus, was wir erfahren sollen. Auch wir selbst beschränken unsere Sicht auf die Welt durch eine gefährlich einseitige Vorauswahl. Wir wählen schließlich unsere Nachrichtenquellen selbst aus, und wir umgeben uns vorzugsweise mit Menschen, die auf möglichst vielen Gebieten dieselben Ansichten vertreten wie wir. Je ähnlicher uns jemand ist, desto sympathischer finden wir ihn. Dadurch bestätigen wir uns gegenseitig in unseren Einstellungen. Weil Horst das meint, muss ich wohl recht haben! Alle meine Freunde stimmen mir da zu, also ist das so! Unser Gehirn fühlt sich prächtig unter Gleichgesinnten. Und unbewusst meidet es Aktivitäten, die im Widerspruch zu seinem Weltbild stehen.

Nun meint man ja, dass gerade in Zeiten der globalen Vernetzung eine Unmenge an Möglichkeiten besteht, sich Informationen zu verschaffen, die dem eigenen Standpunkt widersprechen, ihn relativieren oder doch zumindest differenzieren könnten. Doch das ist gar nicht so leicht, dafür haben die Betreiber von Suchmaschinen und sozialen Netzen gesorgt. Seiten wie Google und Facebook registrieren jede Suchanfrage und jedes Thema, über das Sie sich informieren und austauschen. Mit ausgefeilten Algorithmen erstellen die Konzerne daraus Persönlichkeitsprofile, in denen sich Ihre Interessen und Ansichten spiegeln. Zu erkennen ist das am besten bei Onlineshops, die Ihnen nach einiger Zeit automatisch Produkte vorschlagen, die zu den Dingen passen, die Sie schon einmal gekauft haben. Falls Sie etwa einen neuen Herd und Pfannen erworben haben, stehen bestimmt beim nächsten Seitenaufruf schon Angebote von Töpfen und Kochbüchern bereit. Bei Google ist der Einfluss subtiler. Der Internetaktivist Eli Pariser berichtet, dass man, abhängig vom vorangegangenen Suchverlauf, beim Stichwort «BP» entweder auf Seiten zu Anlageoptionen beim Unternehmen *British Patrol* gelangt oder vor allem Links auf Berichte über Ölkatastrophen präsentiert bekommt. Die Algorithmen bestimmen, wie Ihr Blick auf die Welt aussieht. Pariser spricht von einer Filterblase oder Informationsblase, in der wir uns befinden.

Wir sehen nur, was wir sehen wollen, sehen sollen und uns sowieso immer ansehen. Kein Wunder, dass unser Gehirn glaubt, es wüsste eigentlich alles, was zu wissen sich lohnt.

Die Welt mit kindlichem Gemüt entdecken

Zu einer Gruppe zu gehören ist wichtig für unser Gehirn. Es findet darin nicht nur die Bestätigung seiner Weltsicht, sondern definiert über die Zugehörigkeit unser Selbst. Doch wir sind nicht nur Teil einer einzigen Gruppe, wir gehören mehreren Gruppen an. Auch wenn nicht alle gleich wichtig sind. So wird sich kaum jemand ernsthaft diskriminiert fühlen, wenn an der Tür zu einem Club ein Schild mit der Aufschrift «Keine Apple-User!» hängt, sondern eher davon ausgehen, dass es sich um einen Scherz handelt. Stünde dort jedoch «Keine Schwarzen!» oder «Keine Frauen!», wäre das eine schwerwiegende Ausgrenzung. Ethnizität, Geschlecht und Alter – genau die drei Attribute, die unser Gehirn auf den ersten Blick wahrnimmt, legen am stärksten fest, wer wir sind.

Und sie machen gleichzeitig anderen Menschen sehr leicht Angst, weil sie so fremd erscheinen können. Wer weiß schon, was ein Araber denkt! Was Frauen wirklich wollen? Wie Jugendliche ticken? Unserem Gehirn fehlen bei Begegnungen mit Menschen aus anderen Gruppen Erfahrungswerte, an denen es sich bei der Einordnung in «harmlos» und «potenziell gefährlich» orientieren kann, und geht lieber auf Nummer sicher, indem es Angst und Ablehnung generiert.

Das Mittel gegen die Angst ist ein weiter Horizont. Je mehr Informationen unser Gehirn sammelt, je mehr Menschen es kennenlernt, desto größer ist der Erfahrungsschatz, mit dem es Neuem begegnet. Vor allem Kinder sind hervorragend in der Lage, unvoreingenommen in neue Situationen zu gehen. Vielleicht sollten wir in Zeiten der Veränderungen ein bisschen mehr wie Kinder sein.

6. VON VERRÜCKTEN BANKERN UND DUMMEN EXPERTEN –
Wie Gruppenzugehörigkeit die Wahrnehmung bestimmt

Der Irrsinn ist bei Einzelnen etwas Seltenes, aber bei Gruppen, Parteien, Völkern, Zeiten die Regel.
FRIEDRICH NIETZSCHE

Mit der Fähigkeit, Menschen in Schubladen zu stecken, ist das kindliche Gehirn bereit für die Wahrnehmungswelt der Erwachsenen. Es verarbeitet visuelle, akustische und olfaktorische Signale so gut wie ein erwachsenes Gehirn. Es filtert, vergleicht und bewertet. Es teilt die Welt in beruhigende bekannte und angsterfüllende fremde Begegnungen. Was ihm fehlt, ist die Erfahrung, an der es sich orientieren kann. Doch die sammelt es im Laufe der Zeit.

Von diesem Kapitel an folgen wir nicht mehr der Entwicklung des kindlichen Gehirns. Wir untersuchen stattdessen einige wichtige Aspekte für das Zusammenleben, die sich mit unserem neu erworbenen Wissen über die Prozesse bei der Wahrnehmung besser verstehen lassen. Dabei lernen wir eine Menge über uns selbst. Erstaunliches. Erschreckendes. Und so manches Verrückte.

Ganz normal verrückt

Während meines Biologiestudiums verbrachte ich vermutlich mehr Zeit im Theater als in der Uni. Ja, ich weiß! Eigentlich hätte ich mich voll und ganz auf Kupffer'sche Sternzellen, Neuralrohr und Michaelis-Menten-Kinetik konzentrieren sollen, aber es zog mich nun einmal immer wieder auf und hinter die Bühne. Ich schauspielerte, komponierte, führte Regie und lernte eine Menge interessanter Leute kennen. Einer von ihnen war Thomas (der in Wirklichkeit anders heißt).

Thomas war wie geschaffen für die Bühne. Er konnte phantastisch singen und war ein begnadeter Schauspieler. Außerdem war er ein toller Kumpel, und wir zogen häufig auch nach den Proben noch durch die Kneipen. Einmal ging es zu einer Halloweenparty, an der wohl das Verrückteste war, dass sie gar nicht zu Halloween stattfand. Jedenfalls sollte man verkleidet kommen, und Thomas dachte sich, er geht als «Irrer», der unter anderem alle Klamotten verkehrt herum angezogen hat. Wenn ich mich recht erinnere, war ich als Charlie Chaplin verkleidet. Auf dem Weg zur Party begegneten wir einer ehemaligen Mitschülerin von Thomas, die uns ziemlich irritiert beäugte. Ich nahm die Blicke als Kompliment für unsere Kostüme. Doch das war nicht der Grund, wie ich ein paar Stunden später erfuhr. Auf dem Rückweg von der Feier begleitete ich Thomas, der einiges getrunken hatte, nach Hause. Vor der Tür wartete sein Vater auf uns. Nun wohnte Thomas längst in einer eigenen Wohnung. Seine Anwesenheit hatte also etwas zu bedeuten, und das konnte kaum etwas Gutes sein.

In dem Durcheinander, das sich vor der Haustür entwickelte, erfuhr ich, dass Thomas' Verkleidung als Verrückter bei seiner Mitschülerin alle Alarmglocken hatte schrillen lassen. Im Gegensatz zu mir wusste sie nämlich, dass Thomas schon mal wegen Schizophrenie in einer Klinik behandelt worden war. Sie vermutete einen Rückfall, nachdem sie Thomas in seinem Aufzug gesehen hatte, denn Schizophrene machen die seltsamsten Dinge, wenn ihnen die Stimmen im Kopf entsprechende Befehle erteilen. Tatsächlich kann Schizophrenie in Schüben auftreten, zwischen denen längere Phasen ohne Symptome liegen. Die Mitschülerin konnte ja nicht wissen, dass der durchgeknallte Aufzug dieses Mal durchaus dem Anlass entsprach, und hatte Thomas' Vater benachrichtigt, der ihn jetzt ins Auto verfrachtete und in Richtung psychiatrische Klinik losbrauste.

Ende des ersten Aktes.

Am nächsten Morgen klingelte es in aller Frühe an der Tür meiner WG – und Thomas stand plötzlich in unserer Küche. Er war aus der Klinik abgehauen und suchte nun ein Versteck. In seine Wohnung konnte er nicht, weil seine Eltern ihn da als Erstes gesucht hätten. Was sollte ich also tun? Wir haben geredet. Sehr viel. Sehr lange. Ich bin ja wahrlich kein Experte für psychische Erkrankungen, aber mir kam Thomas vollkommen normal vor. Er hatte sich die Verkleidung absichtlich und bewusst ausgesucht! Wo war da der Rückfall?

Einen Tag später hatten seine Eltern herausgefunden, wo er steckte, und kamen, um ihn abzuholen. Es ging ihnen ehrlich um sein Wohlergehen, denn sie befüchteten, dass ihm Schreckliches passieren könnte. Dabei war er doch völlig klar im Kopf! Thomas blieb.

In den nächsten Wochen begleitete ich ihn zu mehreren Psychologen, die alle bestätigten, dass er keine akute Psychose durchlebte, sondern kontrolliert und zurechnungsfähig war. Am Ende stimmten seine Eltern widerstrebend zu, ihn vorerst nicht einweisen zu lassen.

Wir feierten unseren Sieg mit gutem Essen und einer Flasche Wein. Meine Stimmung war hervorragend, Thomas' nicht. Nach einigem Rumdrucksen verriet er mir, was los war. Er war sich nicht sicher, ob er wirklich «normal» war. Immerhin kannten seine Eltern ihn seit vielen Jahren und wussten, wie sich seine Schübe äußerten. War es da nicht viel naheliegender, dass sie recht hatten und er vielleicht doch wieder auf eine schlimme Phase zusteuerte? Ich versuchte, ihn zu beruhigen. Er lächelte, aber das Lächeln erreichte nicht seine Augen. Er glaubte mir nicht. Er wusste nicht, was oder wem er glauben sollte. Sich selbst jedenfalls nicht.

In den folgenden Tagen wurde ich Zeuge, wie es ihm immer schlechter ging. Ich erlebte das Entstehen seiner psychotischen Attacken mit. Nach einer Woche musste ich einsehen, dass Thomas professionelle Hilfe brauchte, und brachte ihn zur Klinik, wo seine Eltern uns mit vorwurfsvollen Blicken empfingen. Sie hatten es ja von Anfang an gewusst.

Mir geht seitdem immer wieder die Frage durch den Kopf, ob sich bei Thomas wirklich schon an dem Tag der Halloweenfeier ein Schub anbahnte oder ob er nicht vielmehr ausgelöst wurde durch den Stress, den Druck, die Sorge und das Misstrauen, das ihm entgegengeschlagen war. War Thomas «verrückt»? Oder wurde er «verrückt gemacht»?

Ein Teil des Problems mit dem «Verrücktsein» besteht darin, dass nicht objektiv gesagt werden kann, wann jemand psychisch so krank ist, dass er behandelt werden muss. Zwar gibt es Klassifikationssysteme wie das ICD-10-Schema der WHO, der Weltgesundheitsorganisation, das psychische Störungen in wissenschaftlicher Manier auflistet. Aber was ist eine «Störung» und was nur eine persönliche Eigenart? Wie trennen wir Krankheit von Marotte? Oder von Mode? Denken Sie nur an knallbunt gefärbte Haare! Vor 100 Jahren hätte man Sie eingesperrt, wenn Sie mit einer rosafarbenen Igelfrisur auf die Straße gegangen wären. Vor 50 Jahren hätten Sie damit zur Punkszene gehört. Und heutzutage wundert sich kein Friseur mehr über die achtzigjährige Dame, die ihr natürliches Grau mit einem blauen, violetten oder pinkfarbenen Schimmer aufpeppen lässt. Warum sind verkehrt herum angezogene Klamotten ein Anzeichen von Störung, wenn gleichzeitig zahlreiche Jugendliche mit Hosen herumlaufen, die so tief sitzen, dass sich die Hosenbeine erst auf Höhe der Knie trennen?

Die Diagnose psychischer Störungen kämpft außerdem damit, dass in vielen Fällen keine objektiven Ursachen erkennbar sind.

Während wir für die meisten physischen Erkrankungen ein Virus, Bakterium, Pilz, einen Parasiten oder eine genetische Mutation kennen, tappen wir bei Neurosen und Psychosen noch weitgehend im Dunkeln.

Natürlich gibt es einschneidende Erlebnisse, die eine Erkrankung wahrscheinlicher machen: Gewalterfahrung, der Verlust einer geliebten Person oder starker psychischer Druck. Und tatsächlich gibt es auch genetische Faktoren, die eine Rolle bei der Erkrankung spielen. Aber trotzdem können all diese Faktoren das Vorkommen von psychischen Störungen nicht ganz erklären: Es gibt viele Menschen, die ähnlich Schlimmes erleben und trotzdem keine Psychosen entwickeln, die *resilient* sind, wie man wissenschaftlich sagt. Und um eine psychische Störung festzustellen, sind Therapeuten immer noch weitgehend auf ihren subjektiven Eindruck angewiesen. Doch der kann trügerisch sein, wie das Beispiel von Thomas zeigt.

Und ist man einmal als «Verrückter» abgestempelt, ist es so gut wie unmöglich, das Etikett wieder loszuwerden.

Im Jahr 1973 veröffentlichte der Psychologe David Rosenhan die Ergebnisse einer Versuchsreihe, bei der die Teilnehmer nicht wussten, dass sie getestet wurden. Bei den ahnungslosen Probanden handelte es sich jedoch nicht um Ratten, Affen oder Studenten (die sind so was ja fast schon gewohnt), sondern um psychiatrische Anstalten. Rosenhan wurde von acht Helfern unterstützt: einem Psychiater und einem Kinderarzt, drei Psychologen und einem Psychologiestudenten sowie einem Maler und einer Hausfrau. Sie alle sollten sich an psychiatrische Kliniken wenden und dort erzählen, sie würden Stimmen hören, die ihnen seltsame Wörter und Befehle zunuschelten. Dieses Symptom wies eindeutig auf eine Störung wie Schizophrenie hin, und so wurden die Helfer jedes Mal stationär aufgenommen. Bis hierhin verlief alles in nachvollziehbaren Bahnen.

Die eigentliche Testphase begann aber nach der Aufnahme in die Klinik. Vom Moment der Einweisung an verhielten sich die Helfer absolut und in jeder Beziehung normal. Sie berichteten nicht mehr von irgendwelchen Stimmen, verhielten sich gegenüber Ärzten, Pflegern und anderen Insassen höflich und warteten auf ihre Entlassung. Im Schnitt warteten sie 19 Tage lang, ein Helfer musste sogar 52 Tage ausharren. In dieser Zeit verabreichte man ihnen freigebig Medikamente (lauter verschiedene), die sie nicht schluckten, sondern heimlich wegwarfen. Zu echten Nachuntersuchungen kam es kaum, sodass keiner der Ärzte die Täuschung durchschaute. Ganz im Gegensatz zu den echten Patienten, die sehr schnell bemerkten, dass etwas anderes mit den Helfern nicht stimmte, und sie deshalb für Reporter oder Wissenschaftler hielten. Irgendwann wurden Rosenhans Undercoverpatienten aber doch entlassen. Allerdings nicht als gesund oder geheilt, sondern lediglich als «symptomfrei». Einmal verrückt – immer verrückt!

Es gab noch eine zweite Runde im Rosenhan-Experiment, sozusagen ein Rückspiel mit geänderten Regeln. Nach Veröffentlichung der Ergebnisse behaupteten die Leiter eines nicht getesteten Instituts, bei ihnen wäre der Versuch garantiert anders verlaufen, weil ihre Ärzte Simulanten und Scharlatane mit schlafwandlerischer Sicherheit erkennen würden. Sie forderten Rosenhan deshalb auf, ihnen ebenfalls einige Tester zu schicken. Rosenhan ging darauf ein und antwortete, er werde das Experiment gerne innerhalb der nächsten drei Monate an ihrer Einrichtung wiederholen. Dann tat er nichts weiter: Nicht einen einzigen Helfer schickte er zu der Klinik. Dennoch «enttarnten» die Ärzte dort 41 Pseudopatienten und hegten bei weiteren 42 einen Verdacht – in der Summe beinahe die Hälfte aller Patienten, die in dem Vierteljahr vorstellig geworden waren. Ganz nach dem Motto: Wenn wir alle verdächtigen, werden schon die Richtigen dabei sein!

Angesichts der Unsicherheiten bei der Diagnose und fragwürdiger Krankheitsbilder sind manche Experten wie der amerikanischer Psychiater Thomas Szasz oder der französische Philosoph Michel Foucault der Ansicht, dass viele psychische Krankheiten weniger echte Erkrankungen sind als vielmehr ein Mittel, die Gesellschaft innerhalb bestimmter (willkürlich festgelegter) Normen zu halten. Wer mit seinem Verhalten aus dem Rahmen fällt, einer Minderheit angehört, wird ausgeschlossen und aus dem öffentlichen Leben entfernt. Auf diese Weise versuchte man beispielsweise auch in Deutschland, Homosexuelle aus dem öffentlichen Leben zu verbannen. Bis 1969 waren «gleichgeschlechtliche Betätigungen» gesetzlich verboten, erst seit 2001 sind Lebenspartnerschaften unter Schwulen und Lesben erlaubt. Was hat sich in der Zwischenzeit geändert? Die Homosexuellen? Nein, die Gesellschaft. Sie entscheidet je nach Zeit, Wissensstand und kulturellem Hintergrund, was sie als «normal» ansieht und was als «geisteskrank» gilt.

Natürlich gibt es gewisse psychische Erkrankungen, die tatsächlich behandlungsbedürftig sind (zum Beispiel bei suizidaler Gefahr oder Gefahr für Mitmenschen). Dennoch wehren sich inzwischen viele «psychisch Kranke», als solche bezeichnet zu werden. Stattdessen drängen sie darauf, in ihrer Andersartigkeit als vollwertige Mitglieder der Gesellschaft anerkannt zu werden. Das führte in den 1970er Jahren zur Gründung der ersten sogenannten Weglaufhäuser (zunächst in den Niederlanden), in denen Patienten, die nicht in eine Psychiatrie eingewiesen werden wollen, unterkommen können, um ihr Leben wieder selbst in die Hände zu nehmen. Das einzige Weglaufhaus in Deutschland befindet sich in Berlin. In Kanada veranstalten die Betroffenen einmal jährlich in vielen Städten *Mad-Pride*-Paraden. Es bewegt sich also etwas in unserem Denken. Allerdings ganz langsam.

Es gibt gewissermaßen eine Abkürzung, trotz abweichenden Verhaltens mit Respekt behandelt zu werden.

An einem der Forschungsinstitute, wo ich vor einigen Jahren gearbeitet hatte, gab es eine bekannte Persönlichkeit: eine alte Dame. Wer zum Mittagessen in die Kantine ging, kannte sie. Sie arbeitete nicht in der Forschung, aber vielleicht gefiel ihr die Atmosphäre des Instituts. Oder das Gefühl, am Puls der Forschung zu sein. Denn sie hörte sich mit Vorliebe Vorträge und Seminare an, bei denen es fachlich richtig zur Sache ging. Es ist schwer zu sagen, welche Motivation sie wirklich hatte. Denn es fragte sie niemand danach. Die alte Dame hatte etwas Seltsames an sich: Wenn sie in der Kantine ihre Zeitung oder Zeitschrift las, kicherte sie die ganze Zeit vor sich hin. Oft lachte sie laut. Laut und unheimlich schrill. Ein Lachen, bei dem Sie den Löffel in die Suppe fallen lassen, wenn Sie es das erste Mal hören. Und ihr Blick! Er ist streng, durchdringend wie die sprichwörtlichen Dolche. Mit diesem Blick schaute sie Ihnen direkt in die Augen. Ihr Gehirn reagiert sofort mit Panik, und es kostet Sie Kraft, nicht vom Tisch aufzuspringen und fluchtartig den Raum zu verlassen. Ich weiß das so genau, weil ich mich öfter zu ihr gesetzt und es geschafft habe, sitzen zu bleiben. Und wissen Sie, was? Ich habe es nicht bereut. Wenn es Ihnen nämlich gelang, über ihre Besonderheiten hinwegzusehen, war die alte Dame ausgesprochen nett und freundlich. Natürlich wurde hinter vorgehaltener Hand viel über sie geredet.

«Es gibt echt verrückte Leute.»

«Wer lässt die eigentlich immer rein?»

«Was will die überhaupt in den Vorträgen?»

Das Urteil über die Dame war recht einhellig. Damit könnte die Geschichte zu Ende sein. Ist sie aber nicht.

Das Institut hatte nämlich eine geheimnisvolle Wohltäterin. Nicht in dem Maße, dass sie der Gesellschaft mal eben einen modernen Teilchenbeschleuniger spendiert oder einen Forschungspreis in Millionenhöhe auslobt. Aber sie übernahm bei Grillfesten und Studentenfeiern durchaus mal die Rechnung für die Getränke oder das Essen. In Anbetracht der Scharen von Wissenschaftlern und Nachwuchsforschern kam dabei durchaus eine hübsche Summe zusammen. Viel wusste man nicht über die Sponsorin, denn sie zog es vor, anonym zu bleiben. Es sollte sich aber um eine ältere Dame handeln, die öfter in der Kantine zu Mittag aß und sich mit Vorliebe Vorträge anhörte.

Ja, ich habe die gleiche Vermutung wie Sie!

Und nun raten Sie, was mit der Einstellung gegenüber der schrillen Dame passierte, wenn jemand zum ersten Mal von der anonymen Wohltäterin hört? Genau!

«Ach, wirklich? Wie interessant!»

«Meinetwegen soll sie hier ruhig mittagessen.»

«Vielleicht habe ich ja Glück, und sie kommt mal zu einem meiner Vorträge.»

Die Dame mit dem durchdringenden Blick hatte sich nicht verändert. Sie war noch immer derselbe Mensch mit demselben Spleen. Und trotzdem wurde sie im Handumdrehen vom skeptisch betrachteten Störenfried zu einer gerngesehenen Respektsperson. Und warum? Weil sie vielleicht – vielleicht! – das Institut finanziell unterstützt hatte. Als ob Geld ein Teil unseres Charakters wäre. Ist es doch nicht, oder? Oder?

Im Volksmund heißt es: «Geld verdirbt den Charakter!» Aber der Volksmund meint auch zu wissen, dass alles Gute von oben kommt, obwohl noch kein Meister vom Himmel gefallen ist. Wenden wir uns deshalb dem moralischen Aspekt des Reichtums mit Hilfe wissenschaftlicher Untersuchungen zu. Ihnen zufolge können wir den Faktor Geld wirklich mit einer Tendenz zu egoistischem Verhalten in Zusammenhang bringen. Zumindest in gewissen Kreisen. Sie arbeiten hoffentlich nicht zufällig für eine Bank?

Der Wirtschaftswissenschaftler Michel Maréchal und sein Team von der Universität Zürich haben herausgefunden, dass in internationalen Großbanken anscheinend ein Klima herrscht, das Menschen dazu bringt, es mit der Wahrheit nicht allzu genau zu nehmen.

Für ihr Experiment teilten die Forscher 128 Angestellte einer international agierenden Großbank in zwei Gruppen, von denen sie die eine nach ihren Hobbys befragte und die andere zu ihrer Arbeit bei der Bank. Anschließend ließen sie die Probanden eine Münze werfen. Für jeden Wurf, bei dem die Münze mit dem Kopf nach oben lag, gab es 20 Dollar zu gewinnen. (Bei Banken kommen Sie mit den üblichen zehn Euro nicht weit.) Weil wir alle natürlich unserem Bankberater blind vertrauen, kontrollierte Maréchals Team die Würfe nicht. Denn genau das war der Test.

Das Ergebnis der Banker, die vor der Münzwerferei über ihr Privatleben gesprochen hatten, entsprach dem, was statistisch erwartbar gewesen ist: In rund der Hälfte der Fälle hatte die Münze Kopf gezeigt. Nicht so bei ihren Kollegen, die direkt zuvor mit den Gedanken bei ihrer Arbeit gewesen waren. Sie berichteten von beinahe 60 Prozent zahlungspflichtiger Kopfwürfe. Ein Zufall, der dann doch zu deutlich war, um wirklich zufällig zu sein. Die Teilnehmer dieser Gruppe mussten schlichtweg geschummelt haben. Aber wieso?

Eine Möglichkeit wäre, dass das Gespräch über Investitionen und Anlagen in Menschen einen unbewussten Schalter für Gier umlegt und letztlich jeden zum Lügner macht. Um diese Erklärung zu überprüfen, führten die Wissenschaftler den gleichen Test mit anderen Gruppen durch, darunter die unvermeidlichen Studenten. Aber so intensiv die neuen Freiwilligen sich auch mit

Zinsen, Renditen und Dividenden beschäftigten – sie blieben beim Münzwerfen doch dichter an der Wahrheit. Es sind demnach tatsächlich nur Bankangestellte von der Schummelitis bedroht, die dann ausbricht, wenn es um das Thema Geld geht. Offenbar, so folgern die Forscher, unterdrückt die Geschäftskultur in der Finanzindustrie die sonst verbreitete Norm zur Ehrlichkeit. Sind Banker also alle Lügner und gehören eingesperrt?

Damit machte man es sich dann doch zu einfach. Denn es sind nicht ausschließlich Banker davon betroffen. Wissenschaftler haben mit dem Gedanken an Geld auch bei Menschen außerhalb des Finanzsektors den Drang zu eigennützigem Verhalten auslösen können. Vielleicht ist es aber nicht einmal das Geld an sich. Vielleicht ist es das bloße Rechnen!

In Experimenten, die ein internationales Forscherteam um Keith Murninghan von der Northwestern-Universität in den USA durchgeführt hat, brauchten die Probanden lediglich ein paar anstrengende Rechenaufgaben zu lösen und durften sich danach mit kleinen Spielchen entspannen, bei denen man Geld an seine Mitspieler verteilt. Dabei zeigte sich, dass der Kampf mit den Zahlen uns alle zu kleinen Fieslingen werden lässt: Teilnehmer aus jeglichen Gruppierungen mühten sich, die größte Summe für sich selbst zusammenzuraffen. Das Rechnen versetzt uns in einen geistigen Zustand, in dem sich alles um Nützlichkeit dreht. Das überlagert unsere Emotionen und unser Mitgefühl, sodass wir egoistischer agieren, als es eigentlich für uns typisch wäre.

Doch es gibt Rettung: Ein kleiner Hinweis auf unsere Rolle als soziales Wesen rückt alles wieder ins Lot. Als würde es aus einem Traum erwachen, schaltet unser Gehirn zurück in den normalen Modus, und plötzlich wird aus dem gierigen Mr. Hyde wieder der freundliche Dr. Jekyll. (Kleine Geschwister müssen dieses Wissen in ihren Genen verankert haben, mahnen sie doch beim Aufteilen von Bonbons stets: «Ein' du, ein' ich!»)

Geld ist aber nicht der einzige Teufel, der uns in Versuchung führen kann. Auch Macht spielt unserem Gehirn übel mit. Das haben Sukhvinder Obhi von der Wilfrid-Laurier-Universität in Kanada und seine Kollegen 2014 direkt sichtbar machen können.

Dass sich mächtige Personen anders benehmen als wir Durchschnittsmenschen, kennen wir alle aus eigener Erfahrung. Chefs neigen dazu, sich auf die großen Ziele zu fokussieren und lästige Details wie Naturgesetze oder Urlaubsansprüche ihrer Untergebenen generös zu ignorieren. Diese Oberflächlichkeit verleiht ihnen den nötigen Weitblick, um für ihre Unternehmen, Institute oder Nationen Ziele zu setzen, auf die das Fußvolk anschließend eifrig zusteuern darf. Gleichzeitig fühlen sich die ignorierten Massen nicht gewürdigt und werden unzufrieden, was alles andere als förderlich für das Erreichen der Ziele ist. Das wiederum können die Bosse nicht nachvollziehen, weil sie parallel zum Machtgewinn die Fähigkeit verloren haben, sich in andere Menschen hineinzuversetzen.

Die Unterschiede zwischen Mächtigen und Machtlosen sind weitgehend erforscht. Unbekannt ist jedoch, was genau im Gehirn passiert, damit beide Seiten sich so unterschiedlich verhalten. Obhis Team hat deshalb Freiwillige gebeten, in einem kleinen Aufsatz eine Situation zu schildern, in der sie entweder Macht über andere hatten oder im Gegenteil von anderen herumkommandiert wurden. Eine Kontrollgruppe sollte einfach berichten, was sie am Vortag erlebt hatte. Die Erinnerungen versetzten die Probanden mental in die jeweilige Situation zurück. So präpariert, sahen sie sich kurze Videos an, auf denen eine Hand einen kleinen Ball zusammenpresste. Die Forscher überwachten währenddessen die Aktivität der Hirnzentren.

Normalerweise lösen Videos, auf denen sich andere Menschen bewegen, über die Spiegelneuronen, die wir im dritten Kapitel kennengelernt haben, im Gehirn ähnliche Aktivitäten aus, als würden wir selbst handeln. Wie bei einem Fußballspiel im Fernsehen, wo wir am liebsten aufspringen und den Ball selbst ins Tor schießen würden, reagiert unser Gehirn schon auf kleinste Aktionen wie das Quetschen eines Schaumstoffballs. So konnten die Wissenschaftler die Resonanz auch bei ihren Probanden feststellen, während sie die Videos verfolgten. Allerdings war die Aktivität bei den Teilnehmern, die sich an ihre Machtposition erinnert hatten, schwächer ausgeprägt als bei der Kontrollgruppe oder den Probanden, die sich machtlos gefühlt hatten. Dabei zeigten die machtvollsten Kurzzeitbosse die geringste Resonanz. Offenbar schwebten sie geistig noch in höheren Sphären und konnten sich nicht mit den «Banalitäten» der Aktivitäten anderer abgeben.

Wenn Ihr Chef Sie also das nächste Mal übersieht oder Sie mit einem völlig verkehrten Namen anredet, ärgern Sie sich nicht. Haben Sie Mitleid mit ihm! Seine Machtposition hat ihm die Fähigkeit genommen, andere Menschen wahrzunehmen, mit ihnen mitzudenken oder sich einzufühlen. In seiner Not greift sein Gehirn auf Stereotype zurück, um sich in detailreichen oder sozial anspruchsvollen Situationen irgendwie durchzumogeln. Komplexität, Empathie und soziales Mitfühlen sind etwas für die unteren Ränge. (Nicht wahr, Müller? Oder Schulze? Oder wie auch immer Sie heißen mögen?!)

Dumme und noch dümmere Experten

Wir haben uns mit den Reichen und den Mächtigen beschäftigt. Da wir gerade so schön in Fahrt sind, lassen Sie uns nun die Klugen auf den Prüfstand stellen.

Auf welchem Gebiet kennen Sie sich gut aus? Medizin? Philosophie? Psychologie? Fußball? Vielleicht Whisky? Doch nicht etwa antike Rasiermesser? Auf irgendeinem Feld sind Sie bestimmt Experte! Weil es Ihr Beruf ist. Oder weil Sie es zum Hobby gemacht haben.

Nehmen wir einmal an, Sie wären in Finanzfragen gut bewandert. Nicht, weil das mein Spezialgebiet wäre, sondern weil David Dunning von der US-amerikanischen Cornell-Universität und seine Kollegen eine ihrer Testreihen mit selbsternannten Finanzexperten durchgeführt haben. Die 100 Teilnehmer wurden befragt, ob sie mit bestimmten Konzepten und Fachwörtern aus der Finanzwelt vertraut waren. Gesucht wurden keine Erklärungen; es ging lediglich darum, ob jemand zu wissen meinte, was sich beispielsweise hinter dem Begriff «Inflation» verbarg. Gemeinerweise hatten die Wissenschaftler in die Liste drei Ausdrücke gemischt, die frei erfunden waren: «vorbewertete Aktien», «Steuerabzug mit festen Raten» und «annualisierter Kredit».

Diese Köder stellten sich für die Experten auf dem Prüfstand als unwiderstehlich heraus. Natürlich wussten sie, was diese Begriffe bedeuteten! Das war doch schließlich ihr Fachgebiet! Reihenweise fielen die vermeintlichen Fachleute auf die Phantasiebegriffe rein. Je höher ein Teilnehmer seinen eigenen Sachverstand einschätzte, desto sicherer ging er den Forschern auf den Leim. Gerade das durchaus vorhandene Grundwissen bestärkte ihn in dem Glauben, in wirklich allen denkbaren Detailfragen Bescheid zu wissen – und wenn sie erfunden waren. Es war ironischerweise gerade ihr Wissen, das die Experten dumm machte. Und das nicht nur in Finanzdingen, sondern auch in anderen Fachgebieten wie Biologie, Literatur, Philosophie und Geographie. Je mehr Ahnung wir haben, desto mehr überschätzen wir unser Wissen.

Andererseits ist es durchaus möglich, so dumm zu sein, dass man nicht mehr in der Lage ist, die eigene Dummheit zu erkennen, und sich deshalb für schlau hält. Das wiesen 1999 David Dunning, den wir eben schon kennengelernt haben, und sein Mitarbeiter Justin Kruger nach. Ihnen zu Ehren wird die Dummheit der

Dummen als Dunning-Kruger-Effekt bezeichnet. (Das dürfte sich in etwa so ehrenvoll anfühlen, wie Namensgeber für einen tödlichen Krankheitserreger zu sein. Die Schlagzeile «Tausende am Chang-Fieber gestorben» würde zumindest mich nicht übermäßig glücklich machen.)

An den Beginn ihrer wissenschaftlichen Veröffentlichung, mit der sie den Effekt berühmt gemacht haben, haben die beiden Wissenschaftler die Geschichte von McArthur Wheeler gesetzt. 1995 marschierte Mr. Wheeler seelenruhig in zwei Pittsburgher Banken und raubte sie aus. Bei der Auswertung der Überwachungskameras wunderte sich die Polizei, dass der Täter keinerlei Maske oder Vermummung trug. Schulterzuckend gab sie die hervorragenden Aufnahmen an die Medien weiter, und eine Stunde nachdem die Bilder gesendet worden waren, konnte sie Mr. Wheeler verhaften. Als die Beamten ihm beim Verhör die Videos vorspielten, wurde er blass und murmelte: «Aber ich habe mich doch mit Zitronensaft eingerieben.» Offensichtlich war Mr. Wheeler der Ansicht, dass man mit Zitronensaft im Gesicht für Kameralinsen unsichtbar wurde. Ob der Richter diese Annahme aufgrund ihrer Originalität strafmildernd in sein Urteil einfließen ließ, ist leider nicht überliefert.

Für Dunning und Kruger demonstriert diese Anekdote den Kern ihrer Forschung: Es gibt Menschen, die nicht nur von objektiv unsinnigen Sachen vollkommen überzeugt sind, sondern die gleichzeitig felsenfest an ihre eigene Unfehlbarkeit glauben.

Weil Banküberfälle ein etwas aufwändiges und leicht kriminelles Experiment für Verhaltensstudien wären, wählten die Psychologen für ihre Tests einfachere Aufgabenfelder: Humor, Grammatik und Logik. Humor stand deshalb auf dem Programm, weil man sich in andere Personen hineinversetzen muss, um zu erraten, was sie lustig finden könnten. Dunning und Kruger ließen die Probanden (es waren, Sie haben es sicherlich schon erraten, Studenten) dafür eine Reihe von Witzen bewerten. Was halten Sie beispielsweise von dem hier?

Was ist so groß wie ein Mann, wiegt aber nichts? – Sein Schatten!

Den fanden Sie jetzt nicht so komisch? Wunderbar! Dann sind Sie einer Meinung mit den professionellen Komikern, deren Einschätzung als Maßstab für die Witzigkeit diente.

Obwohl die Aufgaben ziemlich unterschiedlich waren, zeichneten die Ergebnisse ein einheitliches Bild. Auffällig war, dass sich niemand in irgendeinem Belang als unterdurchschnittlich fähig ansah. Im Mittel stuften sich alle Teilnehmer etwa in den unteren Bereich des oberen Drittels ein, bei einer Skala von 0 bis 100 Prozent folglich bei 60 bis 70 Prozent. Und das galt wirklich für alle Teilnehmer, auch für jene mit den schlechtesten Leistungen. Selbst nachdem sie die Antwortzettel einiger anderer Studenten gesehen hatten, wähnten sie sich noch an der gleichen Position. Wer keine Ahnung hatte, besaß zumindest ein so ausgeprägtes Selbstbewusstsein, dass er seine eigene Unfähigkeit nicht wahrnehmen konnte. Umgekehrt schätzte das tatsächlich beste Drittel das eigene Abschneiden regelmäßig zu schwach ein. Aber nicht etwa, weil sich die Spitzenprobanden nichts zutrauten, sondern weil sie die Konkurrenten für stärker hielten, als sie letztlich waren.

Nun sind Inkompetenz und Selbstüberschätzung bei Grammatik und Logik meist keine ernsthaften Hindernisse für ein erfülltes Leben, und ohne Sinn für Humor hat man immerhin noch Chancen auf eine Karriere als Comedian. (Was, meinen Sie, würde eine Jury zu diesem Gag sagen?) Doch wie sieht es auf anderen Gebieten aus? Würden Sie beispielsweise einem Selbstüberschätzer guten Gewissens eine Maschine zur Verfügung stellen, die auf öffentlichen Straßen Gewichte von über einer Tonne auf mehr als 150 Kilometer pro Stunde beschleunigen kann? Oder anders ausgedrückt: Haben Sie keine Angst in Anbetracht der Tatsache, dass jeder Trottel Auto fahren darf? Die Unfallstatistiken sind jedenfalls voll von überdurchschnittlich guten Autofahrern, die sich vor dem Crash vollkommen sicher waren, ihren Wagen zu beherrschen. Und es hinterher immer noch sind. Wer konnte schließlich ahnen, dass die Straßen glatt sind, wenn die Temperaturen Minusgrade erreichen? Oder dass im Wald Tiere über die Fahrbahn laufen können?

Zum Glück gibt es einen Ausweg aus der Einbahnstraße der doppelten Unfähigkeit, und der heißt: Lernen und Training! Nachdem Dunning und Kruger einen Teil ihrer Probanden aus dem unteren Leistungsbereich gezielt in Logik geschult hatten, verbesserten sich nicht nur deren Ergebnisse in den Tests, sondern die Teilnehmer schätzten darüber hinaus ihre eigenen Fähigkeiten realistischer ein. Sie wussten nun, welche Schwächen sie noch hatten, und erkannten die Stärken anderer. Offenbar muss man kompetent sein, um die eigene Inkompetenz zu erkennen. Oder anders ausgedrückt: Wenn Sie Ihr Kind beim Lernen des kleinen Einmaleins abfragen wollen, sollten Sie schon selbst wissen, wie viel sieben mal acht ist.

In Anbetracht unserer fragwürdigen Kompetenz in so vielen Belangen wäre es vielleicht eine Überlegung wert, dass wir uns eher mit den einfachen Dingen des Lebens beschäftigen statt mit den wirklich schwierigen Fragen. (Ich hoffe, Ihnen ist die vorsichtige Art der Formulierung aufgefallen, mit der ich versuche, mich nicht selbst als Experten bloßzustellen.)

Und tatsächlich halten wir uns meist an diese Regel.

Der britische Soziologe Cyril Northcote Parkinson (das ist nicht der Parkinson mit der Krankheit) war bekannt für seine ironisch formulierten, aber zutreffenden Beschreibungen der Vorgänge in Behörden und Unternehmen. Zu den bekanntesten Parkinson'schen Gesetzen gehört beispielsweise die Feststellung, dass eine Arbeit immer genau so lange dauert, wie viel Zeit dafür zur Verfügung steht. Studenten können dies auch ohne wissenschaftliches Experiment bestätigen, da sie stets genau am Tag vor einer Prüfung mit dem Lernen fertig werden – egal, ob sie drei Monate, drei Wochen oder drei Tage vorher angefangen haben. (In Extremfällen sollen auch schon mal drei Stunden gereicht haben, aber das habe ich nur gehört.)

Für unser Thema bietet Parkinsons *Gesetz der Trivialität* die passende Aussage: «Die Zeit, die wir uns bei einem Meeting über einen bestimmten Tagesordnungspunkt unterhalten, ist umgekehrt proportional zu den damit verbundenen Kosten.» Je billiger und banaler eine Angelegenheit ist, desto ausführlicher reden wir also drüber. Parkinson selbst führt als Beispiel die Sitzung eines Finanzausschusses an, bei der innerhalb von zweieinhalb Minuten für einen Atomreaktor rund zehn Millionen Dollar genehmigt wurden. Die Finanzierung eines Fahrradunterstands für 2350 Dollar wurde eine Dreiviertelstunde lang diskutiert. Und über 4,75 Dollar für den Kaffee eines anderen Ausschusses stritt man sich über eine Stunde.

Dabei meinen es alle doch nur gut. Weil wir uns bewusst sind, von schwierigen Dingen wie Atomreaktoren in der Regel wenig bis gar nichts zu verstehen, halten wir uns absichtlich mit Meinungsäußerungen zurück. Im Nu sind die Entscheidungen gefällt. Zum Thema Fahrrad und in noch viel größerem Maße zum Thema Kaffee kann aber jeder etwas beitragen. Und um das Schweigen in Sachen Reaktor zu kompensieren, legen wir unsere Standpunkte zu Unterstand und Heißgetränken in epischer Ausführlichkeit dar. Dadurch wahren wir den Eindruck, unsere Meinung sei wichtig. Vor uns selbst und vor anderen. Denn wer lange redet, hat bestimmt auch viel zu sagen. Eine Einstellung, die besonders für politische Karrieren äußerst förderlich sein soll.

Für den Fall, dass Ihnen derartige Debatten bekannt vorkommen, empfehle ich Ihnen, bei der nächsten Sitzung die Anwesenden zu zählen. Nach den Erkenntnissen der *Komitologie* oder *Ausschusslehre*, die Parkinson begründet hat, wird ab einem Ineffizienz-Koeffizienten von 20 bis 21 Personen die Grenze zur völligen Geschäftsunfähigkeit überschritten. Und der Kaffee ist dann meist auch alle.

Immer auf das Opfer

Apropos Kaffee ... In jeder Gemeinschaftsküche kommt es vor, dass der Kaffee, die Butter, das Brot oder ein anderes Allgemeingut aufgebraucht und nicht nachgekauft worden ist. Das kennen Sie sicherlich, oder? Wie habe ich mich schon über Mitbewohner und Kollegen aufgeregt, die einfach zu pflichtvergessen – oder zu faul – sind, den Vorrat wieder aufzustocken, nachdem sie sich die letzte Portion genommen haben. Ich finde das ziemlich ärgerlich.

Und umgekehrt?

Nun gut, ich gebe zu, dass auch ich schon ab und zu die letzte Tasse Kaffee getrunken habe, ohne neuen zu kochen. Aber dann hatte ich immer einen guten Grund! Ich musste in ein Seminar und war bereits spät dran. Oder meine Frau hat mich überraschend im Institut besucht. Lauter solche Gründe eben, für die ich nichts kann. Ehrlich!

Psychologen bezeichnen unseren Hang, die Umstände für unser Handeln verantwortlich zu machen, als *Externalisierung*. Für unsere eigenen Fehler finden wir immer eine Ausrede. Kommen wir zu spät zu einer Verabredung, war der Stau schuld – den es um diese Uhrzeit jeden Tag gibt, sodass wir schlichtweg früher hätten losfahren müssen. Haben wir die Hausaufgaben nicht gemacht, lag es am anstrengenden Sporttraining – vor dem reichlich Zeit gewesen wäre, etwas für die Uni zu tun. Was auch immer wir verbockt haben: Wir sind nicht, auf keinen Fall, niemals selbst daran schuld! Ich meine, wie stünden wir denn sonst vor uns da? «Hallo, mein Name ist Chang, und ich vertrödle manchmal wichtige Aufgaben, weil ich die Zeit nicht im Blick habe!» Soll ich mich ernsthaft so vorstellen? So mag ja nicht einmal mein eigenes Gehirn über mich denken! Sehen Sie? Genau deshalb externalisieren wir die Schuld. Damit wir ein perfektes Bild von uns selbst aufrechterhalten können.

Ganz im Gegensatz zu uns sind alle anderen natürlich nicht perfekt. Die machen ständig Fehler. Deshalb sind sie auch schuld an allem, was schiefgeht. Selbstverständlich auch an ihrem eigenen Unglück.

Der US-amerikanische Sozialpsychologe Melvin Lerner war in den 1960er Jahren entsetzt über das, was er in der Klinik erlebte, in welcher er arbeitete. Er hatte seine Kollegen als warmherzige und freundliche Menschen zu schätzen gelernt, die sich rührend und überaus empathisch um ihre Patienten kümmerten. Doch dann behandelten sie auf einmal einige Patienten mit psychischen Störungen ruppig und ablehnend, ja, geradezu herzlos.

«Die? Ach, das sind Unruhestifter, die es nicht anders verdient haben!», antwortete man ihm auf seine Nachfragen.

Damit hätte die Angelegenheit für Lerner erledigt sein können. War sie aber nicht. Denn obwohl er in den kommenden Wochen verstärkt darauf achtete, konnte er das Urteil seiner Kollegen nicht nachvollziehen. Keiner der drangsalierten Patienten verhielt sich negativ. Und schon gar nicht fand er Anzeichen dafür, dass diese Menschen selbst die Schuld an ihrem Schicksal trugen. Weder an der Art, wie sie behandelt wurden, noch an den Erkrankungen, aufgrund deren sie in der Klinik waren.

Lerner beschloss, seine Beobachtung genauer zu untersuchen. Er entwarf eine Reihe von Experimenten, in denen es für seine Probanden so aussah, als würde jemand sehr leiden. Beispielsweise spielte eine seiner Assistentinnen eine Frau, die als Versuchsobjekt an einem fingierten Test teilnahm. Sie sollte unsinnige Silben auswendig lernen und wiederholen. Für jeden Fehler, der ihr dabei unterlief, wurde sie scheinbar mit einem schmerzhaften elektrischen Schock bestraft. Mit einer bühnenreifen schauspielerischen Leistung schrie sie immer lauter und wand sich vor angeblichen Schmerzen. Die 75 echten Probanden, die jeweils einzeln Zeuge dieser offensichtlichen Folter waren, mochten kaum glauben, was sie da miterlebten.

Einigen dieser Probanden erlaubte Lerner, in das vorgetäuschte Experiment einzugreifen und der Frau zu helfen. Die überwältigende Mehrheit von ihnen beendete augenblicklich die Elektroschocks. Den anderen gab Lerner dagegen keine Möglichkeit zur Intervention. Sie mussten sich die brutale Show weiter ansehen. Manche ohne weitere Erläuterungen, anderen erzählte Lerner, die Frau hätte sich freiwillig gemeldet und würde für die Teilnahme an dem Test bezahlt.

Während die vermeintliche Folter weiterlief, vollzog sich in den Zeugen eine seltsame Wandlung. Nach und nach gingen die Probanden dazu über, Entschuldigungen für das Verabreichen der schmerzhaften Schocks zu finden. Schließlich war es ein wissenschaftliches Experiment! Die Frau hätte sich nicht freiwillig zu melden brauchen! Sie wurde doch sogar bezahlt, nun musste sie es auch zu Ende führen! Es hat sie ja niemand gezwungen, sie war also selbst verantwortlich für das, was ihr passierte! Vor allem jene Probanden, die glaubten, die Frau würde nur sehr wenig Geld erhalten, waren umso fester überzeugt, dass sie diese Behandlung verdient hatte.

Es ist der Glaube an eine gerechte Welt, der zu solchen verzerrten Ansichten führt.

Wenn Sie ernsthaft davon ausgehen, dass sich Anstrengung auszahlt, Freundlichkeit erwidert und Leistung honoriert wird, dann müssen Sie annehmen, dass es im Leben fair zugeht. Wieso sonst sollten Sie Tag und Nacht schuften, Überstunden machen und die schwierigsten Jobs erledigen, wenn am Ende Ihr fauler Kollege befördert wird? Welchen Sinn hätte es, ehrlich zu sein und anderen nach Kräften zu helfen, wenn trotzdem ausgerechnet bei Ihnen eingebrochen wird? Könnten Sie in einer Welt leben, in welcher der Zufall über Erfolg oder Misserfolg, Glück oder Elend entscheidet?

Viele Menschen können es nicht – obwohl eine solche Weltsicht weitaus realistischer wäre. Im Gegenteil glauben die meisten von uns an eine ausgleichende Gerechtigkeit. Daran, dass man sein Schicksal selbst in der Hand hat. Dass gute Taten belohnt werden. Nach dieser Logik ist letztlich jeder selbst für das verantwortlich, was mit ihm geschieht. Hat jemand seinen Arbeitsplatz verloren, war er eben faul. Muss jemand auf der Straße leben, ist er arbeitsscheu. Hat jemand Aids, liegt das bestimmt an seinen perversen Sexpraktiken. Wurde jemand vergewaltigt, ist er zu aufreizend durch dunkle Viertel gelaufen. Und bekommt jemand Stromstöße, wird er sich das ebenfalls irgendwie selbst zuzuschreiben haben.

All diese Erklärungsversuche lassen sich einfach widerlegen. Doch das Gehirn der Menschen, die fest an eine gerechte Welt glauben, schützt sich selbst davor, die Wirklichkeit zu sehen, wie sie ist. Mit mehr oder weniger überzeugend klingenden Begründungen erhält es seine Scheinwelt aufrecht. Ohne diesen Schutzmechanismus, davon ist Lerner überzeugt, wäre es sehr schwer für diese Menschen, längerfristige Ziele zu verfolgen oder auch nur das alltägliche Miteinander durchzustehen. Ihr Gehirn braucht unbedingt eine einfache Welt, um zu funktionieren. Eine Welt mit klaren und einfachen Regeln – schade nur, dass das nicht der Fall ist ...

Unser Gehirn will trotz gegenteiliger Realitäten unbedingt, dass wir selbst unfehlbar sind und es in der Welt gerecht zugeht.

Bild 25. Kreis oder nicht Kreis? – Das ist hier die Frage!

Um diese Sicht aufrechtzuerhalten, erfindet es allerlei Ausreden, mit denen es Abweichungen erklärt, die so offensichtlich sind, dass es sie nicht einfach übersehen kann. Dafür knüpft es Verbindungen, die manchmal wirklich erstaunlich sind.

Betrachten Sie bitte einmal Bild 25. Ist das ein Kreis, oder ist es keiner?

Tyler Okimoto von der Universität Queensland in Australien und Dena Gromet von der Universität Pennsylvania in den USA haben dieses und ähnliche Bilder von nicht ganz perfekten geometrischen Figuren verschiedenen Personen vorgelegt und sie um ihr Urteil gebeten, ob man die Werke als Kreis, Dreieck, Oval oder Quadrat bezeichnen könnte. Die Ergebnisse verrieten nicht nur etwas über den künstlerischen Anspruch des jeweiligen Probanden, sondern auch über dessen politische Einstellung.

Wirklich!

Der Schlüssel zur Politik liegt selbstverständlich nicht in der Quadratur des Kreises. Es ist vielmehr die Frage, wie tolerant ein

Mensch gegenüber Abweichungen von der Norm ist. Wenn Sie über die Unzulänglichkeiten in Bild 25 hinwegsehen können, sind Sie wahrscheinlich auch offener gegenüber Neigungen und Lebensläufen, die nicht der Norm entsprechen. Sie befürworten darum die gleichgeschlechtliche Ehe, die Legalisierung von Cannabis zu medizinischen Zwecken und – falls Sie US-amerikanischer Staatsbürger sein sollten – die staatliche Unterstützung von Arbeitslosen und Obdachlosen. Politisch sind Sie ein Liberaler oder im deutschen Sprachgebrauch «eher links». (Für die meisten US-Amerikaner sind alle Europäer sowieso Sozialisten.)

Haben Sie hingegen einen ausgeprägten Sinn für die Einhaltung von Vorgaben, sodass Ihnen die Lücken und Einbuchtungen im Bild zu ausgeprägt sind, um noch von einem Kreis zu sprechen, sind Sie politisch konservativ. Sie treten für härtere Strafen bei Verbrechen ein, schärfere Kontrollen von Zuwanderung und – wiederum als US-Amerikaner – für militärische Stärke.

Das alles verrät uns der Kreis. Wollte Archimedes also in Wirklichkeit nur seine politischen Ansichten verbergen, als er den römischen Soldaten ermahnte: «Störe meine Kreise nicht!»?

Was Religiosität mit unserem Gehirn anstellt

Über drei Themen sollten Sie niemals mit einer neuen Bekanntschaft reden, wenn Sie nicht darauf aus sind, einen heftigen Streit anzufangen: Politik, Religion und die Frage, ob *Star Wars* oder *Star Trek* die bessere Serie ist. (Wobei sich diese Frage eigentlich nicht stellt: Natürlich ist *Star Wars* um Lichtjahre besser! Und das hat nichts damit zu tun, dass ich am *Star-Wars-Day* geboren bin.)

Das Problem mit den Religionen ist, dass sie in der Regel von der Prämisse ausgehen, in allem recht zu haben, einfach, weil das nun einmal so ist. (Letzteres ist der Glaubensaspekt. Er ist auch bei manchen Wissenschaftlern anzutreffen, für die ihre Theorien oft genug ebenfalls heilig sind.) Die anderen haben dementsprechend selbstverständlich unrecht.

Auf dieser Grundlage wird eine offene Diskussion ausgesprochen schwierig, und wir halten uns besser aus den Streitereien heraus. Erstaunlicherweise haben die verschiedensten Religionen aber auch zahlreiche Gemeinsamkeiten. So basieren sie alle auf einem häufig recht ausführlichen Regelwerk, wie wir uns als Menschen verhalten sollen, um ein gutes oder moralisches Leben zu führen. Sie wissen schon: nicht töten, nicht stehlen und dem anderen nicht die Frau wegnehmen – wenigstens nicht, wenn er dem gleichen Glauben anhängt.

Die moralischen Grundsätze der jeweils vorherrschenden Religion werden schon den kleinen Kindern beigebracht, sodass sie sich tief in unser Gedächtnis und damit unser Gehirn einprägen. Selbst wenn wir später als Erwachsene nicht sonderlich viel mit dem Gott unserer Kindheit anfangen mögen, beeinflussen uns diese Gebote und Verbote bei allen Entscheidungen, die wir treffen. Ob wir es wollen oder nicht: In den meisten Gesellschaften sind wir in unseren Werten ein Leben lang Christen, Moslems, Juden, Buddhisten, Hinduisten oder was auch immer.

Was machen diese moralischen Vorgaben nun mit unseren Gehirnen?

Eine Reihe von Studien kommt zu dem Schluss, dass gläubige Menschen sozialer und emotionaler eingestellt sind, während Atheisten besser ausgebildete analytische Fähigkeiten besitzen. Anthony Jack von der Case-Western-Reserve-Universität in den USA erklärt dies mit zwei konkurrierenden Grundeinstellungen des Gehirns: Eine davon ist die *Standardeinstellung*, in der es uns leichtfällt, mit anderen Menschen zu interagieren und ihre Stimmungen wahrzunehmen. Die andere ist die sogenannte *aufgabenorientierte Einstellung*, ihre Stärke liegt im gründlichen Nachdenken. Beide Varianten besitzen ihre eigenen Nervenzentren im Gehirn, die auf Bildern von Magnetresonanzscans aufleuchten, wenn sie aktiv sind. Jacks Team wies dies nach, indem es Probanden in einen Kernspintomographen steckte und ihnen entweder Bilder von Menschen zeigte, deren Gefühle zu erraten waren, oder ihnen Videos von kleinen mechanischen Apparaten vorspielte, deren Funktionsweise ergründet werden sollte. Tatsächlich sprang das Gehirn immer in den gerade zur Aufgabe passenden Modus – und unterdrückte die konkurrierenden Zentren. Beides gleichzeitig kann das Gehirn nicht. Wird es doch einmal mit der doppelten Herausforderung konfrontiert, weil beispielsweise Ihre Tochter weinend zu Ihnen kommt, während Sie gerade die Steuererklärung machen, muss Ihr Gehirn schnell zwischen den beiden Modi hin und her schalten – mit sehr ungewissem Ausgang.

In gesunden Gehirnen stehen die gegensätzlichen Einstellungen in einem Gleichgewicht miteinander. Bei einigen psychischen Störungen wie Autismus ist die Waagschale hingegen weit nach unten verschoben. Die hochfunktionalen Autisten, die wir schon im zweiten Kapitel kennengelernt haben, sind zwar in der Lage, ein eigenständiges Leben zu führen, befinden sich aber fast die ganze Zeit im Aufgabenmodus. Nach Jacks Hypothese ist die Situation bei Atheisten nicht ganz so dramatisch, doch auch sie haben eine Tendenz zum Aufgabenmodus, sind damit mehr auf sich selbst fokussiert und weniger mitfühlend. Religiöse oder allgemeiner spirituell eingestellte Menschen bevorzugen hingegen die *Standardeinstellung*, was ihnen einen moralischeren und empathischeren Habitus verleiht.

Das bedeutet nicht, dass Atheisten gefühlskalt sind und Gläubige mitfühlende Trottel – so groß waren die Unterschiede zwischen beiden Gruppen dann doch nicht. Die Gehirne von uns Menschen sind zum Glück so verschieden, dass sie in jeglicher Beziehung die ganze Bandbreite nutzen.

Die Unterschiede im Aufgabenmodus des Gehirns bedeuten in der Regel auch nicht, dass Nichtgläubige weniger moralisch handeln als Gläubige. Allerdings wird es für Gläubige komplizierter, wenn sie in einem moralischen Dilemma gefangen sind.

Julia Christensen hat an der Universität der Balearen Katholiken und Atheisten mit Problemen konfrontiert, deren mögliche «Lösungen» einem einen kalten Schauer über den Rücken jagen. So sollten sich die Probanden vorstellen, sie würden in einem politisch instabilen Land ein Waisenheim leiten. Unvermittelt tauchen Rebellen auf, die in dem von ihnen kontrollierten Gebiet alle Angehörigen einer bestimmten Volksgruppe auf grausame Weise umbringen. Eines ihrer Kinder gehört dieser Gruppe an. Was sollen sie tun? Wäre es vertretbar, das Kind selbst zu töten, um ihm einerseits einen schrecklichen Tod zu ersparen und andererseits die anderen Waisen damit zu retten? Wer sollte dies durchführen? Sie selbst? Oder würden sie es einer untergebenen Mitarbeiterin befehlen?

Vor eine solch schreckliche Wahl gestellt, liefen die Gehirne aller Studienteilnehmer heiß. Jedoch auf unterschiedliche Weise. Während bei den Atheisten immer die gleichen Zentren aktiv waren, kam es bei den Katholiken darauf an, in welcher Art von Dilemma sie steckten: Ging es mehr um eine zynische Kosten-Nutzen-Abwägung (Soll man ein einzelnes Kind töten, um viele zu retten?) oder um ein Glaubensgebot (Du sollst nicht töten!)? In beiden Fällen leuchteten auf den Bildern der Scans verschiedene Hirnzentren auf. Wo Atheisten also nur nach ihrem Gewissen entscheiden, müssen gläubige Katholiken mehrere moralische Ebenen in Betracht ziehen. Und das Gehirn differenziert, welche Normen es gerade anwenden muss. In gewisser Weise jonglieren Gläubige bei einer schweren Entscheidung demnach mit mehreren voneinander unabhängigen Gewissen. Auch dann, wenn sie letztlich zum gleichen Ergebnis kommen wie Atheisten.

Mit demselben Problem konfrontiert, erleben also Gläubige und Nichtgläubige verschiedene Dilemmata. Der Glaube modifiziert den Konflikt, sodass sie ihn anders wahrnehmen als Atheisten.

Der Glaube bewirkt manchmal sogar das Gegenteil dessen, was er anstrebt. Ein internationales Forscherteam um Jean Decety von der Universität Chicago befragte Eltern in China, Jordanien, Kanada, Südafrika, der Türkei und den USA über die Rolle der jeweiligen Religion in der Familie. Außerdem spielten sie mit den fünf- bis zwölfjährigen Kindern ein Spiel, bei dem diese eine Belohnung zwischen sich und einem anonymen Mitspieler aus der gleichen Gemeinschaft aufteilen sollten.

Trotz der recht unterschiedlichen Kulturen schrieben alle religiösen Eltern ihrem Nachwuchs ein größeres Empathievermögen und einen ausgeprägteren Gerechtigkeitssinn zu als atheistische Familien. Beim Spiel zeigte sich jedoch, dass religiöse Kinder weniger gerne teilten als nichtreligiöse. Je älter die Kinder waren, desto ausgeprägter war der Geiz. Als die Wissenschaftler zusätzlich Daten zu Streitereien in der Schule auswerteten, stellten sie fest, dass sich gläubige Kinder entschiedener gegen Aggressionen aussprachen und den Täter strenger bestrafen wollten. Sie sahen sich, so vermuteten die Forscher, eher in der Rolle des Richters über andere.

Auch diese Unterschiede waren nicht sonderlich groß. Allerdings machen sie deutlich, dass religiöse Werte durchaus schon die Kleinsten in ihrem Verhalten beeinflussen.

Wie zu erwarten sind gläubige Menschen zudem gegenüber Anhängern anderer Religionen und Atheisten voreingenommen. Das haben Daryl van Tongeren vom US-amerikanischen Hope College und Mark Brandt von der niederländischen Tilburg-Universität nachgewiesen. Eine genauere Betrachtung ergab aber, dass der Hang zur Intoleranz nicht mit dem Grad der Religiosität zunahm – er war nicht einmal auf Religionsgruppen beschränkt. Brandt konnte auch bei anderen Gemeinschaften eine Tendenz zu Vorurteilen nachweisen, beispielsweise bei Anhängern der Demokraten und Republikaner. Das entscheidende Kriterium, um den anderen nicht leiden zu können, ist weniger seine Religiosität oder politische Einstellung, es ist schlichtweg die Frage, ob er zur eigenen Gruppe oder zur Fremdgruppe gehört. Beim Glauben kommt es deshalb darauf an, ob es der gemeinsame Glaube ist.

«Bist du einer von uns oder einer von den anderen? Glaubst du an dasselbe wie ich?» – Das ist es, worauf es unserem Gehirn letztlich immer wieder ankommt.

Zu vielschichtig für einfache Muster

Zu einer Gruppe zu gehören oder ihr einfach von anderen zugeordnet zu werden wirkt sich nach dem, was wir erfahren haben, also gleich in doppelter Hinsicht auf unsere Wahrnehmung aus. Zum einen bezieht unser Gehirn beim Blick nach draußen ein, zu welcher Gemeinschaft wir gehören. Es denkt, wie ein Banker, Obdachloser, Sozialist, Konservativer, Christ oder Moslem eben denkt. Dabei mögen diese Gedanken nicht exklusiv für die jeweilige Gruppe sein, aber sie sind in ihr weiter verbreitet. Manchmal sogar typisch.

Zum anderen bestimmt unsere Gruppe aber auch, wie wir von anderen wahrgenommen werden. Wer einmal in den Verdacht geraten ist, psychisch labil zu sein, läuft, wie wir gesehen haben, den Rest seines Lebens mit dem Stempel «Verrückter» herum. Banker haben Schlips zu tragen, Politiker lügen ständig, und was «die» denken, wissen wir schon, bevor sie den Mund aufmachen. Unser Gehirn ist voller Vorurteile und hält sich gerne für den Experten, wo es bei nüchterner Betrachtung wenig Ahnung hat.

Wie sollte es auch?

Wir Menschen sind zu vielschichtig, um durch die Zugehörigkeit zu einer einzelnen Gruppe festgelegt zu werden. Schließlich ist jeder von uns Teil mehrerer Gruppen. Der Banker ist vielleicht evangelisch, der Rabbi wählt eine linke Partei, und der Professor ist leicht autistisch. Außerdem spielt der evangelische Banker gerne Schach, der linke Rabbi züchtet Foxterrier, und der autistische Professor sammelt Fußballbildchen. Übrigens mag der schachspielende evangelische Banker gerne französische Actionfilme, und der terrierzüchtende, linke Rabbi hat Heuschnupfen ... Sie verstehen schon, worauf ich hinauswill.

Ein Würfel hat sechs Seiten, aber wir können immer nur drei davon gleichzeitig sehen. Jeder Mensch hat unzählige Seiten – wie soll es uns da gelingen, uns jemals ein vollständiges Bild von ihm zu machen?

Unser Gehirn schert sich nicht um diesen Facettenreichtum. Es macht sich trotzdem ein Bild. Denn um sich zurechtzufinden in einer vielgestaltigen Welt, muss es simple Annahmen auf der Grundlage weniger Hinweise treffen. Auch auf die Gefahr hin, danebenzuliegen. Wichtig ist, dass wir uns dessen bewusst sind.

7. VON GROSSZÜGIGEN DIKTATOREN UND RISIKOFREIEN PROGRAMMIERERN –

Wie Kooperation entsteht und wann sie ausgenutzt wird

Zusammenkommen ist ein Beginn, zusammenbleiben ist ein Fortschritt, zusammenarbeiten ist ein Erfolg.
HENRY FORD

Es ist nicht einfach, in eine bestehende Gruppe aufgenommen zu werden. Ich hatte Ihnen schon erzählt, dass ich sowohl in Deutschland als auch in Korea oft ein Außenseiter war. In dem einen Land fiel ich durch mein Aussehen auf, im anderen durch mein Verhalten. Und wissen Sie, was? Es ist nie schön, nicht dazuzugehören. Um ehrlich zu sein, gab es eine Zeit, in der ich mich mindestens einmal pro Woche prügeln musste. Nicht etwa, weil ich so gerne kämpfte. Danach wurde ich nie gefragt. Es reichte einfach aus, dass ich anders war, um Konflikte eskalieren zu lassen.

Also gab ich mir Mühe dazuzugehören. Ich beteiligte mich an allen möglichen wissenschaftlichen Wettbewerben und trat dem Debattierclub meiner Schule bei. Auf diese Weise hoffte ich, Anschluss an die besten und klügsten Schüler zu finden. Bis ich bemerkte, dass die gar keine Gruppe waren, zu der man gehören konnte, sondern eher ein versprengter Haufen von Einzelgängern. Deshalb versuchte ich mein Glück in der Schulband. Wir spielten Punk-Rock und Heavy Metal bzw. das, was wir dafür hielten. Jedenfalls waren wir laut und gut im Headbangen. Können Sie sich die Gesichter vorstellen, wenn meine «Freunde» vom Debattierclub mich bei einem Auftritt sahen? Oder umgekehrt, wenn die Jungs aus der Band von meinen wissenschaftlichen Projekten hörten? Statt voll und ganz einer von den Schlauen oder den Coolen zu sein, war ich zu jemandem geworden, der überall dabei war, aber nirgendwo dazugehörte. «Um ein tadelloses Mitglied einer Schafherde sein zu können, muss man vor allem ein Schaf sein», hat Albert Einstein mal gesagt. Ich war eher ein bunter Hund und eignete mich nicht besonders gut als Schaf.

Das Leben zwischen den Stühlen hatte immerhin eine gute Seite: Es hat mich neugierig gemacht auf die Mechanismen, nach denen wir Menschen funktionieren. Wie beurteilen wir einander? Wie bilden sich Gruppen? Welche Dynamik läuft in ihnen ab? Was ich für mein Überleben als Außenseiter wissen musste, interessierte mich zunehmend auch aus wissenschaftlicher Sicht. Bis ich schließlich als Doktorand im Fach Soziale Neurowissenschaften den Vergleich zwischen Theorie und Praxis anstellen konnte und mehr darüber lernte, wie das mit den anderen Menschen so funktioniert. Wobei ich an dieser Stelle gerne den Lieblingssatz eines guten Freundes zitieren möchte: «Der Unterschied zwischen Theorie und Praxis ist immer kleiner in der Theorie als in der Praxis.»

Den ersten Schritt wagen

Eine wichtige Erkenntnis auf meinem Weg der Irrungen und Wirrungen war, dass ich nicht der Einzige bin, der anders ist. Jeder Mensch ist anders! Und alle haben mehr oder weniger Schwierigkeiten damit. Selbst bewunderte Idole, die nach außen stets selbstsicher wirken und scheinbar jede Situation im Griff haben, kämpfen innerlich mit den gleichen Selbstzweifeln wie ich. Und wie Sie. Alle Menschen sind nur Menschen – auch die großen.

Eine weitere interessante Beobachtung war, dass der Umgang der Menschen miteinander in allen Ländern und Kulturen, die ich bisher kennengelernt habe, im Wesentlichen nach denselben Grundprinzipien abläuft. Die Unterschiede, die uns Fremde so seltsam erscheinen lassen, sind bei genauerer Betrachtung lediglich Details. Hautfarbe, Geschlecht, Alter, Herkunft, Religion und Bildung sind nur Varianten auf der Oberfläche, die letztlich bei allen den gleichen Kern umgeben.

Natürlich bedeutet das nicht, dass Sie mit jedem Menschen Freundschaft schließen müssen oder auch nur können. Zu manchem findet man einfach keinen Draht. Andere können einen selbst nicht ausstehen. Das ist eben so. Aber im Großen und Ganzen sind wir nicht vollkommen machtlos, wie wir bei anderen ankommen. Wenn wir beachten, wie der Mensch und insbesondere sein Gehirn funktionieren, können wir durchaus gewissen Einfluss darauf nehmen, ob uns eine Gruppe akzeptiert.

Der beste Zeitpunkt, in eine Gruppe integriert zu werden, ist die Phase, in der sich die Gruppe bildet. Zu Beginn eines Studiums kennen sich die Erstsemester beispielsweise noch nicht untereinander. Jeder Einzelne fühlt sich unsicher (der eine mehr, der andere weniger, und einige können ihre Unsicherheit einfach gut überspielen) und ist auf der Suche nach Kontakt zu anderen. Wir senken in solchen Situationen unsere Abwehrschilde gegen Fremde und Unbekannte, weil um uns herum alles fremd und unbekannt ist. Damit bieten sich ideale Gelegenheiten, einen positiven Eindruck zu machen. Aber auch später, wenn Sie zu einer längst bestehenden Gruppe stoßen, weil Sie etwa den Arbeitgeber wechseln, werden Ihnen die folgenden Ratschläge helfen, akzeptiert und aufgenommen zu werden.

Ein Grundsatz steht über allen Tipps: Sie müssen selbst aktiv werden! Es ist eine Wunschvorstellung, dass man einfach nur nett und freundlich an seinem Platz sitzen muss, und plötzlich kommen alle neuen Kollegen auf einen zu und heißen einen willkommen. In der Regel hat jeder genug mit sich selbst zu tun und verbringt seine Zeit lieber mit den altbekannten Kollegen oder Freunden als mit dem oder der Neuen. Nicht aus Ablehnung oder gar Bosheit! Einfach, weil es so viel leichter ist.

Und deshalb müssen wir selbst an der Mission Gruppenaufnahme arbeiten.

Ratschlag Nummer eins: Gehen Sie von sich aus auf die Menschen zu!

Wir haben gesehen, dass unser Gehirn vor Fremden sicherheitshalber ein bisschen Angst hat. Deshalb traut sich keiner, den ersten Schritt zu machen. In Wirklichkeit sind die meisten Menschen aber harmlos und sogar freundlich. Es gibt keinen Grund, Angst zu haben! Verkürzen Sie also die Phase des furchtsamen Herumdrucksens. Stellen Sie sich vor, machen Sie eine unverfängliche Bemerkung über das Wetter, verteilen Sie vielleicht ein kleines Kompliment. (Für den Anfang wirklich nur ein kleines!) Ihr Auftreten bricht nicht nur das Eis, es vermittelt auch Selbstbewusstsein.

Lassen Sie sich nicht verunsichern, falls Sie bei der Gelegenheit jemand mürrisch oder leicht feindselig abkanzelt. Häufig sind das nur unbewusste Abwehrmechanismen innerlich unsicherer Menschen. Gehen Sie dann nicht auf Distanz, sondern bleiben Sie freundlich. Mit der Zeit legen auch notorische Brummbären ihre schlechte Laune ab. Und manche werden anschließend sogar freundlich.

Ratschlag Nummer zwei: Seien Sie freundlich und authentisch!

Im zweiten Kapitel haben wir etwas über die Macht der nonverbalen Kommunikation erfahren. Gerade in den ersten Momenten verraten Mimik und Körpersprache mehr über uns als stundenlange Vorträge. Stellen Sie sich deshalb vor, dass alle Sie in ein paar Minuten mögen werden, und dann lächeln Sie. Genau dieses Lächeln zeigen Sie den Menschen. Kein überzogen breites Zahnpastalächeln! Kein gezwungenes Politikerlächeln! Ein ehrliches, authentisches Lächeln! Nur das springt auf Ihre Gesprächspartner über und wird in deren Gehirn als sympathisches Signal interpretiert. (Falls das nicht von selbst klappt, können Sie ja noch einmal die Übung mit dem Bleistift zwischen den Zähnen machen.)

Halten Sie während der Unterhaltung Blickkontakt. Nicht den anderen niederstarren, es ist durchaus erlaubt, ab und zu woanders hinzusehen. Aber dann gleich wieder die Augen des Partners suchen. Das vermittelt ihm das Gefühl, wichtig zu sein, weil er sich im Zentrum Ihrer Aufmerksamkeit befindet.

Ratschlag Nummer drei: Beobachten Sie, passen Sie sich an!

Keine Angst: Ich möchte Sie nicht zu einem menschlichen Chamäleon umerziehen! Dieser Tipp ist mehr eine Warnung vor der Hoppla-hier-komme-ich-Mentalität, die manche Menschen haben. Wir Menschen reagieren nun mal nicht positiv auf Typen, die mit ihrem Ego alles platt machen, jede Party an sich reißen und von allen anderen verlangen, sich ihnen anzupassen. Viel besser kommt jemand an, der Interesse an seinen Mitmenschen zeigt. Der ihnen zuhört. Auf sie eingeht.

Wenn Sie neu in eine Gruppe kommen, ist es deshalb besser, sich zunächst als Beobachter etwas im Hintergrund zu halten. Meist werden Sie schnell feststellen, dass einige Mitglieder mehr sprechen als andere. Sie geben das Gesprächsthema vor, und die übrigen stimmen ihnen häufiger zu. Die Gruppe orientiert sich an ihnen und sucht darum immer wieder Blickkontakt mit diesen Leitfiguren. Indem Sie dieses Verhalten übernehmen, wird die Gruppe Sie schneller akzeptieren.

Das war's schon. Auf diese Weise gehen Menschen vor, denen es leichtfällt, Freundschaften zu schließen und akzeptiert zu werden. Auch ich habe schon oft Erfolg gehabt mit dieser Methode. Manchmal dauert es ein bisschen länger, und gelegentlich klappt es aller wissenschaftlichen Gründlichkeit zum Trotz gar nicht. Aber das ist in Ordnung so. Auch wenn ich natürlich gerne gemocht werde, verbiege ich meine Persönlichkeit nicht, um auf jeden Fall beliebt zu sein.

Eine ganz ähnliche Vorgehensweise empfehlen übrigens auch professionelle Trainer für Körpersprache wie beispielsweise Joe Navarro. Der frühere FBI-Agent ist ein Spezialist für nonverbale Kommunikation und hatte sich während seiner aktiven Laufbahn bei der amerikanischen Sicherheitsbehörde dadurch hervorgetan, Spione anhand ihrer unbewussten Signale zu enttarnen. Denn nicht jeder «Freund» meint es wirklich gut mit einem ...

Verräter für die Wissenschaft

Der Raum ist dunkel, aber die Schreibtischlampe leuchtet Ihnen direkt ins Gesicht. Ihnen ist heiß. Sie sind nervös. Am liebsten würden Sie einfach weglaufen. Doch da sind die Handschellen, mit denen Sie an den Tisch gekettet sind. Und der Cop, der seit Stunden auf Sie einredet. Bis jetzt haben Sie dichtgehalten und kein Wort gesagt. Aber dann kam er mit diesem Vorschlag, und Ihre Entschlossenheit geriet ins Wanken.

«Das mit dem Tunnel in den Tresorraum der Bank war clever, so viel gestehe ich Ihnen zu. Aber Ihr Vorgehen beim Zusammenraffen der Beute kann ich nur schlampig nennen. Die Jungs von der Spurensicherung mussten Überstunden machen wegen der Menge an Indizien, die Sie hinterlassen haben. Sie und Ihr Komplize. Und da wundern Sie sich, dass wir Sie so schnell geschnappt haben? Machen Sie sich doch nichts vor: Die Beweise reichen aus, um Sie für eine Weile hinter Gitter zu bringen! Noch lieber wäre mir aber ein Geständnis. Das verursacht weniger Papierkram. Deshalb mache ich Ihnen einen Vorschlag: Sie verpfeifen Ihren Kumpel und schieben die ganze Schuld auf ihn. Dann kriegt er zehn Jahre aufgebrummt, und Sie spazieren als freier Mensch aus dem Gerichtssaal. Überlegen Sie es sich gut! Ich habe Ihrem Komplizen nämlich das gleiche Angebot gemacht. Meinen Sie, der zögert lange? Wenn Sie beide singen, kann ich keinen von Ihnen loseisen. Dann geht jeder von Ihnen für fünf Jahre in den Bau. Halten Sie beide den Mund, sind da immer noch die Beweise und Indizien. Die reichen für zwei Jahre pro Nase. Na, was ist? Machen wir den Deal?»

Jetzt stecken Sie mittendrin. Diese und ähnliche Geschichten sind bei Psychologen als *Gefangenendilemma* bekannt. Es ist eines der Spielchen, mit denen Wissenschaftler versuchen, den Geheimnissen des menschlichen Verhaltens auf die Spur zu kommen. Haben Sie sich schon entschieden, wie Sie in der Rolle des Gefangenen handeln würden?

Nur so als kleine Hilfe aus der Mathematik: Das beste Ergebnis für sich selbst holen Sie heraus, wenn Sie zum Verräter werden. Dann haben Sie die Chance, ganz ohne Strafe davonzukommen, wenn Ihr Kumpel dichthält. Und schlimmstenfalls müssen Sie fünf Jahre absitzen, falls er ebenfalls redet. Setzen Sie dagegen auf verschwörerische Gemeinschaft, erhalten Sie mindestens zwei Jahre, eventuell aber sogar zehn. Da fällt einem die Wahl nicht schwer, oder? (Und sagen Sie jetzt bitte nicht, dass Sie schon immer schlecht waren in Mathe!)

Aber wer hört schon auf die Mathematik? Die meisten Menschen entscheiden sich bei dem Spiel dafür, ihren Kumpanen nicht zu verraten. Nicht bei einer drohenden imaginären Gefängnisstrafe und nicht bei ganz realen Geldpreisen, die es zu gewinnen gibt: zehn Euro für den alleinigen Egoisten, fünf Euro für zwei Egoisten und gar nichts für den treuen Trottel. Nicht einmal in Entwicklungsländern, wo man mit Summen gespielt hatte, die schon fast dem Monatsgehalt eines Universitätsprofessors entsprechen, werden die Menschen schwach. Die meisten sind und bleiben solidarisch!

Sogar Diktatoren können ein Herz haben!

Damit meine ich natürlich keine wahren Diktatoren, die aus Machtgeilheit ihre Mitbürger unterdrücken, ausbeuten oder sie aus einer Laune heraus foltern und erschießen lassen. «Meine» Diktatoren agieren völlig friedlich im Labor im Rahmen des sogenannten *Diktatorspiels*. Darin bekommen Sie einen bestimmten Betrag ausgehändigt – sagen wir, es sind wieder zehn Euro –, den Sie behalten dürfen. Sie haben aber auch die Möglichkeit, einen Teil davon an einen Mitspieler weiterzureichen. Wie viel, bleibt Ihnen überlassen. Es redet Ihnen niemand in die Entscheidung rein, und der Mitspieler hat auch keine Möglichkeit, sich anschließend bei Ihnen zu bedanken oder sich an Ihnen zu rächen. (Das Spiel hat keine Revolutionsphase, obwohl das eine interessante Erweiterung wäre.)

Wieder zeigen sich die meisten Menschen solidarisch und geben bereitwillig einen Teil des Geldes ab. Im Schnitt darf sich der Mitspieler über zwei bis drei Euro freuen. Das ist weniger als die Hälfte, ein bisschen Egoismus ist somit anscheinend normal. Für die extreme Variante, den gesamten Betrag in die eigene Tasche zu stecken, entscheiden sich indes nur wenige Menschen. Anscheinend entspricht das Gebot des Teilens über die verschiedenen Kulturen hinweg so sehr dem moralischen Gerechtigkeitsempfinden, dass wir gar nicht anders können, als uns danach zu richten. Den raffgierigen *Homo oeconomicus* der Wirtschaftswissenschaften, der nur darauf aus ist, seinen Profit zu maximieren, treffen Forscher in ihren Experimenten nur selten an.

Warum sind wir großzügig? Weshalb gebieten wir unserem Egoismus selbst in Situationen Einhalt, in denen wir keine Repressalien zu befürchten haben? Die Antwort lautet: Wir wissen es nicht!

Aber wir haben zwei Hypothesen. Nach der einen sind Menschen stets um ihren Ruf besorgt, um nicht doch irgendwann wegen Unzuverlässigkeit oder Fiesheit aus der Gruppe ausgeschlossen zu werden. Diesen Beweggrund hatten wir bereits im vierten Kapitel kurz angesprochen. Im Grunde genommen handelt es sich dabei um eine Form von vorausschauendem Egoismus: Wir verhalten uns nett und freundlich, weil wir eine mögliche Bestrafung in der Zukunft vermeiden wollen.

Die zweite denkbare Erklärung geht von einem optimistischeren Menschenbild aus. Sie vermutet ein fest verankertes Wir-Gefühl im Gehirn, durch das wir unseren Egoismus auf den Mitspieler ausweiten. Nicht das Ich gewinnt, sondern das Wir. Wobei das Ich durchaus einen deutlich größeren Teil vom Kuchen abbekommen darf, solange nur der andere nicht ganz leer ausgeht. Nach dieser Logik sind zwei Sieger mehr als einer, weshalb selbst ein Spieldiktator sich besser fühlt, wenn er von seiner Beute etwas abgibt.

Tatsächlich lassen sich beide Modelle durch Ergebnisse aus den Neurowissenschaften stützen. Denn ein Lob oder ein Lächeln löst im Belohnungszentrum des Gehirns die gleiche Aktivität aus wie der Gewinn von Geld. Es gibt eben verschiedene Formen von Reichtum.

Leider hat unsere Uneigennützigkeit ihre Grenzen. Sobald die Gruppe größer wird, finden sich Mitglieder, die nur auf einen Nutzen für sich selbst bedacht sind, ohne eine eigene Leistung einzubringen. Wie das *Gefangenendilemma* stammt das *Public Goods Game* oder *Öffentliche-Güter-Spiel* aus der experimentellen Wirtschaftsforschung.

Die Regeln sind schnell erklärt: Zu Beginn erhält jeder Spieler einen bestimmten Betrag wie beispielsweise zehn Euro. (Die Summe hat sich bewährt. Sie ist groß genug, um begehrt zu werden, aber noch so klein, dass sie nicht den Institutshaushalt sprengt.) Jeder Einzelne überlegt für sich, wie viel davon er in einen Topf gibt, der das öffentliche Gut enthält. Es ist möglich, die volle Startsumme einzuzahlen, gar nichts abzugeben oder einen Betrag dazwischen bereitzustellen. Haben alle ihren Einsatz gemacht, vervielfältigt der Spielleiter das öffentliche Gut um einen bestimmten Faktor und teilt das Geld dann gleichmäßig auf alle

Spieler auf, unabhängig von der Summe, die jemand eingezahlt hat.

Wer bei dem Spiel ausschließlich auf einen maximalen Gewinn für sich selbst aus ist, dürfte keinen Cent in den öffentlichen Topf werfen. Jeder Einsatz würde vom eigenen Kapital abgehen, ohne den späteren Zugewinn nennenswert zu erhöhen. Das wäre der pure Egoismus, der zum sogenannten Nash-Gleichgewicht führen würde: Jeder wählt den Einsatz, der für ihn am sinnvollsten ist, und zwingt alle anderen somit, auch so zu handeln. Alle Teilnehmer wären auf höchsten Profit aus und würden dementsprechend nichts in den Topf werfen. Kein schöner Gedanke, den der US-amerikanische Mathematiker John Forbes Nash mit seiner Dissertation in die Welt gesetzt hat.

Das andere Extrem würde zu einem *Pareto-Optimum* führen, das nach dem italienischen Sozioökonomen Vilfredo Pareto benannt ist. Es setzt voraus, dass alle Spieler ihr gesamtes Vermögen in den Topf werfen, sodass die Vervielfachung des öffentlichen Guts den größtmöglichen Gewinn für alle bringt. Diese Strategie birgt das größte Risiko, zahlt sich jedoch am Ende in barer Münze aus.

In der wahren Spielwelt kommen allerdings weder das hyperegoistische *Nash-Gleichgewicht* noch das maximal kooperative *Pareto-Optimum* vor. Wie so oft entscheiden sich die meisten Spieler für einen Mittelweg, der zwar verstandesmäßig nicht zu begründen ist, sich aber irgendwie gut anfühlt. Manche warten dafür erst mal ab, wie sich ihre Mitspieler verhalten, und schließen sich der Mehrheit an. (Kommt Ihnen das inzwischen bekannt vor?) Und so werfen fast alle ein paar Euro in den Topf, darauf achtend, nicht mehr als die Hälfte abzugeben.

Fast alle!

In vielen Spielrunden treten einzelne Spieler auf, die lieber dem totalen Kapitalismus frönen und nichts zum Allgemeingut beitragen, sich dann aber kräftig am Gewinn bedienen. Diese Trittbrettfahrer werden umso mehr, je länger das Spiel läuft.

Die leidenschaftlichen Egoisten beteiligen sich erst dann am Allgemeinwohl, wenn die Spielregeln um ein bestrafendes Element erweitert werden. Beispielsweise kann nach der Runde zufällig ein Spieler bestimmt werden, der einen anderen zu einer Strafzahlung verurteilen darf. Der Haken dabei ist, dass die Strafe auch den Richter etwas Geld kostet, sodass er sich gut überlegt, ob er das Mittel einsetzen soll. Erfahrungsgemäß nutzen die meisten Spielrunden trotz der Kosten die Möglichkeit, Trittbrettfahrer mit Sanktionen zu einem kleinen Beitrag für das öffentliche Gut zu ermuntern. Die Allgemeinheit stutzt folglich Abweichler zurecht, wenn sie eine Gelegenheit dazu hat.

Das gilt auch für allzu uneigennützige Spieler.

Erstaunlicherweise haben manche Spieler etwas einzuwenden, wenn jemand konsequent sein gesamtes Kapital in den öffentlichen Topf wirft. Extreme Kooperationsbereitschaft wird häufig bestraft. Nüchtern betrachtet ist es unsinnig, einen Mitspieler für seinen selbstlosen Einsatz zu maßregeln, da am Ende einer Runde alle von seinem Engagement profitieren. Aber Menschen und Gehirne handeln nun einmal in manchen Situationen unvernünftig. Vielleicht, so vermuten Psychologen, liegt es an der Angst, im Vergleich zu dem großzügigen Spieler schlecht dazustehen und den eigenen guten Ruf zu verlieren. Da verpasst man doch besser dem vermeintlichen Vorbild einen Dämpfer, damit er auf die allgemeine Linie zurückschwenkt. (Im realen Leben schimpfen manche ihre Mitbürger, die sich moralisch richtig verhalten, deshalb gerne «Gutmenschen» – als sei es verachtenswert, sich an die allgemein anerkannten Normen zu halten.)

Neben Strafen und in manchen Versuchsrunden auch Belohnungen gab es noch eine weitere Möglichkeit, die Spieler zu einem kooperativen Verhalten zu bewegen: Zeitdruck. Je schneller sich die Spieler entscheiden müssen, desto großzügiger sind sie. Bleibt ihnen dagegen genügend Zeit, um sich Gedanken über ihr Vorgehen zu machen, werden sie immer geiziger. Vielleicht sind wir Menschen ja von Natur aus spendabel, nur der Verstand macht uns knauserig. (Da fällt mir ein: Mein Bankkonto ist schon wieder erschreckend leer. Würden Sie mir wohl bitte etwas Geld überweisen? Aber machen Sie schnell!)

Geborgenheit für Spitzenleistungen

Gemeinsam für ein Ziel zu arbeiten scheint nach den Ergebnissen aus diesen und anderen Spielexperimenten eine natürliche Verhaltensweise für uns Menschen zu sein. Für mich als Neurowissenschaftler ist das eine wichtige Erkenntnis. Große Konzerne wollen aber noch mehr wissen. Ihre Angestellten arbeiten in der Regel in kleineren und größeren Teams, mal mit weniger und mal mit mehr Erfolg. Das mit «weniger Erfolg» sehen die Firmenlenker jedoch nicht so gern. Und so setzte der Suchmaschinenbetreiber Google im Jahr 2012 unter der Bezeichnung *Project Aristotle* eine Spezialeinheit aus Personalern, Psychologen, Soziologen, Statistikern und Programmierern auf die Frage aller Fragen an: Was macht ein Team zu einem guten Team?

Wie es bei Google üblich ist, stand am Anfang des Projekts eine wüste Sammelei von Daten aller Art. Wie groß sind die Teams? Welche Ausbildungen haben die Leute? Wie oft gehen sie miteinander essen? Treffen sie sich außerhalb der Arbeit? Wie häufig halten sie Meetings ab? Welche Hobbys haben sie? Wie viele Teammitglieder sind introvertiert, wie viele extrovertiert? Insgesamt analysierten die Aristoteler über 250 Eigenschaften von mehr als 180 Teams. Anschließend verknüpften sie die Angaben in mehreren Dimensionen miteinander, stellten Beziehungen und Hypothesen auf, zeichneten Diagramme und Charts. Selbst bei Google war zuvor noch niemand so intensiv durchleuchtet und analysiert worden. Der Konzern hätte seine Mitarbeiter im Vorhinein über Messenger informieren können, dass sie gleich niesen oder sich das Schienbein an einem Stuhl stoßen würden, so genau wussten die Spezialisten Bescheid. Irgendwo in diesem Wust von Informationen musste doch der entscheidende Trick stecken, was ein effizientes von einem schwachen Team unterscheidet. Ein Rezept in der Art wie: «Man nehme einen MIT-Absolventen, zwei extrovertierte Beagle-Besitzer, einen ehemaligen NASA-Ingenieur und einen Schweizer Almbauern und lasse sie jeden zweiten Abend bei Käsenachos und Guacamole über alte Donald-Duck-Geschichten plaudern – und schon gibt es am nächsten Morgen die Idee für eine revolutionäre App.»

Der ganze Aufwand brachte – rein gar nichts.

Die Teams waren quer über die gesamte Erfolgsleiter vollkommen unterschiedlich. Nur eines ließ sich aus dem Datenberg ablesen: Es ist völlig egal, wie das Team zusammengesetzt war. Weder das MIT-Genie noch der Raketenbauer oder der Ökofreak machten eine Gruppe zum Siegerteam. Das *Wer* spielte überhaupt keine Rolle für den Erfolg oder Misserfolg.

Es war das *Wie*!

Erst als sich die Forscher verstärkt auf die Normen konzentrierten, die in den Gruppen galten, kamen sie der Lösung näher. Zu diesen Normen zählten alle offen ausgesprochenen oder ungeschriebenen Regeln, die zusammen die Teamkultur festlegen. War es beispielsweise üblich, dass man sich pünktlich zu Besprechungen traf und dort fokussiert die vorher festgelegte Liste der Tagesordnungspunkte abarbeitet? Durften sich nur die jeweiligen Experten zu Wort melden? Oder fand man sich ungezwungen an einem Kaffee schlürfend zusammen und plauderte ausführlich über das Wochenende, bevor jeder etwas zu den Arbeitsthemen sagte, die ihm gerade in den Sinn kamen? Die Analyse des Miteinanders schälte Schritt für Schritt fünf Faktoren für den Erfolg heraus, von denen einer alle anderen überragte: *psychologische Sicherheit.*

Das Konzept der *psychologischen Sicherheit* lässt sich am besten mit ihrem Gegenteil erklären, denn damit hat nahezu jeder von uns bereits Erfahrungen gesammelt. Erinnern Sie sich an ein Meeting Ihres Teams, bei dem sich das Gespräch mal wieder inspirationslos im Kreis drehte? Und immer dieselben Leute immer dieselben Sachen sagten? Und Sie aus heiterem Himmel eine Idee hatten. Eine wunderbare Idee. Eine Idee, wie Sie und Ihr Team die Aufgabe viel besser anpacken und erledigen könnten. Haben Sie die Erinnerung greifbar vor Augen? Was haben Sie dann getan? Sind Sie aufgesprungen und haben «Heureka!» gerufen? Um gleich darauf vom Teamleiter zur Ruhe ermahnt zu werden? Oder haben Sie diese Reaktion schon vorausgesehen und lieber ganz den Mund gehalten? Sehen Sie: *Das* ist das Gegenteil von *psychologischer Sicherheit*!

In Teams, die wirklich effizient und kreativ sind, gehört es zur Tradition, dass jedes Mitglied seine Meinung sagen darf, ohne dafür verlacht oder getadelt zu werden. Selbst Einfälle, die sich als undurchführbare Hirngespinste herausstellen, sind willkommen. In psychologisch sicheren Gruppen kann jeder Einzelne sein Potenzial voll entfalten, weil es kein Risiko ist, Fehler zu begehen. Denn jeder wird mit ziemlicher Sicherheit Fehler machen. Aber Fehler und Schwächen sind in der offenen Teamkultur akzeptiert. Damit wird die Schere im Kopf, mit der wir uns in konventionellen Gruppen selbst zensieren, überflüssig. Keine grandiose Idee geht mehr verloren, weil wir Angst haben, uns mit ihr lächerlich zu machen. Gehen Sie ruhig das Risiko ein! Es kann nichts passieren! Solange in Ihrer Gruppe psychologische Sicherheit herrscht.

Sie können Ihrem Chef ja mal vorschlagen, nach dem Stichwort zu googeln. Aber vermutlich ist das keine gute Idee.

In der Gruppe zu Hause

Uns Menschen ist also der Hang zur Kooperation in die Wiege gelegt. Spätestens, wenn wir mit Zuckerbrot und Peitsche zusätzliche Motivation schaffen, denkt nahezu jeder von uns bei seinem Handeln über die eigene Person hinaus. Am besten klappt die Teamarbeit in einer Gemeinschaft, in der wir uns wohl und sicher fühlen. Das Miteinander belohnt uns dann für unsere Mühen, mal mit einem Lächeln, mal mit klingender Münze.

Diese Erkenntnisse gelten für alle Kulturen und über alle Ländergrenzen hinweg. Denn so verschieden wir auch nach außen wirken, so ähnlich sind wir uns im Inneren. Es ist nun einmal menschlich, Mensch zu sein.

8. VON MISSVERSTÄNDLICHEN BLICKEN UND UNWIDERSTEHLICHEN VERHÄLTNISSEN –
Wie der kulturelle Hintergrund die Wahrnehmung steuert

Wir alle, jeder von uns, ist ein Rätsel, wenn wir uns einander unbekannt sind.
MARY SHELLEY

Während meiner Teenagerzeit war in Korea ein Werbespot für eine Kaffeemarke allgegenwärtig. Er lief auf allen Fernsehkanälen, sodass absolut jeder Koreaner ihn kannte.

Ein Mann und eine Frau fahren mit einem Bus, der so voll ist, dass beide stehen müssen. Der Mann schaut die Frau an. Die Frau schaut den Mann an. Ihre Blicke begegnen sich. Dann erreicht der Bus die Haltestelle der Frau. Als sie an dem Mann vorbeigeht, sagt sie zu ihm: «Ich steige hier aus.»

Er zögert kurz und antwortet: «Ich bin schon zwei Stationen vorbei.»

Natürlich steigen die beiden gemeinsam aus und feiern ihre neue Zweisamkeit mit einem Kaffee.

Romantisch, oder?

Nun ja, mir kam es jedenfalls damals als Siebzehnjährigem so vor. Von solchen Situationen träumt man schließlich in dem Alter. Nur schade, dass so etwas nicht im richtigen Leben passiert! Eines Tages jedoch ...

Ich stand in einer U-Bahn, die wie alle U-Bahnen in Seoul zu Stoßzeiten hoffnungslos überfüllt war. Doch das machte mir nichts aus, denn mein Blick hing an einem hübschen Mädchen in meinem Alter, das ein paar Meter weiter stand. Es war wie verhext, ich konnte einfach nicht wegsehen. Außer in den Augenblicken, in denen sie zu mir schaute. Dann wurde mir heiß und kalt zugleich, ich lief rot an und starrte möglichst schnell und möglichst unauffällig in die Luft. Bis sie wieder woanders hinsah und mein Blick wie von selbst zu ihr zurückwanderte. Ein ums andere Mal verpassten sich unsere Blicke auf diese Weise ganz knapp.

Plötzlich bemerkte ich, wie sie auf mich zukam. Ich hielt es erst für einen Irrtum, aber nein: Sie schob sich direkt in meine Richtung durch die Menge. Noch bevor mein Herz entschieden hatte, ob es noch weiterschlagen oder vor Aufregung aussetzen wollte, stand sie vor mir. Sie schaute mir direkt in die Augen und sagte: «Ich steige hier aus.»

Es war wie in der Werbung! Genau so! Ein Traum wurde Wirklichkeit!

Mein Gehirn hatte bei ihren Worten den Dienst versagt. Das Letzte, was es mir mitteilte, war die Antwort aus dem Werbespot.

«Ich bin schon zwei Stationen vorbei», hörte ich mich selbst antworten.

In diesem Moment wurde es im gesamten U-Bahn-Waggon mucksmäuschenstill. Ich meine, nicht nur in meiner Einbildung. Es wurde tatsächlich still. Die Sätze mussten in den Menschen eine Art Schalter umgelegt haben, der ihnen signalisierte, dass sie gerade Zeuge eines kleinen Wunders wurden, das sie bisher nur aus dem Fernsehen kannten. Neugierig schauten alle zu uns herüber. Was würde nun geschehen? Würden die beiden jungen Leute aussteigen und einen Kaffee trinken gehen? Spannung erfüllte den Wagen. Und dann antwortete das Mädchen: «Sie stehen vor der Tür. Wenn Sie einen Schritt zur Seite gehen würden, könnte ich vorbei.»

Sie verzog keine Miene, als sie das sagte. Ich stammelte irgendeine Entschuldigung und machte ihr Platz. Ohne mich eines weiteren Blickes zu würdigen, verließ sie die U-Bahn. Noch bevor sich die Tür hinter ihr schloss, wusste ich, was gleich passieren würde. Es war unvermeidlich. Wie auf Kommando fingen alle Leute im Waggon an zu lachen. Sie konnten sich kaum auf den Beinen halten und fielen fast von den Sitzen vor Lachen.

Es war so ziemlich die peinlichste Situation, in die man als Jugendlicher geraten konnte. An der nächsten Station stieg ich aus, um in einen anderen Wagen zu wechseln.

«Jetzt bist du schon drei Stationen vorbei!», riefen mir zwei kleine Schulmädchen nach.

Schau mir in die Augen, Kleines!

Was war schiefgelaufen? Wieso hatte das Mädchen nicht so reagiert wie in der Werbung? Immerhin hatten wir doch vorher eine ganze Weile per Fast-Blick-Kontakt miteinander geflirtet!

Das Problem war, dass ich mich körperlich in Korea befunden, mein Gehirn sich aber nach deutschem Muster verhalten hatte. Während in Deutschland der direkte Blick meist Interesse anzeigt, wird er in Asien häufig benutzt, um Verärgerung auszudrücken. Und mit ihrem Satz, dass sie aussteigen werde, hatte sie mir indirekt zu verstehen gegeben, dass ich gefälligst Platz machen sollte. Ich war gleich in zwei kulturelle Fettnäpfchen getappt.

So soll es Ihnen (und mir) in der Zukunft natürlich nicht (oder nicht noch einmal) ergehen, wenn Sie in Asien unterwegs sind. Weil wir an dem Beispiel außerdem sehr schön erkennen können, wie sich der kulturelle Hintergrund in unsere Wahrnehmung einmischt, sehen wir uns einmal genauer an, was in den Gehirnen von Europäer und Asiaten abläuft, wenn es zu einem Blickkontakt oder einem Gespräch kommt.

Dass Gesichter häufig mehr erzählen als Worte, haben wir bereits im zweiten Kapitel erfahren. Vor allem Emotionen sind uns wortwörtlich ins Gesicht geschrieben. So weit sind sich alle Kulturen einig. Worin sie sich unterscheiden, ist die Auswahl der

Informationen, die das Gehirn als wichtig erachtet, und deren Interpretation.

Katharina Krämer und Kai Vogeley von der Uniklinik Köln haben diese Unterschiede mit Gehirnscans sichtbar gemacht. Sie zeigten ihren Versuchspersonen aus China und Deutschland Gesichter aus beiden Kulturkreisen, die entweder glücklich oder verärgert schauten. Der Blick war bei der Hälfte der Experimente direkt auf den Betrachter gerichtet, bei der anderen Hälfte blickten die abgebildeten Menschen leicht am Betrachter vorbei.

Das Ergebnis: Die Wirkungen der Gesichter, die den Betrachter direkt anschauten, waren am stärksten, wenn es sich dabei um Menschen der eigenen Ethnizität handelte. Interessant war indes, dass Europäer stärker auf die lächelnden Gesichter reagierten, während die wütenden Mienen bei den Asiaten eine heftigere Resonanz erzeugten.

Vermutlich lag das an den verschiedenen Anlässen, bei denen wir Augenkontakt mit anderen suchen. Grundsätzlich gilt es in beiden Kulturkreisen als unhöflich, jemanden direkt und über längere Zeit hinweg anzusehen. Deshalb wenden wir den Blick nach einer Weile ab, wenn wir bemerken, dass jemand zu uns schaut. Um mit dieser Regel zu brechen, brauchen wir schon einen besonderen Grund. Der schönere Grund ist, dass uns jemand gefällt. In Europa versuchen wir dann, die andere Person mit einem Blick auf uns aufmerksam zu machen. Hält sie den Augenkontakt, ist das ein klares Zeichen für Interesse, und der Flirt kann in die nächste Stufe übergehen. (Vorausgesetzt, man ist nicht siebzehn Jahre alt und schüchtern.) Leider ist eine andere Variante des direkten Blicks in Asien etwas mehr verbreitet.

Dort ist ein direkter Blick eher ein Zeichen für Verärgerung. Statt sich wie in Europa mit einem verbalen «Warum starrst du mich so an?» zu beschweren, macht man in Asien durch einen bösen Blick deutlich, dass einem etwas nicht passt. Ein kleines

Signal, das für jeden Eingeweihten allerdings mehr als deutlich ist.

Dummerweise war ich nicht ausreichend eingeweiht. Ich hatte das Mädchen in der U-Bahn sicherlich nicht verärgern wollen, doch ich hatte sie ziemlich lange direkt angestarrt und war damit ungefragt in ihre Privatsphäre eingedrungen. Obendrein hatte ich ihre stumme Beschwerde völlig falsch verstanden. Ich hatte mich in meiner deutsch geprägten Naivität darüber gefreut, dass sie auch immer wieder zu mir herübersah, während sie mir unmissverständlich zu verstehen gab, dass sie sich davon belästigt fühlte. (Na ja, für mich eben leider nicht «unmissverständlich» genug.)

Meinen zweiten Fehler hatte ich begangen, als ich ihren Satz «Ich steige hier aus» als einfache Aussage oder insgeheim als nächste Stufe eines Flirts verstand. Ich war dabei fälschlicherweise davon ausgegangen, dass sie tatsächlich meinte, was sie sagte. Oder umgekehrt, dass sie sagte, was sie meinte. Wissenschaftlicher ausgedrückt: Ich hatte mit einer *Low-context*-Kommunikation gerechnet.

Der US-amerikanische Anthropologe Edward Hall hatte während seiner Dienstzeit im Zweiten Weltkrieg festgestellt, dass viele Missverständnisse im Umgang mit anderen Kulturen darauf zurückzuführen sind, dass manche Gemeinschaften klipp und klar bis ins Detail hinein sagen, was sie denken. Er bezeichnete sie später als *Low-context*-Kulturen, da ihre Sätze alle Informationen enthalten, die für das Verständnis notwendig sind. Aus der Sicht von Mitgliedern einer *High-context*-Kultur klingt so etwas häufig grob und bevormundend. Sie erwarten von ihrem Gesprächspartner, dass er mitdenkt und bei der Interpretation einer Aussage das kulturelle Gemeinwissen sowie die aktuelle Situation beachtet.

Wenn Sie beispielsweise in einen Großraumbüro sitzen und frieren, weil durch ein geöffnetes Fenster kalte Luft hereinströmt, rufen Sie in einem *Low-context*-Land wie Deutschland: «He, mach mal bitte das Fenster zu!» In asiatischen Ländern wie Korea, die eine *High-context*-Kultur haben, wäre solch eine Unhöflichkeit undenkbar. Und unnötig. Dort würde es jeder verstehen, wenn Sie sagen: «Ich denke, morgen muss ich mir einen dickeren Pullover mitnehmen. Ich habe das Gefühl, es ist ordentlich kälter geworden. Meinen Sie nicht auch?» Ein Koreaner, dessen Gehirn tatsächlich koreanisch denkt (und nicht deutsch wie meines), würde die Andeutung, die indirekte Bitte, sofort verstehen und das Fenster schließen.

Um den Sinn einer Aussage im *High-context*-Stil zu erfassen, brauchen Sie sehr viele spezifische Vorkenntnisse. Diese Form ist daher vor allem in Kulturen verbreitet, die verstärkt auf Gruppengemeinschaften setzen, in denen das Wissen tradiert wird. Neben asiatischen Ländern sind dies auch viele afrikanische, arabische und südeuropäische Nationen, aber auch Irland. Gesellschaften, deren Zusammensetzung einem stärkeren Wandel unterliegt oder in denen der Einzelne weniger stark in eine feste Gruppe eingebunden ist, fehlt ein großer gemeinsamer Hintergrund, sodass sie sich explizit ausdrücken müssen, um sicher verstanden zu werden. Zu diesen *Low-context*-Kulturen gehören neben Deutschland auch England, Israel, die skandinavischen Länder und die USA.

Was mir das Mädchen in der U-Bahn mit den *High-context*-Worten «Ich steige hier aus» also eigentlich sagen wollte, hätte als *Low-context*-Satz demnach eher so geklungen: «Ich will hier aussteigen, können Sie bitte mal einen Schritt zur Seite gehen?» (Ich habe es mal aus Rücksicht auf meine eigenen Gefühle positiv formuliert.) Eine passende Reaktion, um die Situation noch zu retten, wäre vielleicht gewesen, ebenfalls auszusteigen und sie zu fragen: «Wenn wir die Werbung schon so weit nachgestellt haben, wie wäre es da mit einem gemeinsamen Kaffee?»

Ein bisschen Humor soll ja zwischenmenschliche Spannungen durchaus lösen können – und das überall auf der Welt.

Andere Völker, andere Sichtweisen

Wenn Sie in einer *Low-context*-Kultur aufgewachsen sind und längere Zeit in einer *High-context*-Kultur leben möchten, reicht es nicht, wenn Sie die Vokabeln der fremden Sprache kennen. Sie müssen zusätzlich ein Gespür dafür entwickeln, welches Wort in einer bestimmten Situation angebracht ist und wie Sie verschiedene Gesprächspartner angemessen anreden. Nur wenige Europäer überwinden diese Hürde und erlernen beispielsweise wirklich gut Koreanisch.

Mein Freund Adam hat das geschafft.

Adam stammt aus den USA, doch er hat sich so gut in die koreanische Gesellschaft integriert, dass man ihn durchaus für einen Koreaner halten könnte – wenn da nicht sein europäisches Aussehen wäre. Adam machte aus dieser Kombination das Beste, nämlich eine Fernsehsendung, in welcher er zusammen mit einem Kamerateam abgelegene Dörfer in Korea besuchte. Die Menschen dort hatten noch nie einen Europäer oder Amerikaner live gesehen, und der Witz der Sendung bestand in ihren Reaktionen, wenn ihnen Adam plötzlich gegenüberstand. (Die Sendung war so eine Art «Versteckte Kamera» mit dem immer gleichen Gag und einer Kamera, die nicht versteckt war.)

Am besten hat mir die Folge gefallen, in der Adam und sein Team einen kleinen Ort in den Bergen besucht haben. Sie gingen in einen Laden, in dem eine alte Frau hinter der Theke stand. Nach dem üblichen ersten Schrecken wegen des seltsam aussehenden Kunden fragte die Frau, womit sie Adam helfen könne. Dabei sprach sie besonders laut und langsam, so wie wir alle es aus unerfindlichen Gründen tun, wenn wir uns mit jemandem unterhalten, der unsere Sprache nicht versteht. (Weil ja jeder weiß, dass «laut und langsam» in solchen Fällen hilft! Oder etwa nicht?) Die Folge war bis hier nicht sonderlich spannend. Sie steigerte sich aber erheblich, als Adam in fließendem Koreanisch um ein Glas Wasser bat, mit dem er seinen Durst löschen könnte. Damit hatte die Frau offensichtlich nicht gerechnet. Mehrere Sekunden lang verharrte sie stocksteif auf ihrem Platz. Dann tippelte sie in Höchstgeschwindigkeit mit kleinen Schritten durch die Hintertür und rief nach ihrer Tochter: «Du, Tochter! Komm mal her! Mir ist etwas Merkwürdiges passiert! Ich kann auf einmal Englisch verstehen! Verrückt! Ich verstehe Englisch!»

Die Erwartung bestimmt mit, was wir denken. Und wenn es in der Vorstellung einer alten Frau keinen Amerikaner geben kann, der perfekt Koreanisch spricht, dann bleibt als Erklärung eben nur, dass sie wundersamerweise plötzlich Englisch versteht. So einfach ist das für unser Gehirn!

Aber gelten all diese Annahmen auch tatsächlich für die Gehirne alter koreanischer Frauen? Die Frage ist gar nicht so abwegig, wie sie im ersten Moment klingen mag. Denn fast alle Studien zur Verhaltensforschung, Psychologie und Neurowissenschaft wurden an sogenannten *WEIRD-people* durchgeführt. Das englische Wort *weird* bedeutet «seltsam» oder «eigenartig». Sicherlich nicht zufällig lässt es sich aus den Anfangsbuchstaben der Schlagwörter bilden, die nach den Wissenschaftlern der kanadischen Universität von British Columbia um Joseph Henrich den typischen Probanden von Laborexperimenten beschreiben: *Western, Educated, Industrialized, Rich* und *Democratic* – kurz *WEIRD*. (Die Adjektive beziehen sich teilweise auf die Person und teilweise auf das Land: westlich, gebildet, aus einer Industrienation stammend, reich und in einem demokratischen Land lebend.) Nicht genug damit, dass allein durch diese Vorauswahl nur Europäer, Australier und Nordamerikaner übrig bleiben. (Mit großem Vorsprung US-Amerikaner, denn in den USA arbeiten die meisten Wissenschaftler.) Hinzu kommt, dass Forscher die allermeisten Experimente bequemerweise mit ihren Studenten machen – Sie wissen das inzwischen. Spätestens damit dürfte das Grüppchen, das eigentlich die gesamte Menschheit repräsentieren soll, auf einen kleinen einstelligen Prozentsatz der Erdbevölkerung geschrumpft sein. Während Sie also als amerikanischer Student aufpassen müssen, nicht in mehr als drei verschiedene Studien zur gleichen Zeit gesteckt zu werden, dürfen Sie sich in der restlichen Welt einen Stiefel auf den Kopf setzen und nackt an den Schnellstraßen Spiegeleier verkaufen, ohne dass sich ein Wissenschaftler für Ihren Geisteszustand interessieren wird.

Henrich und sein Team stellten bei einem Vergleich zahlreicher Ergebnisse aus *WEIRD*-Studien mit den wenigen Untersuchungen, die mit Probanden anderer Ethnizitäten und Kulturen gemacht wurden, fest, dass sich *WEIRD-people* ziemlich von den meisten anderen Menschen unterscheiden. Sie sind nicht einmal typisch für die Gesamtbevölkerung der USA. Sogar in vielen Punkten, die sonst weltweit bei nahezu allen Testpersonen ähnlich sind, fallen *WEIRD-people* aus dem Raster. Im Grunde genommen stellen sie das ungeeignetste Modell für die gesamte Menschheit dar, das sich finden lässt. Ups!

Lassen Sie uns das an einem konkreten Beispiel genauer betrachten. Bild 26 zeigt die sogenannte *Müller-Lyer-Illusion*: Zwei gleich lange Linien wirken unterschiedlich lang, weil eine an ihren Enden nach außen weisende Haken trägt und die andere nach innen weisende Haken. Eine mögliche Erklärung wäre, dass wir die Linien als zweidimensionale Projektionen einer dreidimensionalen Wirklichkeit interpretieren, wie es bei dem Beispiel in Bild 28 deutlich wird. Unser Gehirn mischt folglich wieder das, was es tatsächlich sieht, mit dem, was es sich aufgrund seines Vorwissens dabei denkt.

So verläuft die Täuschung für uns als *WEIRD-people*. Wie aber sieht ein Angehöriger eines Volkes, in dessen Umgebung es

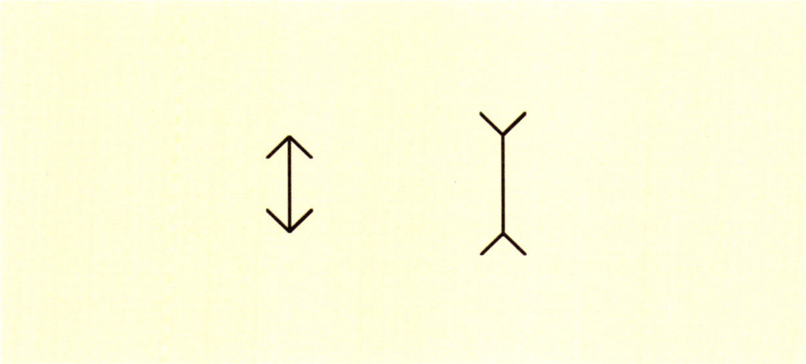

Bild 26. Sind die Linien wirklich unterschiedlich lang?

Bild 27. Perspektive hält dreidimensionale Konstruktionen in zwei Dimensionen fest.

wenige oder keine geraden Linien und eckige Gebäude gibt, die Striche?

Beim Vergleich von 14 unterschiedlichen Gemeinschaften aus aller Welt zeigte die Illusion bei den unvermeidlichen amerikanischen Studenten die stärkste Wirkung. Bei vielen anderen Gruppen war der Effekt weit schwächer, und bei den afrikanischen San oder Buschmännern trat er überhaupt nicht auf.

Ein ähnliches Ergebnis erhielt der japanischstämmige Psychologe Shinobu Kitayama von der Universität Michigan, der Japaner und US-Amerikaner einfache geometrische Figuren nachzeichnen ließ. Beispielsweise zeigte er den Probanden ein Viereck mit einem zusätzlichen Strich im Inneren (Bild 28). Anschließend gab er ihnen ein Blatt Papier, auf dem bereits ein Viereck in einer anderen Größe vorgegeben war, und bat sie, den zusätzlichen Strich möglichst exakt nachzutragen.

Obwohl sich die Aufgabenstellung eindeutig anhört, fassten die Teilnehmer aus den beiden Kulturen sie unterschiedlich auf. Die Amerikaner dachten in absoluten Werten und zogen einen Strich, dessen Länge sehr dicht an dem Original lag, im Vergleich zu dem kleineren Quadrat aber deutlich größer wirkte. Die Japaner achteten dagegen mehr auf die Harmonie und die Proportionen. Die Länge ihrer Striche richtete sich nach der Größe des jeweiligen Quadrats, sodass die Verhältnisse stets gleich blieben.

Wer hatte die Aufgabe besser gelöst? Eigentlich keiner – oder beide! Denn beide Lösungen sind korrekt, aber trotzdem grundverschieden. Der kulturelle Hintergrund bestimmt, worauf unser Gehirn Wert legt und welches Wissen es hinzuzieht. Wer keine geraden Linien kennt, fällt deshalb nicht auf perspektivische Tricks herein. Und wer alles eher im Zusammenhang sieht, lässt keinen Strich hervorstechen.

Die Unterschiede beschränken sich nicht nur auf einfache geometrische Figuren oder andere simple Wahrnehmungen. Auch

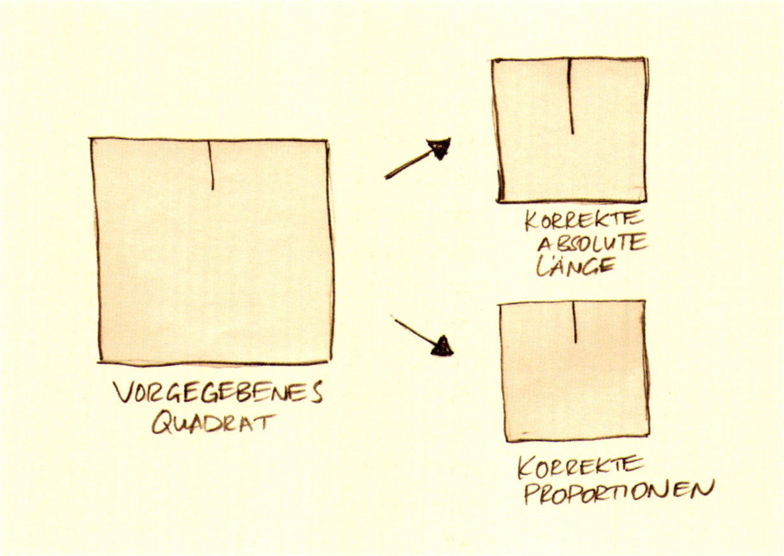

Bild 28. US-Amerikaner merken sich besser die absolute Länge der Linie, Japaner die Proportionen.

komplexe Prozesse wie nonverbale Kommunikation verlaufen in verschiedenen Kulturen unterschiedlich – wie meine traumatische U-Bahn-Episode gezeigt hat.

Forscher haben in diesem Zusammenhang herausgefunden, dass das Belohnungszentrum im Gehirn von US-Amerikanern stärker reagiert, wenn es Bilder von Personen in dominanter Körperhaltung sieht, wohingegen es bei Japanern aktiver wird, wenn die Dargestellten eine bescheidene Pose einnehmen. Wie sich der Unterschied auf das Verhalten auswirkt, lässt sich leicht an den Touristengruppen in Städten wie Heidelberg oder Tübingen beobachten: Einen einzelnen Amerikaner werden Sie dort kaum übersehen, während eine Gruppe Japaner beinahe unbemerkt an Ihnen vorüberhuschen kann.

Leonid, ein russischer Doktorand an meinem Institut, hat mir mal erzählt, dass es zwischen Menschen aus seinem Heimatland und US-Amerikanern vor allem im Gebrauch von Mimik große Unterschiede gibt. In Russland verzieht man nur wenig das Gesicht. Es sind die Feinheiten, in denen die Informationen stecken. Russische Augenbrauen erzählen viel, wenn der Mund geschlossen ist. Für solche Details haben Amerikaner jedoch kein trainiertes Auge, sodass ihnen Russen häufig gefühlskalt erscheinen. Sie selbst haben eine sehr rege Mimik. «Als würde man mit lauter Musik vollgedröhnt, während man selbst nur leise Töne gewöhnt ist», beschreibt Leonid seine ersten Erfahrungen mit amerikanischen Kollegen. Für ihn war der emotionale «Krach» derart irritierend, dass ihm häufiger die Bedeutung der Gesichtsausdrücke trotz ihrer Deutlichkeit entging.

Im dritten Kapitel hatte ich Ihnen kurz erzählt, dass Chinesen zu ihrem «Selbst» ihre Mutter hinzurechnen. Ying Zhu und Shihui Han von der Universität Peking verglichen die Vorgänge in den Hirnen von Chinesen und US-Amerikanern, wenn diese sich selbst, ihre Mutter oder fremde Personen beschreiben oder eine Beschreibung zuordnen sollten. Tatsächlich überlappten sich bei den chinesischen Teilnehmern die Bereiche stark, die im Gehirn sie selbst und ihre Mutter repräsentierten, wohingegen die Fremden deutlich entfernte Areale aktivierten. Die Amerikaner rechneten ihre eigene Mutter den aktivierten Gehirnregionen zufolge mehr den Fremden zu als sich selbst.

Das Konzept des «Selbst» wird damit trotz seiner Vielschichtigkeit und Komplexität bis auf die Ebene der Hirnzentren von der Kultur, in der wir verwurzelt sind, mitgeprägt. Die Aufforderung «Sag mir, woher du kommst, und ich sage dir, wer du bist!» können wir deshalb getrost erweitern um: «Sag mir, woher du kommst, und ich sage dir, wie du denkst!»

Des Menschen gemeinsamer Kern

Bei all diesen Fällen von kulturell bedingten Unterschieden sollten wir nicht vergessen, dass die Differenzen eher Oberflächlichkeiten betreffen. In unserem inneren Kern sind wir Menschen, das will ich noch einmal betonen, doch ziemlich gleich.

Kennen Sie beispielsweise die Ghettofaust, auch Fistbump genannt? Falls nicht, ist das nicht weiter schlimm. Unter deutschen Jugendlichen ist das leichte Aneinanderstoßen der Fäuste zur Begrüßung allerdings bisweilen beliebter als das traditionelle Händeschütteln. Nicht so bei Koreanern. Trotzdem reagieren die Gehirne von Koreanern und Deutschen weitgehend gleich auf die Aktion, wie Stephan de la Rosa, Heinrich Bülthoff und ich an unserem Institut festgestellt haben. Irgendwie ahnten wohl auch die Koreaner, dass es sich dabei um eine freundliche Geste handeln musste – entsprechend waren diejenigen Hirnzentren aktiv, die für Entspannung zuständig sind.

Viele Wissenschaftler sind der Ansicht, dass uns eine ganze Reihe von Handlungen und Reaktionen des Gehirns weltweit in gleicher Weise in die Wiege gelegt werden. Alle Kinder rund um den Globus entwickeln im Alter zwischen vier und neun Jahren eine *Theory of Mind*, wenn sie begreifen, dass andere Menschen eigene Wesen sind, die aber genauso denken und fühlen wie sie selbst.

Sogar der Sinn für einen attraktiven potenziellen Partner spricht in allen Kulturen auf einige gemeinsame Anzeichen an. Ein symmetrisches Gesicht, das keine herausragenden Besonderheiten aufweist, sondern eher dem Durchschnitt entspricht, hat sich in Tests als besonders schön für fast jeden herausgestellt. Evolutionsbiologen und -psychologen nehmen an, dass wir mit diesen Vorlieben unbewusst nach Partnern mit guten Genen suchen, die sich eben durch ein besonderes Maß an Symmetrie verraten. Männer aller Kontinente finden zudem bei Frauen ein Taille-zu-Hüfte-Verhältnis von 0,7 einfach umwerfend. Angeblich, weil das im Vergleich breite Becken die Geburt von Nachwuchs erleichtert.

Neben der reinen Fortpflanzung hat unser globales Gehirn aber auch die Moral nicht vergessen. Überall kennt und versteht es Konzepte wie Tod, Scham und Bestrafung von Verbrechen. Solche Normen sind wichtig, um eine funktionierende Gesellschaft zu etablieren.

Wir sind einander also sehr gleich und doch verschieden. Unser Gehirn passt sich allem an: den uralten Traditionen unserer jeweiligen Kultur wie auch den Veränderungen der Zeit. Daraus erwachsen neue Unterschiede und neue Kulturen wie beispielsweise die Jugendkulturen, mit denen sich jede Generation von ihren Eltern abzugrenzen versucht. Im Kern bleiben wir uns aber immer ähnlich.

Überall.

9. VON WILLENSFREIEN PLACEBOS UND ERWARTUNGSFREUDIGEN GEHIRNEN – Wie wir uns selbst und andere verändern können

Kein Mann ist eine Insel,
Eine Gesamtheit für sich.
Jeder ist ein Stück des Kontinents,
Ein Teil des Ganzen.
JOHN DONNE

Sie haben es natürlich längst mitbekommen: Ich war in der Schule kein Musterknabe. Mein Spitzname lautete *Free Man*, weil ich nicht übermäßig viel von Regeln hielt, sondern lieber das tat, wozu ich Lust hatte. Häufig schwänzte ich einzelne Stunden oder erschien ganze Tage nicht zum Unterricht. Dementsprechend oft wurde ich von den Lehrern bestraft, und damals waren in Korea noch körperliche Züchtigungen erlaubt. Doch das war mir egal – braver gemacht hat es mich jedenfalls nicht.

Dann stand das letzte Schuljahr an, und meine Klasse erfuhr, dass sie einen besonders strengen Lehrer erhalten sollte, der bekannt war für seine drakonischen Strafen. Meine Mitschüler erwarteten eine Art Showdown zwischen dem Lehrer und mir. Um ehrlich zu sein, erwartete ich das auch.

Aber es kam ganz anders.

Noch vor Beginn des Schuljahres rief mich der Lehrer zu sich in sein Büro.

«Ich weiß, dass Bestrafungen bei dir nichts bringen. Und ich weiß, dass du eigentlich ein guter, intelligenter Junge bist», sagte er mir. «Ich hoffe, du weißt, wie wichtig dieses letzte Schuljahr für euch alle ist und wie fleißig ihr lernen müsst, wenn ihr nächstes

Jahr auf die Universität wollt. Es wäre nicht gut, wenn jemand die produktive Stimmung in der Klasse verdirbt. Ich vertraue dir voll und ganz und erwarte von dir, dass du dein Bestes geben wirst. Für dich und die ganze Klasse. Bitte enttäusche mich nicht.»

Das war's. Er schenkte mir einfach sein Vertrauen. Mir. Dem Rebellen, der sich nichts aus Autorität machte.

Und er hielt sein Wort. Während meine Mitschüler bei Verstößen hart bestraft wurden, erinnerte er mich nur daran, dass ich sein Vertrauen hätte und damit umgehen sollte, wie ich es für richtig hielt.

Das war zu viel für den Rebellen in mir. Es krempelte mich und mein Leben völlig um. Nach kurzer Zeit brachte ich es nicht mehr fertig, dem Lehrer auf der Nase herumzutanzen. Ich konnte es nicht mehr aushalten, ungeschoren davonzukommen, wenn meine Mitschüler für die gleichen Handlungen bestraft wurden. Und ich sah nur den einen Ausweg: meinem Lehrer keinen Grund zu geben, enttäuscht zu sein oder jemand anderen für ein Verhalten wie meines zu züchtigen.

Es war das Gefühl, ernst genommen und wertgeschätzt zu werden, das dieser Lehrer in mir geweckt hat. Dieses Gefühl hat meine Sicht von mir selbst verändert. Und damit mein Selbst an sich.

«So bin ich nun einmal!», sagen wir gerne. Manchmal sagen wir es stolz, manchmal eher trotzig. Aber immer gehen wir davon aus, dass es ab einem gewissen Alter ein unverrückbares Ich gibt, das nach festen Regeln agiert. Das in bestimmten Situationen auf eine vorhersagbare Art und Weise handelt, weil es genau so und nicht anders handeln muss. Das nicht nur jetzt, sondern für alle Zukunft so sein wird, wie es schon immer war. Ein starres Ich. Ein unveränderliches Ich. Ein illusorisches Ich!

Das Ich, was Sie jetzt ausmacht, gibt es nur in diesem Moment. Wenn Sie dieses Buch zu Ende gelesen haben, wenn Sie sich heute

Abend schlafen legen, wenn Sie morgen früh aufstehen, sind Sie jedes Mal ein anderer Mensch. Warum das so ist, haben wir bereits mehrfach angesprochen: Unser Gehirn bezieht bei seinen Entscheidungen Erfahrungen mit ein, die es früher gemacht hat. Und wir sammeln zu jedem wachen Zeitpunkt und sogar während unserer Träume neue Erfahrungen, die uns ständig neu formen.

Als Neurowissenschaftler stellt mich diese Flexibilität des Gehirns mitunter vor große Probleme bei der Planung und Durchführung von Experimenten. Stellen Sie sich einen einfachen Versuch vor, bei dem Sie das Aktivitätsmuster im Gehirn einer Testperson messen wollen, während Sie ihr einen immer lauter werdenden Ton vorspielen. Die Frage ist: Was passiert im Gehirn, wenn der Ton zu laut wird? Die ersten Durchläufe ergeben wunderschöne Daten mit einem deutlichen Muster. Doch plötzlich ist alles anders. Wo eben noch Aktivität war, herrscht vom einen Durchgang zum anderen totale Ruhe. Dafür reagieren Zentren, die sich zuvor nicht gerührt haben. Wie kann das sein? Hektisch suchen Sie nach dem Fehler. Eine falsche Einstellung? Ein lockeres Kabel? Kosmische Strahlung? Sie prüfen alles doppelt und dreifach und finden – nichts! Bis sich irgendwann Ihr Proband meldet: «Ich weiß jetzt, was Sie messen wollen!»

Das ist es! Darum haben sich die Signale verändert! (Ja, das ist genau der Moment, in dem man sich mit der flachen Hand an die Stirn schlägt.) Das Gehirn Ihres Probanden hat eine neue Information gewonnen und sie in seine weiteren Aktivitäten einbezogen. Dadurch hat sich das gesamte Muster der neuronalen Prozesse verändert. Gerne sogar mehrmals, weil das Hirn die Neuigkeit auf verschiedene Weisen interpretiert hat. Es hat sich angepasst. Und das alles nur, weil der Versuchsteilnehmer herausbekommen hat, worauf es in den Tests ankommt.

Unser Ich ist also keineswegs wie eine Statue aus hartem Stein gemeißelt. Eher verhält es sich wie eine Plastik aus Knetmasse.

Das ist eine gute Nachricht! Denn erstens ist Knetmasse bunt. Und zweitens können wir sie verformen und damit unser Ich Schritt für Schritt so gestalten, wie es uns am besten gefällt.

Lassen Sie uns ein paar Mechanismen ansehen, die uns zu anderen Menschen machen können.

Freiheit bringt Verantwortung

Das mit dem freien Willen ist so eine Sache. Wer oder was bestimmt, wie wir uns in einer Situation verhalten? Der Entdecker der DNA-Struktur und Nobelpreisträger Francis Crick meinte, die Antwort zu kennen. In seinem 1994 erschienenen Buch *The Astonishing Hypothesis* schrieb er: «Ihr ‹Ich›, Ihre Freuden und Ihre Sorgen, Ihre Erinnerungen und Ihre Ziele, Ihr Gefühl, eine persönliche Identität und einen freien Willen zu haben, sind in Wahrheit nicht mehr als die Aktivitäten einer gewaltigen Ansammlung von Nervenzellen und der damit assoziierten Moleküle.»

Sollte das tatsächlich alles sein? Bestimmen wirklich unsere Neuronen, was wir tun, denken und fühlen? Sind wir nicht mehr als Marionetten, die nur der verrückten Vorstellung erliegen, es gäbe keine Fäden? Falls Sie von mir eine endgültige Antwort auf diese Frage erwarten, muss ich Sie leider enttäuschen: Ich kenne sie nicht! Der Streit ist uralt. Er wird geführt zwischen Philosophen, Psychologen, Juristen, Physikern, Biologen und Theologen, zwischen Deterministen und Indeterministen, Kompatibilisten und Inkompatibilisten. Zwischen lauter hochgebildeten und gelehrten Köpfen, die alle ihre wohlüberlegten klugen Argumente vorbringen.

Aber das ist alles egal!

Für uns, unser Gehirn und unser Verhalten kommt es nämlich nicht darauf an, ob wir einen freien Willen *haben*. Entscheidend ist allein, ob wir an ihn *glauben*!

Die Psychologen Jonathan Schooler von der Universität von British Columbia in Kanada und Kathleen Vohs von der Universität Minnesota teilten ihre Versuchspersonen in zwei Gruppen. Einer gaben sie einen Text zu lesen, der entschieden eine deterministische Weltsicht verfocht, wonach alle Geschehnisse, Handlungen und Entscheidungen seit Ewigkeiten durch physikalische Gesetze festgelegt und der freie Wille nichts weiter als eine Illusion wären. Die andere Gruppe erhielt einen neutralen Text zu einem anderen Thema.

Die so vorbereiteten Probanden traten anschließend zu einem computergestützten Mathetest an. Dummerweise, so erzählten die Forscher den Teilnehmern, hatte das Programm einen kleinen Fehler, wodurch es gleichzeitig mit der Aufgabe auch immer die Lösung anzeigte. Um das zu vermeiden, musste man beim Umschalten zur nächsten Aufgabe die Leerzeichen-Taste gedrückt halten. Wie zu erwarten war, verpuffte der Appell an die Ehrlichkeit bei einigen Versuchspersonen. Vor allem diejenigen, die davon überzeugt waren, alles stehe sowieso schon fest, nutzten die Entschuldigung vor ihrem eigenen Gewissen zum kräftigen Schummeln. Denn natürlich hatten die Forscher den «Fehler» absichtlich eingebaut, um das Verhalten der Probanden auf die Probe zu stellen.

Und sie legten nach. In einer zweiten Runde gaben sie den Teilnehmern ein Bündel schwieriger Aufgaben, wie sie beispielsweise in Intelligenztests verwendet werden. Jeder sollte die Rätsel für sich allein lösen und sich für jede richtige Antwort einen Dollar gutschreiben. Das Geld durften sie nach Beendigung des Tests selbst aus einem Kuvert entnehmen. Erneut konnten die Anhänger des Determinismus der Versuchung nicht widerstehen und gönnten sich im Zuge der physikalischen Vorhersehung mehr Geld, als ihnen eigentlich zustand.

Heißt das, wenn wir nicht mehr an einen freien Willen glauben, geht ebenso unser Sinn für Ehrlichkeit und Moral verloren?

Vermutlich ja. Auch andere Wissenschaftler kamen mit verschiedenen Methoden und Versuchen zu dem Ergebnis, dass Menschen, die annehmen, nicht mehr selbst ihre Entscheidungen und Handlungen zu bestimmen, sich auch nicht mehr für sie verantwortlich fühlen. Sie verhalten sich egoistischer und aggressiver, sie sind weniger hilfsbereit und reflektieren nicht mehr über ihre Taten. Ja, sie sind sogar schlechter darin, ihre Muskeln anzusteuern.

Der Experimentalpsychologe Davide Rigoni von der Universität Marseille ließ in seinen Versuchen die Probanden einfache Bewegungen ausführen, während er ihre Hirnströme per EEG überwachte. Tippte jemand beispielsweise auf ein Symbol auf einem Bildschirm, zeigten die Messkurven, einige Millisekunden bevor der Proband sich seiner Absicht bewusst war, bereits ein sogenanntes *Bereitschaftspotenzial* an. (Sozusagen das interne Kommando: «Achtung! Gleich geht es los!») Erst danach gaben die Nervenzellen den Muskeln den Befehl, sich zusammenzuziehen. In einer Versuchsreihe aus dem Jahr 2011 mit 30 Männern und Frauen im Alter zwischen 18 und 24 Jahren fiel das *Bereitschaftspotenzial* aber viel schwächer aus, wenn die Teilnehmer zuvor durch einen Text den Glauben an ihren eigenen freien Willen verloren hatten.

Die Überzeugung, selbstbestimmt zu handeln oder aber das Dasein bloß passiv zu erleben, greift demnach tief in unser Gehirn ein. Nicht nur unser Charakter wird davon beeinflusst, sondern auch Prozesse bei motorischen Handlungen, die uns noch nicht einmal bewusst sind.

Unser Gehirn reagiert eben nicht auf die Welt, wie sie ist, sondern wie es sich die Welt vorstellt.

Das kann auch heilsam sein. Sicherlich haben Sie schon vom *Placebo-Effekt* gehört. Der Name ist das lateinische Wort für «Ich werde gefallen» und ließe sich im Zusammenhang mit dem Effekt vielleicht besser übersetzen mit: «Ich lasse geschehen, was du erwartest.»

Mit dem *Placebo-Effekt* können Sie Krankheiten heilen, obwohl Sie objektiv betrachtet nicht in den Krankheitsverlauf eingreifen. Sie verabreichen dem Patienten also keine medizinischen Wirkstoffe oder operieren ihn. Stattdessen geben Sie ihm einfache Zuckerkügelchen oder ritzen die Haut oberflächlich an. Es reicht aus, dass der Patient von der Wirkung der Maßnahme überzeugt ist – und schon versetzt sein Glaube Berge! Beispielsweise setzt der Körper eigene schmerzstillende Opioide frei. Es geht dem Patienten tatsächlich messbar besser, obwohl er eigentlich nicht behandelt wurde.

Ted Kaptchuk von der Harvard-Universität in den USA ist einer der Wissenschaftler, die ihre Forschung dem *Placebo-Effekt* verschrieben haben. Er hat festgestellt, dass nicht allein das Schlucken der Zuckerpillen die Selbstheilungskräfte des Körpers aktiviert – es ist der gesamte Vorgang der Behandlung. Angefangen von der Ausstattung und Einrichtung der Praxis über die Atmosphäre im Gespräch mit dem Arzt und dessen Empathie bis hin zu offenkundig wirkungslosen Gesten wie dem Auflegen der Hände: Je intensiver umsorgt sich ein Patient fühlt, desto erfolgreicher lindert der *Placebo-Effekt* seine Beschwerden.

Die Mechanismen, die dabei angestoßen werden, entsprechen durchaus den gleichen Abläufen, über die auch nachweislich wirksame Medikamente in den Körper eingreifen. Neben den Opioiden werden Neurotransmitter ausgeschüttet, die spezifische Nervenzellen aktivieren oder hemmen. Der Glaube an eine Veränderung des Krankheitssymptoms trägt tatsächlich dazu bei, dass sich das Symptom lindert. Die Erwartung ruft also den Effekt hervor. Menschen, die sich einen größeren Heilerfolg erhoffen, sprechen besser auf Placebos an als andere.

Neueren Untersuchungen zufolge bestimmen auch gewisse Gene, wie empfänglich der Körper für die Behandlung ohne Wirkstoff ist. Sie könnten beispielsweise die Synthese, die Freisetzung oder die Aufnahme der Neurotransmitter beeinflussen.

Die Patienten dürfen sogar wissen, dass sie ein Placebo-Präparat zu sich nehmen. Normalerweise gleichen die Pillen in Form und Farbe den echten Medikamenten, damit weder der Arzt noch der Patient merkt, dass es sich um eine Nullnummer handelt. Kaptchuk wies in mehreren Studien seine Probanden aber explizit darauf hin, dass er ihnen ein Placebo geben würde, dass solche Placebos aber in vielen Fällen geholfen haben. Mit Erfolg! Sowohl Patienten mit Reizdarmsyndrom als auch mit Migräne fühlten sich durch die Placebo-Behandlung viel besser.

Auch der Name eines Präparats spielt eine Rolle. In einer Versuchsreihe mit Migränepatienten waren bei einer Teilgruppe die Zuckerpillen mit dem Namen des echten Präparats versehen, während die Tabletten mit Wirkstoff den Aufdruck «Placebo» trugen. Beide erzielten den gleichen Erfolg. Der Name alleine war über den Placebo-Effekt genauso effektiv wie das echte Medikament. Und beide ließen sich kombinieren. Waren die wirkstoffhaltigen Tabletten korrekt mit dem Präparatnamen gekennzeichnet, stieg der Erfolg um weitere 50 Prozent an. Doppelt hält eben besser.

Dass Placebos keinen Wirkstoff enthalten, bedeutet aber nicht, dass es keine Nebenwirkungen geben würde. Im Gegenteil! Viele Patienten berichten im Verlauf der Behandlung von neuen Symptomen, was als Nocebo-Effekt bezeichnet wird. Er tritt aber nur auf, wenn der Arzt den Patienten vorher erzählt hat, welche Beschwerden durch den echten Wirkstoff hervorgerufen werden könnten. Beispielsweise litten manche Migränepatienten in Placebo-Studien plötzlich unter Gedächtnisschwierigkeiten. Bis zu einem Viertel der Kontrollgruppen, die kein wirkliches Präparat erhalten, brechen in klinischen Tests die Einnahme wegen solcher objektiv grundlosen, aber subjektiv durchaus vorhandenen Nebenwirkungen ab.

Placebos können jedoch nicht alles heilen! In der Regel verschwinden weder ein Tumor durch Handauflegen noch die Hustenattacken bei Asthma wegen ein paar Zuckerpillen. Die Stärken des Effekts liegen vielmehr darin, das subjektive Empfinden zu verbessern. Die Schmerzen lassen nach, die Müdigkeit wird weniger, und das Unwohlsein hört auf.

Unser Gehirn nimmt also auch bei den Signalen aus dem eigenen Körper das wahr, was es erwartet. Es schafft sich – innerhalb bestimmter Grenzen – seinen eigenen Gesundheitszustand.

Auf der virtuellen Couch

Im vierten Kapitel hatte ich Ihnen von den virtuellen Welten erzählt, die wir in unserem Institut erschaffen. Wir sind nicht die einzigen Wissenschaftler, die ihre Probanden ins Reich der Phantasie versetzen. Ein besonders spannendes Experiment hat im Jahr 2015 ein Team um Mel Slater von der Universität Barcelona veröffentlicht.

Darf ich vorstellen? Sigmund Freud! Der ist natürlich nicht wiederauferstanden, sondern nur ein Avatar in einer künstlichen Computerwelt. Oder eigentlich waren es die Teilnehmer selbst. Genau genommen sogar beides. Das klingt jetzt ein wenig kompliziert, ich geb's zu.

Fangen wir mit den echten Menschen an. An dem Versuch teilgenommen haben Personen, die leichte psychische Probleme hatten und deswegen therapeutische Hilfe in Anspruch nehmen wollten. Warum nicht sich selbst therapieren?, schlug Slater den Patienten vor. Als zusätzlichen Anreiz bot sie ihnen die Möglichkeit, in eine virtuelle Realität einzutauchen. Dazu erstellten ihre Kollegen am *Event Lab* der Universität einen Avatar, der so aussah wie der jeweilige Proband. Diese virtuelle Figur verhielt sich außerdem genau wie ihr menschliches Vorbild, das mit Bewegungssensoren die Steuerung übernahm. Über einen Helm fand sich der Patient in einem Raum mit einer weiteren Person wieder: Sigmund Freud (Bild 29).

Abgesehen davon, dass die beiden Figuren aus technischen Gründen stehen mussten, statt sich auf eine Couch legen zu können, lief die Sitzung ab wie eine gewöhnliche Therapiestunde. Der Patient erzählte seinem berühmten Therapeuten, was ihn bedrückte. Dann folgte der entscheidende Schritt: Auf ein Zeichen des Teilnehmers hin versetzten die Wissenschaftler diesen aus der Figur des Patienten in den Avatar des Therapeuten und spielten die Aufzeichnung der bisherigen Sitzung ab. Als Sigmund Freud hörte und sah der Proband sich an, was und wie er berichtet hatte. Von außen nahm er den Klang seiner eigenen Stimme wahr und verfolgte die unbewussten Signale der Körpersprache. Für sein Gehirn war er tatsächlich Freud, zumal der Computer auch die Stimme tiefer klingen ließ, wenn der Therapeut etwas sagte. Und so gab die Versuchsperson als Freud der Figur des Patienten einen Ratschlag oder stellte ein paar Fragen. Daraufhin wechselte er wieder die Rolle und ging nun als Patient auf die Reaktion des Therapeuten ein. Dieser Rollentausch lief so lange weiter, bis der Teilnehmer selbst die Sitzung für beendet erklärte.

Die Therapie war ein voller Erfolg: Alle Probanden gaben an, sich besser zu fühlen als vor der Prozedur. Ein Teil des verbesserten Wohlbefindens geht vermutlich auf die Außenperspektive zurück, die sie mit Hilfe der virtuellen Realität einnehmen konnten. Aber auch die Person des Analytikers trug dazu bei. In einer

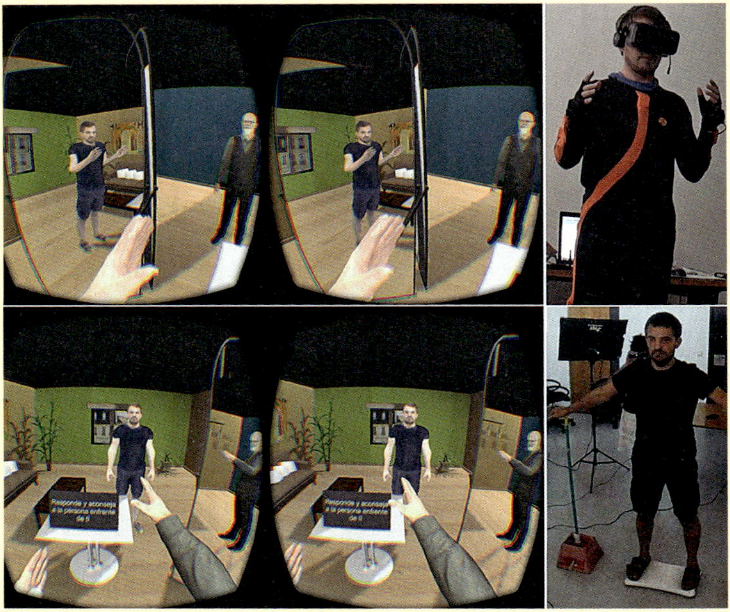

Bild 29. Patient oder Therapeut? In der virtuellen Realität ist beides möglich.

zweiten Versuchsreihe, bei der der Avatar des Probanden neben der Patientenrolle auch die des Therapeuten übernommen hatte, war der helfende Effekt nicht ganz so groß wie nach einer Sitzung mit Freud. Der Nimbus des berühmten Meisters wirkte wohl als psychotherapeutischer Placebo-Effekt.

Allerdings musste die Simulation sehr genau sein. Wenn die Figur Freuds nicht völlig synchron zu den Bewegungen der Versuchsperson handelte, verpuffte die Illusion augenblicklich, und der Proband fiel aus der Rolle heraus. Lief jedoch alles fast wie in der richtigen Welt, ging das Gehirn bereitwillig auf die Täuschung ein – und ließ seine Einstellung ganz real verändern.

Dass unser Gehirn bei der Selbsteinschätzung ein wenig zum Schummeln neigt, haben Betty Mohler vom MPI für biologische Kybernetik und Michael Black vom MPI für Intelligente Systeme herausgefunden. Mit einem weltweit einmaligen 4D-Ganzkörper-Scanner, der mit 22 Stereokameras und 22 Farbkameras 60 Aufnahmen pro Sekunde schießt (genießen Sie bitte die Zahlenwerte!), erstellten sie von ihren Testpersonen exakte Avatare, die sie anschließend mit dem Computer nach Belieben manipulieren konnten. So machten sie die virtuellen Figuren mal dicker und mal dünner, bis die Probanden vergessen hatten, wie ihr Avatar anfangs ausgesehen hatte. Anschließend sollten die Teilnehmer angeben, wie ihr eigener Körper nach dem momentanen Körpergefühl nun aussehen müsste.

Das Ergebnis war meist eine Mischung aus der tatsächlichen Figur und einem Wunschbild. Frauen sahen sich beispielsweise eher etwas dünner, als sie wirklich waren, auf keinen Fall aber dicker. Vor allem bei magersüchtigen Frauen folgte das Bild vom eigenen Körper in der virtuellen Welt gerne der Wunschvorstellung.

Hier gelangt unser Gehirn an die Grenzen seiner Möglichkeiten. Das Selbstwertgefühl, die innere Einstellung und sogar das Schmerzempfinden kann es in erstaunlicher Weise beeinflussen – für die gute Figur müssen sich aber leider weiterhin die Muskeln anstrengen.

Das Wir ist mehr als ein Ich

Am 13. November 2015 sprengten sich in Beirut zwei Selbstmordattentäter in die Luft. Der erste tötete 45 Menschen, der zweite zwei – sich selbst und einen Familienvater, der sich auf ihn geworfen und die Wucht der Detonation mit seinem Körper aufgefangen hatte, damit nicht noch mehr Menschen sterben mussten.

Was macht manche von uns zu Helden?

Wenn Sie mich fragen, ist es ein Glaube. Nicht im religiösen Sinne. Eher im humanistischen Sinne. Der Familienvater hatte sich geopfert, weil er der festen Überzeugung war, das Richtige zu tun, wenn er sein eigenes Leben für das seiner Tochter und vieler anderer Menschen gab. Er handelte damit gegen alle Regeln seiner biologischen Programmierung. Danach hätte er versuchen müssen, sich selbst zu retten. Sein eigenes Leben zu bewahren.

Aber das hätte nicht den Werten entsprochen, die sich in seiner Gemeinschaft über Generationen entwickelt hatten und von den Eltern an die Kinder weitergegeben worden waren. Es hätte nicht seiner Kultur entsprochen. Und seiner Persönlichkeit, in der alles zusammenkam. Sein Gehirn hatte eine Leistung vollbracht, zu der vielleicht nur das Gehirn des Menschen fähig ist: Es hat das Wir über das Ich gestellt.

Glaube in diesem Sinne überwindet die Grenzen des eigenen Ichs.

Seit die Evolution den Menschen zum besten Freund und besten Feind des Menschen gemacht hat, streben wir nach einem sozialen Miteinander. Auf dieses Ziel steuert die Entwicklung unseres Gehirns das ganze Leben lang zu. Von den ersten verwirrenden Eindrücken von Farben und Klängen über die vielen unterschiedlichen Gesichter um uns herum bis zu den vertrauten und fremden Kulturen.

Fast immer, wenn wir denken, überlegen wir, was andere Menschen meinen, tun oder sagen könnten. Auf fast alle Themen, über die wir uns informieren, stoßen wir durch andere Menschen, von denen häufig auch der Großteil unseres Wissens stammt. Fast immer, wenn wir glücklich sind, sind wir mit anderen Menschen zusammen. Wie wir es auch drehen und wenden – wir landen immer bei den Menschen!

Seit 1939 verfolgt die Grant-Studie das Leben von anfangs

268 Absolventen der Harvard-Universität. Es waren alles Weiße, alles Männer und alles US-Amerikaner. Wenigstens alle zwei Jahre wurden sie nach allem Möglichen befragt: ihrer Gesundheit, ihrem Beruf, den Lebensgewohnheiten, dem Familienleben ... Und so wird es weitergehen bis an das Lebensende des letzten Teilnehmers. Immer auf der Spur der großen Frage: Was ist das Geheimnis eines langen glücklichen Lebens?

Im Jahr 2012 veröffentlichte der Leiter der Studie, George Vaillant, das dritte Zwischenergebnis. Und es kristallisiert sich immer mehr dieselbe Antwort heraus.

Es liegt nicht am Geld (sofern Sie nicht um Ihre Existenz bangen müssen). Nicht an der Intelligenz. Nicht an Politik oder Religion.

Es sind die anderen Menschen.

Wer in der Kindheit fürsorglich von der Mutter umsorgt wurde, hatte im Schnitt ein um 87 000 Dollar höheres Einkommen im Jahr und war besser vor Altersdemenz geschützt. Wer als Kind ein gutes Verhältnis zu seinem Vater genoss, fühlte sich als Erwachsener weniger ängstlich und hatte mehr Spaß an seinen Urlauben.

Das passt zu den Resultaten anderer Studien, die ebenfalls ein festes soziales Netz als zentralen Faktor für ein gutes Leben sehen. Oder mit den Worten von George Vaillant: «Glück – das ist Liebe. Punkt.»

Das, was unser Gehirn am glücklichsten macht, sind andere Menschen und die Interaktion mit ihnen. Unser Gehirn ist nämlich vor allem eines: sozial.

NACHWORT

Wir alle suchen nach Antworten, die uns das Leben erklären. Es liegt wohl in der Natur des Menschen, nach Antworten zu suchen. Oder besser gesagt: Das Gehirn des Menschen hat sich in der Evolution dahin gehend entwickelt, dass es unentwegt nach neuen Antworten sucht. Es sucht nach Erklärungen für das Geschehen in der Welt. Gefällt Ihnen diese Antwort besser?

Falls das so ist, dann haben Sie gerade eine Studie von Deena Weisberg von der Yale-Universität bestätigt, wonach uns Erklärungen viel glaubwürdiger erscheinen, wenn in ihnen die Ausdrücke «das Gehirn» oder «Neurowissenschaftler» vorkommen. Selbst wenig sinnvolle Aussagen wie «Menschen glauben an Flüche, weil andere Menschen daran glauben» erhalten eine Aura der absoluten Wahrheit, wenn wir sie auf diese Weise ausschmücken: «Gehirnforscher haben herausgefunden, dass Menschen an Flüche glauben, weil andere Menschen daran glauben.»

Ich hoffe, dieses Buch und die darin enthaltenen Beschreibungen über die Vorgänge in unseren Gehirnen haben auch Ihrem Gehirn gefallen. Nichtsdestotrotz möchte ich am Ende noch etwas Wichtiges anmerken: Kann der Blick in unser Gehirn wirklich alles erklären? Nein!

Unser Gehirn allein ist ziemlich hilflos. Unser Ich besteht nicht nur aus dem Gehirn. Ohne Augen, die uns sehen lassen, Ohren, die uns hören lassen, Hände und Füße, die uns beweglich machen, wäre unser Gehirn zu herzlich wenig in der Lage. Die Umwelt sinnlich zu erfahren ist eine wesentliche Grundlage, damit sich das Gehirn einen Erfahrungsschatz aufbauen kann, an dem es neue Eindrücke misst und einordnet.

Vor allem aber braucht unser Gehirn andere Menschen. Erst durch Interaktion mit anderen Menschen entsteht unser ganz persönliches Ich. Denn von anderen Menschen lernen wir, mit anderen Menschen fühlen wir, und für andere Menschen sind wir da.

Dieses Buch wäre auch nicht möglich gewesen ohne die Hilfe vieler anderer Personen, bei denen ich mich am Ende ganz herzlich bedanken möchte:

Meine Lektoren Christof Blome und Julia Vorrath vom Rowohlt Verlag haben mir das notwendige Vertrauen und den Glauben an das Buch gegeben und mich vom Anfang bis zum Ende unterstützt, sodass ich das Buch fertig schreiben konnte. Mein Agent Daniel Mursa hat mich bei meinem ersten Buchprojekt den ganzen Weg begleitet. Ohne ihn wäre vieles nicht möglich gewesen. Boris Nikolai Konrad hat mir Daniel vorgestellt. Der Autor und freiberufliche Lektor Olaf Fritsche hat mir beim Verfassen und bei der Organisation des Textes unentbehrliche Hilfe geleistet. Ich habe viel von ihm gelernt. Dennis Fink und Tina Koch von mediomix haben mir kurzfristig viel bei den Illustrationen geholfen.

Vielen Personen in der Science-Slam-Szene (auch wenn ich nicht alle Namen nennen kann) möchte ich ebenfalls herzlich danken, denn ohne deren Unterstützung bei meinen Science-Slam-Auftritten hätte ich niemals die Chance bekommen, ein Buch zu schreiben. Herzlichen Dank aber vor allem an Julia Offe, Philipp Schrögel, LUUPS, den Mit-Organisatoren der Max-Planck-Nachwuchswissenschaftler-Konferenz «Visions in Science», FameLab Germany, Haus der Wissenschaft und Wissenschaft im Dialog.

Meinem Doktorvater Heinrich H. Bülthoff, meinem Supervisor Stephan de la Rosa und meinen vielen Kollegen am Max-Planck-Institut für biologische Kybernetik möchte ich ebenfalls ganz herzlichen Dank aussprechen. Ich habe hier in den letzten Jahren so viel Neues und Spannendes lernen und erfahren dürfen, dass die gemeinsame Zeit immer eine große Inspiration für mich war. Zu den Quellen meiner wissenschaftlichen Inspirationen gehörten auch die tollen Eindrücke und Gedanken, die ich beim Interdisciplinary College in Günne und bei der Aegina Summer School in Griechenland sammeln durfte. Für den langjährigen Austausch vieler Gedanken und Ideen möchte ich Stephan Streuber, Omar Nasim, Adham Elshahabi, Frank Neher und Felix Weth innig danken.

Mein größter Dank gilt aber ohne Frage meiner Familie, die mich während des Schreibens an dem Buch und an der Doktorarbeit mit unglaublicher Geduld und Hingabe unterstützt hat. Meinem Sohn Theo, der viele gemeinsame Stunden mit mir entbehren musste, aber vor allem meiner geliebten Frau Eugene verdanke ich das meiste. Mit viel Liebe.

REFERENZEN

Kapitel 1

Gegenfurtner, K.R., Sharpe, L.T., & Boycott, B.B. (2000). *Color Vision: From Genes to Perception.* Cambridge University Press.

Gegenfurtner, K.R., Bloj, M., & Toscani, M. (2015). The many colours of «the dress». *Current Biology, 25,* R543–R544.

Schlaffke, L., Golisch, A., Haag, L.M., Lenz, M., Heba, S., Lissek, S., ... Tegenthoff, M. (2015). The brain's dress code: How The Dress allows to decode the neuronal pathway of an optical illusion. *Cortex, 73,* 271–275.

Arnold, K.E. (2002). Fluorescent Signaling in Parrots. *Science, 295,* 92.

Hausmann, F., Arnold, K.E., Marshall, N.J., & Owens, I.P.F. (2003). Ultraviolet signals in birds are special. *Proceedings. Biological Sciences / The Royal Society, 270,* 61–67.

Chabris, C., & Simons, D. (2010). The Invisible Gorilla: And Other Ways Our Intuitions Deceive Us. *Trends in Cognitive Sciences, 14,* 434.

Madrigal, A.C. (2014). A Sound You Can't Unhear (and What It Says About Your Brain). *The Atlantic.* http://www.theatlantic.com/technology/archive/2014/06/sounds-you-cant-unhear/373036.

McWhinnie, H.J. (1992). Contributions to the history of psychology: XCI. Gestalt psychology and art education: Adelbert Ames and Hoyt Sherman. *Perceptual and Motor Skills.*

Bateson, G., Luhmann, N., Communication, E., Mathur, P., & Mathur, P. (2008). Gregory Bateson, Niklas Luhmann, and ecological communication. *The Communication Review, 11,* 151–175.

Bale, L.S. (1995). Gregory Bateson, Cybernetics, and the social / Behavioral sciences. *Cybernetics & Human Knowing, 3,* 27–45.

Foxman, D., & Bateson, G. (1973). *Steps to an Ecology of Mind. The Western Political Quarterly* (Vol. 26). doi:10.2307/446833.

Thompson, E. (2004). Life and mind: From autopoiesis to neurophenomenology. A tribute to Francisco Varela 1. *Phenomenology and the Cognitive Sciences, 3,* 381–398.

Beck, C., Kardatzki, B., & Ethofer, T. (2014). Mondegreens and Soramimi as a method to induce misperceptions of speech content – Influence of familiarity, wittiness, and language competence. *PLoS ONE*, *9*. doi:10.1371/journal.pone.0084667.

Beck, C., Krueger, O., Schwarz, L., Erb, M., Kardatzki, B., Scheffler, K., & Ethofer, T. (2016). Neurobiology of knowledge and misperception of lyrics. *NeuroImage*, *134*, 12–21.

Ashmore, J. (2008). Cochlear outer hair cell motility. *Physiological Reviews*, *88*, 173–210.

Dallos, P. (2008). Cochlear amplification, outer hair cells and prestin. *Current Opinion in Neurobiology.*

Fettiplace, R., & Hackney, C. M. (2006). The sensory and motor roles of auditory hair cells. *Nature Reviews. Neuroscience*, *7*, 19–29.

Raphael, Y., & Altschuler, R. A. (2003). Structure and innervation of the cochlea. *Brain Research Bulletin.*

Kuhl, P. K. (2004). Early language acquisition: cracking the speech code. *Nature Reviews. Neuroscience*, *5*, 831–43.

Aoyama, K., Flege, J. E., Guion, S. G., Akahane-Yamada, R., & Yamada, T. (2004). Perceived phonetic dissimilarity and L2 speech learning: The case of Japanese / r / and English / l / and / r /. *Journal of Phonetics*, *32*, 233–250.

McClelland, J. L., Fiez, J. A., & McCandliss, B. D. (2002). Teaching the / r / - / l / discrimination to Japanese adults: Behavioral and neural aspects. *Physiology and Behavior*, *77*, 657–662.

Gatys, L. A., Ecker, A. S., Bethge, M. (2015). A Neural Algorithm of Artistic Style. *arXiv:1508.06576v2.*

von Senden, M., & Heath, P. (1962). Space and Sight: The Perception of Space and Shape in the Congenitally Blind before and after Operation. *Social Forces*, *41*, 91–93.

Gregory, R. L. (1997). Knowledge in perception and illusion. *Philosophical Transactions of the Royal Society of London. Series B, Biological Sciences*, *352*, 1121–1127.

Epstein, R., Roberts, G., & Beber, G. (2009). *Parsing the Turing Test: Philosophical and methodological issues in the quest for the thinking computer.* doi:10.1007/978-1-4020-6710-5.

Moor, J.H. (1976). An analysis of the turing test. *Philosophical Studies, 30*, 249–257.
French, R.M. (2000). The Turing Test: The first 50 years. *Trends in Cognitive Sciences.*
Saygin, A.P., Cicekli, I., & Akman, V. (2001). Turing Test: 50 Years Later. *Minds and Machines, 10*, 463–518.
Warwick, K., & Shah, H. (2015). Can machines think? A report on Turing test experiments at the Royal Society. *Journal of Experimental & Theoretical Artificial Intelligence*, 1–19.
Pfeiffer, U.J., Timmermans, B., Bente, G., Vogeley, K., & Schilbach, L. (2011). A non-verbal turing test: Differentiating mind from machine in gaze-based social interaction. *PLoS ONE, 6*. doi:10.1371/journal.pone.0027591.
Pfeiffer, U.J., Schilbach, L., Jording, M., Timmermans, B., Bente, G., & Vogeley, K. (2012). Eyes on the mind: Investigating the influence of gaze dynamics on the perception of others in real-time social interaction. *Frontiers in Psychology, 3*. doi:10.3389/fpsyg.2012.00537.
Pfeiffer, U.J., Schilbach, L., Timmermans, B., Kuzmanovic, B., Georgescu, A.L., Bente, G., & Vogeley, K. (2014). Why we interact: On the functional role of the striatum in the subjective experience of social interaction. *NeuroImage, 101*, 124–137.
Pfeiffer, U.J., Timmermans, B., Vogeley, K., Frith, C.D., & Schilbach, L. (2013). Towards a neuroscience of social interaction. *Frontiers in Human Neuroscience, 7*, 22–23.
Wilms, M., Schilbach, L., Pfeiffer, U., Bente, G., Fink, G.R., & Vogeley, K. (2010). It's in your eyes-using gaze-contingent stimuli to create truly interactive paradigms for social cognitive and affective neuroscience. *Social Cognitive and Affective Neuroscience, 5*, 98–107.
Adolphs, R. (1999). Social cognition and the human brain. *Trends in Cognitive Sciences.*
Dunbar, R.I.M. (1998). The Social Brain Hypothesis. *Evolutionary Anthropology*, 178–190.
Frith, C.D. (2007). The social brain? *Philosophical Transactions of the Royal Society of London. Series B, Biological Sciences, 362*, 671–678.

Roth, G., & Dicke, U. (2005). Evolution of the brain and intelligence. *Trends in Cognitive Sciences.*

Dunbar, R. I. M. (2009). The social brain hypothesis and its implications for social evolution. *Annals of Human Biology, 36*, 562–72.

Insel, T. R., & Fernald, R. D. (2004). How the brain processes social information: searching for the social brain. *Annual Review of Neuroscience, 27*, 697–722.

Darwin, C. (1871). The descent of man and selection in relation to sex, in Charles Darwin, The origin of species and The descent of man (combined volume). *Journal of Anatomy and Physiology, 5*, 363–372.

Kleinfeld, J. (2010). David C. Geary: Male, Female: The Evolution of Sex Differences. *Gender Issues.*

Geary, D. C. (1998). What Is the Function of Mind and Brain? *Educational Psychology Review, 10*, 377–387.

Bailey, D. H., & Geary, D. C. (2009). Hominid brain evolution: Testing climatic, ecological, and social competition models. *Human Nature, 20*, 67–79.

Adolphs, R. (2009). The social brain: neural basis of social knowledge. *Annual Review of Psychology, 60*, 693–716.

Dávid-Barrett, T., & Dunbar, R. I. M. (2013). Processing power limits social group size: computational evidence for the cognitive costs of sociality. *Proceedings. Biological Sciences/The Royal Society, 280*, 20131151.

Dunbar, R. I. M. (1992). Neocortex size as a constraint on group size in primates. *Journal of Human Evolution, 22*, 469–493.

Dunbar, R. I. M. (2003). The Social Brain: Mind, Language, and Society in Evolutionary Perspective. *Annual Review of Anthropology, 32*, 163–181.

MacLean, E. L., Sandel, A. A., Bray, J., Oldenkamp, R. E., Reddy, R. B., & Hare, B. A. (2013). Group Size Predicts Social but Not Nonsocial Cognition in Lemurs. *PLoS ONE, 8*. doi:10.1371/journal.pone.0066359.

Sallet, J., Mars, R. B., Noonan, M. P., Andersson, J. L., O'Reilly, J. X., Jbabdi, S., ... Rushworth, M. F. S. (2011). Social network size affects neural circuits in macaques. *Science (New York, N. Y.), 334*, 697–700.

van Schaik, C.P., Isler, K., & Burkart, J.M. (2012). Explaining brain size variation: From social to cultural brain. *Trends in Cognitive Sciences.*
Bennett, D. (2013). The Dunbar Number, From the Guru of Social Networks. *BusinessWeek: Technology.* Retrieved from http://www.businessweek.com/articles/2013-01-10/the-dunbar-number-from-the-guru-of-social-networks.
Dunbar, R. (2010). The magic number. *RSA Journal, 156*, 16-19.
Gonçalves, B., Perra, N., & Vespignani, A. (2011). Modeling Users', Activity on Twitter Networks: Validation of Dunbar's Number. *PLoS ONE, 6*, e22656.
Summerfield, C., & Egner, T. (2009). Expectation (and attention) in visual cognition. *Trends in Cognitive Sciences.*

Kapitel 2

Kato, M., & Mugitani, R. (2015). Pareidolia in infants. *PLoS ONE, 10.* doi:10.1371/journal.pone.0118539
Liu, J., Li, J., Feng, L., Li, L., Tian, J., & Lee, K. (2014). Seeing Jesus in toast: Neural and behavioral correlates of face pareidolia. *Cortex, 53*, 60-77.
Takahashi, K., & Watanabe, K. (2013). Gaze cueing by pareidolia faces. *I-Perception, 4*, 490-492.
Elfenbein, H.A., & Ambady, N. (2003). Universals and Cultural Differences in Recognizing Emotions. *Current Directions in Psychological Science, 12*, 159-164.
Park, J., Barash, V., Fink, C., & Cha, M. (2013). Emoticon Style: Interpreting Differences in Emoticons Across Cultures. *Proceedings of the 7th International AAAI Conference on Weblogs and Social Media (ICWSM)*, 466-475.
Cohen, K., & Johnson, M.H. (2007). Developing a cortex specialized for face perception. *Trends in Cognitive Sciences.*
Farah, M.J., Wilson, K.D., Drain, M., & Tanaka, J.N. (1998). What is «special» about face perception? *Psychological Review, 105*, 482-498.
Haxby, J.V., Hoffman, E.A., & Gobbini, M.I. (2000). The distributed human neural system for face perception. *Trends in Cognitive Sciences.*

Kanwisher, N. G. (2000). Domain specificity in face perception. *Nature Neuroscience, 3*, 759–763.

Tsao, D. Y., & Livingstone, M. S. (2008). Mechanisms of face perception. *Annual Review of Neuroscience, 31*, 411–437.

Dotsch, R., & Todorov, A. (2012). Reverse Correlating Social Face Perception. *Social Psychological and Personality Science, 3*, 562–571.

Little, A. C., Jones, B. C., & DeBruine, L. M. (2011). The many faces of research on face perception. *Philosophical Transactions of the Royal Society of London. Series B, Biological Sciences, 366*, 1634–1637.

Adolphs, R. (2002). Recognizing Emotion From Facial Expressions: Psychological and Neurological Mechanisms. *Current Opinion in Neurobiology, 12*, 169–177.

Ekman, P. (1993). Facial expression and emotion. *American Psychologist, 48*, 384–392.

Ekman, P., Friesen, W. V, O'Sullivan, M., Chan, a, Diacoyanni-Tarlatzis, I., Heider, K., ... Tomita, M. (1987). Universals and cultural differences in the judgments of facial expressions of emotion. *Journal of Personality and Social Psychology, 53*, 712–7.

Ekman, P., & Friesen, W. V. (1986). A new pan-cultural facial expression of emotion. *Motivation and Emotion, 10*, 159–168.

Ekman, P., & Oster, H. (1979). Facial expressions of emotion. *Annual Review of Psychology.*

Russell, J. A. (1994). Is there universal recognition of emotion from facial expression? A review of the cross-cultural studies. *Psychological Bulletin, 115*, 102–41.

Kelly, D. J., Quinn, P. C., Slater, A. M., Lee, K., Ge, L., & Pascalis, O. (2007). The other-race effect develops during infancy: Evidence of perceptual narrowing. *Psychological Science, 18*, 1084–1089.

Sangrigoli, S., & de Schonen, S. (2004). Recognition of own-race and other-race faces by three-month-old infants. *Journal of Child Psychology and Psychiatry and Allied Disciplines, 45*, 1219–1227.

Walker, P. M., & Tanaka, J. W. (2003). An encoding advantage for own-race versus other-race faces. *Perception, 32*, 1117–1125.

Calder, A. J., Keane, J., Cole, J., Campbell, R., & Young, A. W. (2000). Facial expression recognition by people with Moebius syndrome. *Cognitive Neuropsychology, 17*, 73–87.

Emery, N.J. (2010). Cognition, Evolution, and Behavior. *Animal Behaviour, 80,* 769–770.

Schwartz, B., Tesser, A., & Powell, E. (1982). Dominance Cues in Nonverbal Behavior. *Social Psychology Quarterly, 45,* 114.

Weisfeld, G.E., & Beresford, J.M. (1982). Erectness of posture as an indicator of dominance or success in humans. *Motivation and Emotion, 6,* 113–131.

Bente, G., Leuschner, H., Issa, A. Al, & Blascovich, J.J. (2010). The others: Universals and cultural specificities in the perception of status and dominance from nonverbal behavior. *Consciousness and Cognition, 19,* 762–777.

Jacob, H., Kreifelts, B., Brück, C., Nizielski, S., Schütz, A., & Wildgruber, D. (2013). Nonverbal signals speak up: association between perceptual nonverbal dominance and emotional intelligence. *Cognition & Emotion, 27,* 783–99.

Carney, D.R., Cuddy, A.J.C., & Yap, A.J. (2010). Power posing: brief nonverbal displays affect neuroendocrine levels and risk tolerance. *Psychological Science, 21,* 1363–8.

Ambady, N., Bernieri, F.J., & Richeson, J.A. (2000). Toward a histology of social behavior: Judgmental accuracy from thin slices of the behavioral stream. *Advances in Experimental Social Psychology.*

Ambady, N., & Rosenthal, R. (1992). Thin slices of expressive behavior as predictors of interpersonal consequences: A meta-analysis. *Psychological Bulletin, 111,* 256–274.

Ambady, N., & Rosenthal, R. (1993). Half a minute: Predicting teacher evaluations from thin slices of nonverbal behavior and physical attractiveness. *Journal of Personality and Social Psychology, 64,* 431–441.

Borkenau, P., Mauer, N., Riemann, R., Spinath, F.M., & Angleitner, A. (2004). Thin slices of behavior as cues of personality and intelligence. *Journal of Personality and Social Psychology, 86,* 599–614.

Curhan, J.R., & Pentland, A. (2007). Thin slices of negotiation: Predicting outcomes from conversational dynamics within the first 5 minutes. *The Journal of Applied Psychology, 92,* 802–811.

Murphy, N. A., Hall, J. A., Schmid Mast, M., Ruben, M. A., Frauendorfer, D., Blanch-Hartigan, D., ... Nguyen, L. (2015). Reliability and validity of nonverbal thin slices in social interactions. *Personality & Social Psychology Bulletin, 41*, 199–213.

Murphy, N. A. (2005). Using thin slices for behavioral coding. *Journal of Nonverbal Behavior.*

Richeson, J. A., & Shelton, J. N. (2005). Brief report: Thin slices of racial bias. *Journal of Nonverbal Behavior, 29*, 75–86.

Bar, M., Neta, M., & Linz, H. (2006). Very first impressions. *Emotion (Washington, D. C.), 6*, 269–278.

Carney, D. R., Colvin, C. R., & Hall, J. A. (2007). A thin slice perspective on the accuracy of first impressions. *Journal of Research in Personality, 41*, 1054–1072.

Schiller, D., Freeman, J. B., Mitchell, J. P., Uleman, J. S., & Phelps, E. A. (2009). A neural mechanism of first impressions. *Nature Neuroscience, 12*, 508–514.

Willis, J., & Todorov, A. (2006). First impressions: Making up your mind after a 100-ms exposure to a face. *Psychological Science, 17*, 592–598.

Zebrowitz, L. A., & Montepare, J. M. (2015). Faces and First Impressions. *The APA Handbook of Personality and Social Psychology: Attitudes and Social Cognition, 1*, 251–276.

Cogsdill, E. J., Todorov, a. T., Spelke, E. S., & Banaji, M. R. (2014). Inferring Character From Faces: A Developmental Study. *Psychological Science, 25*, 1132–1139.

Oosterhof, N. N., & Todorov, A. (2008). The functional basis of face evaluation. *Proceedings of the National Academy of Sciences of the United States of America, 105*, 11087–92.

Spezio, M. L., Rangel, A., Alvarez, R. M., O'Doherty, J. P., Mattes, K., Todorov, A., ... Adolphs, R. (2008). A neural basis for the effect of candidate appearance on election outcomes. *Social Cognitive and Affective Neuroscience, 3*, 344–52.

Todorov, A. (2008). Evaluating faces on trustworthiness: an extension of systems for recognition of emotions signaling approach / avoidance behaviors. *Annals of the New York Academy of Sciences, 1124*, 208–24.

Todorov, A., Mandisodza, A. N., Goren, A., & Hall, C. C. (2005). Inferences of competence from faces predict election outcomes. *Science (New York, N. Y.), 308*, 1623–6.

Finkel, E. J., & Eastwick, P. W. (2008). Speed-dating. *Current Directions in Psychological Science.*

Valentine, K. a, Li, N. P., Penke, L., & Perrett, D. I. (2014). Judging a man by the width of his face: the role of facial ratios and dominance in mate choice at speed-dating events. *Psychological Science, 25*, 806–11.

Chung, H., Lee, H., Chang, D. S., Kim, H. S., Lee, H., Park, H. J., & Chae, Y. (2012). Doctor's attire influences perceived empathy in the patient-doctor relationship. *Patient Education and Counseling, 89*, 387–391.

Lightstone, K., Francis, R., & Kocum, L. (2011). University Faculty Style of Dress and Students' Perception of Instructor Credibility. *International Journal of Business and Social Science, 2*, 15–22.

Peluchette, J. V., Karl, K., & Rust, K. (2006). Dressing to impress: Beliefs and attitudes regarding workplace attire. *Journal of Business and Psychology, 21*, 45–63.

Rehman, S. U., Nietert, P. J., Cope, D. W., & Kilpatrick, A. O. (2005). What to wear today? Effect of doctor's attire on the trust and confidence of patients. *American Journal of Medicine, 118*, 1279–1286.

Apicella, C. L., Feinberg, D. R., & Marlowe, F. W. (2007). Voice pitch predicts reproductive success in male hunter-gatherers. *Biology Letters, 3*, 682–684.

Bartholomew, W. T. (1934). A Physical Definition of «Good Voice-Quality» in the Male Voice. *The Journal of the Acoustical Society of America, 5*, 224.

Heylen, L., Wuyts, F. L., Mertens, F., De Bodt, M., & Van de Heyning, P. H. (2002). Normative voice range profiles of male and female professional voice users. *Journal of Voice, 16*, 1–7.

Puts, D. A. (2005). Mating context and menstrual phase affect women's preferences for male voice pitch. *Evolution and Human Behavior, 26*, 388–397.

Puts, D. A., Gaulin, S. J. C., & Verdolini, K. (2006). Dominance and the evolution of sexual dimorphism in human voice pitch. *Evolution and Human Behavior, 27*, 283–296.

Chartrand, T.L., & van Baaren, R. (2009). Chapter 5 Human Mimicry. *Advances in Experimental Social Psychology.*

van Baaren, R.B., Holland, R.W., Kawakami, K., & van Knippenberg, A. (2004). Mimicry and prosocial behavior. *Psychological Science, 15*, 71–74.

Bourgeois, P., & Hess, U. (2008). The impact of social context on mimicry. *Biological Psychology, 77*, 343–352.

Hess, U., & Fischer, A. (2013). Emotional Mimicry as Social Regulation. *Personality and Social Psychology Review, 17*, 142–157.

Ashton-James, C., van Baaren, R.B., Chartrand, T.L., Decety, J., & Karremans, J. (2007). Mimicry and Me: the Impact of Mimicry on Self-Construal. *Social Cognition, 25*, 518–535.

Efron, D. (1972). *Gesture, race and culture. Approaches to Semiotics.*

Kendon, A. (1997). Gesture. *Annual Review of Anthropology, 26*, 109–128.

McNeill, D. (2000). *Language and Gesture. Language, Culture & Cognition.* doi:10.1353/lan.2003.0195.

Bergmann, K., & Kopp, S. (2008). Multimodal content representation for speech and gesture production. In *Symposium at the AISB Annual Convention: Multimodal Output Generation* (pp. 61–68).

Kopp, S., & Wachsmuth, I. (2002). Model-based animation of co-verbal gesture. *Proceedings of Computer Animation 2002 (CA 2002).* doi:10.1109/CA.2002.1017547.

Wagner, P., Malisz, Z., & Kopp, S. (2014). Gesture and speech in interaction: An overview. *Speech Communication, 57*, 209–232.

Samochowiec, J., Wanke, M., & Fiedler, K. (2010). Political ideology at face value. *Social Psychological and Personality Science, 1*, 206–213.

Albright, L., Kenny, D. a, & Malloy, T.E. (1988). Consensus in Personality Judgments at Zero Acquaintance. *Journal of Personality and Social Psychology, 55*, 387–395.

Desteno, D., Breazeal, C., Frank, R.R.H., Pizarro, D., Baumann, J., Dickens, L., & Lee, J.J. (2012). Detecting the Trustworthiness of Novel Partners in Economic Exchange. *Psychological Science, 23*, 1549–56.

Chang, D.-S., Bülthoff, H.H., & de la Rosa, S. (2014). Actions revealing cooperation: predicting cooperativeness in social dilemmas from the observation of everyday actions. In *Cognitive Processing* (Vol. 15, pp. S33–S34).

Axelrod, R., Hamilton, W.D., Series, N., & Mar, N. (2008). The Evolution of Cooperation The Evolution of Cooperation. *Evolution, 211*, 1390–1396.

Chang, D.S., Burger, F., Bülthoff, H.H., & de la Rosa, S. (2015). The perception of cooperativeness without any visual or auditory communication. *I-Perception, 6*, 1–6.

Lee, Y.-K. (2013). Babyfacedness, Sex of Face Stimulus, and Social Context in Face Perception and Person Evaluation. *Psychological Reports, 112*, 800–817.

Sparko, A.L., & Zebrowitz, L.A. (2011). Moderating Effects of Facial Expression and Movement on the Babyface Stereotype. *Journal of Nonverbal Behavior, 35*, 243–257.

Zebrowitz, L.A., Luevano, V.X., Bronstad, P.M., & Aharon, I. (2009). Neural activation to babyfaced men matches activation to babies. *Social Neuroscience, 4*, 1–10.

Zebrowitz, L.A., & Montepare, J.M. (1992). Impressions of babyfaced individuals across the life span. *Developmental Psychology, 28*, 1143–1152.

Zebrowitz-McArthur, L., & Montepare, J.M. (1989). Contributions of a babyface and a childlink voice to impressions of Moving and Talking Faces. *Journal of Nonverbal Behavior, 13*, 189–203.

Lieberman, D. (2013). Social: Why our brains are wired to connect. *Social: Why Our Brains Are Wired to Connect.*

Haslam, S.A., & Reicher, S.D. (2012). Contesting the «Nature» Of Conformity: what Milgram and Zimbardo's studies really show. *PLoS Biology, 10*, e1001426.

Berns, G.S., Chappelow, J., Zink, C.F., Pagnoni, G., Martin-Skurski, M.E., & Richards, J. (2005). Neurobiological correlates of social conformity and independence during mental rotation. *Biological Psychiatry, 58*, 245–253.

Bond, R. (2005). Group size and conformity. *Group Processes & Intergroup Relations, 8*, 331–354.

Cialdini, R. B., & Goldstein, N. J. (2004). Social influence: compliance and conformity. *Annual Review of Psychology, 55*, 591–621.

Cialdini, R., & Trost, M. (1998). Social influence: Social norms, conformity and compliance. *The Handbook of Social Psychology, Vol. 2.*

Moscovici, S. (1985). Social Influence and Conformity. In *The Handbook of Social Psychology* (pp. 347–412).

Moscovici, S., & Faucheux, C. (1972). Social Influence, Conformity Bias, and the Study of Active Minorities. *Advances in Experimental Social Psychology, 6*, 149–202.

Bond, R., & Smith, P. B. (1996). Culture and conformity: A meta-analysis of studies using Asch's Line judgment task. *Psychological Bulletin, 119*, 111–137.

Larsen, K. S. (1974). Conformity in the Asch Experiment. *The Journal of Social Psychology Psychol. Monog, 94*, 303–304.

Asch, S. E. (1951). The Effects of Group Pressure Upon the Modification and Distortion of Judgments. *Group Leadership and Men: Research in Human Relations*, 177–190.

Asch, S. E. (1955a). Opinions and Social Pressure. *Scientific American, 193*, 31–35.

Asch, S. E. (1955b). Studies of Independence and Conformity: I. A minority of One Against a Unanimous Majority. *Psychological Monographs: General and Applied, 70*, 1–70.

Marsh, A. A., Elfenbein, H. A., & Ambady, N. (2003). Nonverbal «accents»: Cultural Differences in Facial Expressions of Emotion. *Psychological Science, 14*, 373–376.

Matsumoto, D. (1990). Cultural similarities and differences in display rules. *Motivation and Emotion, 14*, 195–214.

Matsumoto, D., Olide, A., Schug, J., Willingham, B., & Callan, M. (2009). Cross-cultural judgments of spontaneous facial expressions of emotion. *Journal of Nonverbal Behavior, 33*, 213–238.

Kapitel 3

Wellman, H. M. (1992). *The child's theory of mind. The MIT Press series in learning, development, and conceptual change.* doi:10.2307/3977400

Scholl, B., & Leslie, A. (1999). Modularity, development and «theory of mind». *Mind & Language, 15*, 435–455.

Baron-Cohen, S., Leslie, A. M., & Frith, U. (1985). Does the autistic child have a «theory of mind»? *Cognition, 21*, 37–46.

Friederici, A. D. (2006). The Neural Basis of Language Development and Its Impairment. *Neuron.*

Friedrich, M., & Friederici, A. D. (2010). Maturing brain mechanisms and developing behavioral language skills. *Brain and Language, 114*, 66–71.

Decety, J., & Sommerville, J. A. (2003). Shared representations between self and other: A social cognitive neuroscience view. *Trends in Cognitive Sciences.*

Friederici, A. D. (2006). What's in control of language? *Nature Neuroscience, 9*, 991–992.

Tagini, A., & Raffone, A. (2010). The «I» and the «Me» in self-referential awareness: A neurocognitive hypothesis. *Cognitive Processing.*

Damon, W., & Hart, D. (1982). The Development of Self-Understanding from Infancy through Adolescence. *Child Development, 53*, 841–864.

Sebastian, C., Burnett, S., & Blakemore, S. J. (2008). Development of the self-concept during adolescence. *Trends in Cognitive Sciences.*

Wimmer, H., Hogrefe, G.-J., & Perner, J. (1988). Children's Understanding of Informational Access as Source of Knowledge. *Child Development, 59*, 386–396.

Blakemore, S. J., Wolpert, D., & Frith, C. (2000). Why can't you tickle yourself? *Neuroreport, 11*, R11–6.

Blakemore, S. J., Wolpert, D. M., & Frith, C. D. (1998). Central cancellation of self-produced tickle sensation. *Nature Neuroscience, 1*, 635–40.

Barr, C. C., Schultheis, L. W., & Robinson, D. A. (1976). Voluntary, non-visual control of the human vestibulo-ocular reflex. *Acta Otolaryngol, 81*, 365–75.

Dieterich, M., & Brandt, T. (1995). Vestibulo-ocular reflex. *Current Opinion in Neurology, 8*, 83–88.

Fetter, M. (2007). Vestibulo-ocular reflex. *Developments in Ophthalmology, 40*, 35–51.

Ito, M. (1998). Cerebellar learning in the vestibulo-ocular reflex. *Trends in Cognitive Sciences.*

Raphan, T., & Cohen, B. (2002). The vestibulo-ocular reflex in three dimensions. *Experimental Brain Research.*

Raymond, J. L., & Lisberger, S. G. (1998). Neural learning rules for the vestibulo-ocular reflex. *The Journal of Neuroscience: The Official Journal of the Society for Neuroscience, 18*, 9112–9129.

Holst, E., & Mittelstaedt, H. (1950). *Das Reafferenzprinzip. Die Naturwissenschaften* (Vol. 37). doi:10.1007/BF00622503.

Holst, E., & Mittelstaedt, H. (1971). The principle of reafference: Interactions between the central nervous system and the peripheral organs. *PC Dodwell (Ed. and Trans.), Perceptual Processing: Stimulus Equivalence and Pattern Recognition*, 41–72.

Bell, C. C. (1981). An efference copy which is modified by reafferent input. *Science (New York, N. Y.), 214*, 450–453.

Casile, A., Caggiano, V., & Ferrari, P. F. (2011). The Mirror Neuron System: A Fresh View. *The Neuroscientist, 17*, 524–538.

Cattaneo, L., & Rizzolatti, G. (2009). The mirror neuron system. *Archives of Neurology, 66*, 557–60.

Hickok, G. (2009). Eight Problems for the Mirror Neuron Theory of Action Understanding in Monkeys and Humans. *Journal of Cognitive Neuroscience, 21*, 1229–1243.

Iacoboni, M., & Dapretto, M. (2006). The mirror neuron system and the consequences of its dysfunction. *Nature Reviews. Neuroscience, 7*, 942–951.

Iacoboni, M., & Mazziotta, J. C. (2007). Mirror neuron system: Basic findings and clinical applications. *Annals of Neurology.*

Keysers, C., & Fadiga, L. (2008). The mirror neuron system: new frontiers. *Social Neuroscience, 3*, 193–198.

Kilner, J. M., Friston, K. J., & Frith, C. D. (2007). Predictive coding: An account of the mirror neuron system. *Cognitive Processing.*

Kokal, I., Gazzola, V., & Keysers, C. (2009). Acting together in and beyond the mirror neuron system. *NeuroImage, 47*, 2046–2056.

Rizzolatti, G., & Craighero, L. (2004). The mirror-neuron system. *Annual Review of Neuroscience, 27*, 169–192.

Decety, J., & Sommerville, J.A. (2003). Shared representations between self and other: A social cognitive neuroscience view. *Trends in Cognitive Sciences.*

Jeannerod, M. (2004). Visual and action cues contribute to the self-other distinction. *Nature Neuroscience, 7*, 422–423.

Novembre, G., Ticini, L.F., Schütz-Bosbach, S., & Keller, P.E. (2012). Distinguishing self and other in joint action. Evidence from a musical paradigm. *Cerebral Cortex, 22*, 2894–2903.

Schütz-Bosbach, S., Mancini, B., Aglioti, S.M., & Haggard, P. (2006). Self and Other in the Human Motor System. *Current Biology, 16*, 1830–1834.

Weiss, C., Herwig, A., & Schütz-Bosbach, S. (2011). The self in social interactions: Sensory attenuation of auditory action effects is stronger in interactions with others. *PLoS ONE, 6*. doi:10.1371/journal.pone.0022723.

Gallese, V. (1999). Agency and the self model. *Consciousness and Cognition, 8*, 387–389.

Gallese, V. (2005). «‹Being Like Me›»: Self–Other Identity, Mirror Neurons, and Empathy. *Perspectives on Imitation: Mechanisms of Imitation and Imitation in Animals, 1*, 101.

Gallese, V., & Sinigaglia, C. (2010). The bodily self as power for action. *Neuropsychologia, 48*, 746–755.

Gallese, V., & Sinigaglia, C. (2011). Shapes the Self. *Journal of Consciousness Studies, 18*, 117–143.

Rizzolatti, G., Fogassi, L., & Gallese, V. (2001). From self-modeling to the self model: agency and the presentation of the self. *Neuro-Psychoanalysis, 4*, 35–50.

Heyes, C. (2010). Where do mirror neurons come from? *Neuroscience and Biobehavioral Reviews.*

Gallese, V., & Goldman, A. (1998). Mirror neurons and the mind-reading. *Trens in Cognitive Sciences, 2*, 493–501.

Calvo-Merino, B. (2010). Neural mechanisms for seeing dance. *The Neurocognition of Dance: Mind, Movement and Motor Skills.*

Christensen, J.F., & Calvo-Merino, B. (2013). Dance as a subject for empirical aesthetics. *Psychology of Aesthetics, Creativity, and the Arts, 7*, 76–88.

Casile, A., & Giese, M. A. (2006). Nonvisual motor training influences biological motion perception. *Current Biology, 16*, 69–74.

Stefanucci, J. K., Proffitt, D. R., Banton, T., & Epstein, W. (2005). Distances appear different on hills. *Perception & Psychophysics, 67*, 1052–60.

Bhalla, M., & Proffitt, D. R. (1999). Visual-motor recalibration in geographical slant perception. *Journal of Experimental Psychology. Human Perception and Performance, 25*, 1076–1096.

Proffitt, D. R. (1999). Inferential versus Ecological Approaches to Perception. In *The Nature of Cognition* (pp. 447–473).

Proffitt, D. R. (2006a). Distance perception. *Current Directions in Psychological Science.*

Proffitt, D. R. (2006b). Embodied Perception and the Economy of Action. *Perspectives on Psychological Science, 1*, 110–122.

Proffitt, D. R. (2009). Affordances matter in geographical slant perception. *Psychonomic Bulletin & Review, 16*, 970–972.

Witt, J. K., Proffitt, D. R., & Epstein, W. (2004). Perceiving distance: A role of effort and intent. *Perception, 33*, 577–590.

Witt, J. K., Proffitt, D. R., & Epstein, W. (2010). When and how are spatial perceptions scaled? *Journal of Experimental Psychology. Human Perception and Performance, 36*, 1153–1160.

Blake, R., & Shiffrar, M. (2007). Perception of human motion. *Annual Review of Psychology, 58*, 47–73.

Johnson, K. L., & Shiffrar, M. (2013). *People Watching: Social, Perceptual, and Neurophysiological Studies of Body Perception. People Watching: Social, Perceptual, and Neurophysiological Studies of Body Perception.* doi:10.1093/acprof:oso/9780195393705.001.0001.

Loula, F., Prasad, S., Harber, K., & Shiffrar, M. (2005). Recognizing people from their movement. *Journal of Experimental Psychology. Human Perception and Performance, 31*, 210–220.

Prasad, S., & Shiffrar, M. (2009). Viewpoint and the recognition of people from their movements. *Journal of Experimental Psychology. Human Perception and Performance, 35*, 39–49.

Strack, F., Martin, L. L., & Stepper, S. (1988). Inhibiting and facilitating conditions of the human smile: A nonobtrusive test of the facial feedback hypothesis. *Journal of Personality and Social Psychology, 54*, 768–777.

Kellerman, J., Lewis, J., & Laird, J. D. (1989). Looking and loving: The effects of mutual gaze on feelings of romantic love. *Journal of Research in Personality, 23*, 145–161.

Laird, J. D. (1989). Mood affects memory because feelings are cognitions. *Journal of Social Behavior & Personality, 4*, 33–38.

Laird, J. D. (2010). *Feelings: The perception of self. Feelings: The Perception of Self.* doi:10.1093/acprof:oso/9780195098891.001.0001.

Laird, J. D., & Lacasse, K. (2013). Bodily Influences on Emotional Feelings: Accumulating Evidence and Extensions of William James's Theory of Emotion. *Emotion Review, 6*, 27–34.

Davis, J. I., Senghas, A., Brandt, F., & Ochsner, K. N. (2010). The effects of BOTOX injections on emotional experience. *Emotion (Washington, D. C.), 10*, 433–440.

Hennenlotter, A., Dresel, C., Castrop, F., Ceballos Baumann, A. O., Wohlschläger, A. M., & Haslinger, B. (2009). The link between facial feedback and neural activity within central circuitries of emotion – New insights from botulinum toxin-induced denervation of frown muscles. *Cerebral Cortex, 19*, 537–542.

Neal, D. T., & Chartrand, T. L. (2011). Embodied Emotion Perception: Amplifying and Dampening Facial Feedback Modulates Emotion Perception Accuracy. *Social Psychological and Personality Science.*

Carney, D. R., Cuddy, A. J. C., & Yap, A. J. (2010). Power posing: brief nonverbal displays affect neuroendocrine levels and risk tolerance. *Psychological Science, 21*, 1363–8.

Cuddy, A. J. C., Wilmuth, C. A., Yap, A. J., & Carney, D. R. (2015). Preparatory power posing affects nonverbal presence and job interview performance. *Journal of Applied Psychology, 100*, 1286–1295.

Cuddy, A. J. C., Wilmuth, C. A., & Carney, D. R. (2012). *The Benefit of Power Posing Before a High-Stakes Social Evaluation. Harvard Business School Working Paper* (Vol. 13).

Tsakiris, M., & Haggard, P. (2005). The rubber hand illusion revisited:

visuotactile integration and self-attribution. *J Exp Psychol Hum Percept Perform, 31*, 80–91.

Botvinick, M., & Cohen, J. (1998). Rubber hands «feel» touch that eyes see. *Nature, 391*, 756.

Kammers, M.P., de Vignemont, F., Verhagen, L., & Dijkerman, H.C. (2009). The rubber hand illusion in action. *Neuropsychologia, 47*, 204–211.

Ehrsson, H.H., Holmes, N.P., & Passingham, R.E. (2005). Touching a rubber hand: feeling of body ownership is associated with activity in multisensory brain areas. *The Journal of Neuroscience: The Official Journal of the Society for Neuroscience, 25*, 10564–73.

Ehrsson, H.H., Wiech, K., Weiskopf, N., Dolan, R.J., & Passingham, R.E. (2007). Threatening a rubber hand that you feel is yours elicits a cortical anxiety response. *Proceedings of the National Academy of Sciences of the United States of America, 104*, 9828–33.

Guterstam, A., Petkova, V.I., & Ehrsson, H.H. (2011). The illusion of owning a third arm. *PLoS ONE, 6*. doi:10.1371/journal.pone.0017208.

Petkova, V.I., & Ehrsson, H.H. (2008). If I were you: Perceptual illusion of body swapping. *PLoS ONE, 3*. doi:10.1371/journal.pone.0003832.

Bufalari, I., Porciello, G., Sperduti, M., & Minio-Paluello, I. (2014). Self-identification with another person's face: the time relevant role of multimodal brain areas in the enfacement illusion. *Journal of Neurophysiology*, 22–25.

Bufalari, I., Sforza, A.L., & Aglioti, S.M. (2010). My face in yours: Behavioural and Electrophysiological correlates of «enfacement». In *11th International Multisensory Research Forum* (p. 36).

Tajadura-Jiménez, A., Longo, M.R., Coleman, R., & Tsakiris, M. (2012). The person in the mirror: Using the enfacement illusion to investigate the experiential structure of self-identification. *Consciousness and Cognition, 21*, 1725–1738.

Maister, L., Slater, M., Sanchez-Vives, M.V., & Tsakiris, M. (2015). Changing bodies changes minds: Owning another body affects social cognition. *Trends in Cognitive Sciences.*

Aspell, J.E., & Blanke, O. (2009). Understanding the Out-of-Body Experience From a Neuroscientific Perspective. *Psychological Scientific Perspectives on Out of Body and Near Death Experiences*, 73–88.

Ehrsson, H. H. (2007). The experimental induction of out-of-body experiences. *Science, 317*, 1048.

Guterstam, A., & Ehrsson, H. H. (2012). Disowning one's seen real body during an out-of-body illusion. *Consciousness and Cognition, 21*, 1037 – 1042.

Slater, M., Perez-Marcos, D., Ehrsson, H. H., & Sanchez-Vives, M. V. (2009). Inducing illusory ownership of a virtual body. *Frontiers in Neuroscience, 3*, 214 – 220.

Yong, E. (2011). Out-of-body experience: Master of illusion. *Nature, 480*, 168 – 170.

Donoghue, J. P. (2008). Bridging the Brain to the World: A Perspective on Neural Interface Systems. *Neuron.*

Homer, M. L., Nurmikko, A. V, Donoghue, J. P., & Hochberg, L. R. (2013). Sensors and decoding for intracortical brain computer interfaces. *Annual Review of Biomedical Engineering, 15*, 383 – 405.

Serruya, M. D., Hatsopoulos, N. G., Paninski, L., Fellows, M. R., & Donoghue, J. P. (2002). Brain-machine interface: Instant neural control of a movement signal. *Nature, 416*, 141 – 142.

Hochberg, L. R., Serruya, M. D., Friehs, G. M., Mukand, J. A., Saleh, M., Caplan, A. H., ... Donoghue, J. P. (2006). Neuronal ensemble control of prosthetic devices by a human with tetraplegia. *Nature, 442*, 164 – 71.

Donoghue, J. P., Nurmikko, A., Black, M., & Hochberg, L. R. (2007). Assistive technology and robotic control using motor cortex ensemble-based neural interface systems in humans with tetraplegia. *The Journal of Physiology, 579*, 603 – 611.

Birbaumer, N. (2006). Breaking the silence: Brain-computer interfaces (BCI) for communication and motor control. In *Psychophysiology* (Vol. 43, pp. 517 – 532).

Birbaumer, N. (2010). Brain Computer Interfaces in Paralysis. *Decade of the Mind – VI.*

Chaudhary, U., & Birbaumer, N. (2015). Communication in locked-in state after brainstem stroke: a brain-computer-interface approach. *Annals of Translational Medicine, 3*, 2 – 4.

De Massari, D., Ruf, C. A., Furdea, A., Matuz, T., Van Der Heiden, L., Halder, S., ... Birbaumer, N. (2013). Brain communication in the locked-in state. *Brain, 136*, 1989 – 2000.

Gallegos-Ayala, G., Furdea, A., Takano, K., Ruf, C.A., Flor, H., & Birbaumer, N. (2014). Brain communication in a completely locked-in patient using bedside near-infrared spectroscopy. *Neurology, 82,* 1930–1932.

Kübler, A., Kotchoubey, B., Kaiser, J., Wolpaw, J.R., & Birbaumer, N. (2001). Brain-computer communication: unlocking the locked in. *Psychological Bulletin, 127,* 358–375.

De Massari, D., Ruf, C.A., Furdea, A., Matuz, T., Van Der Heiden, L., Halder, S., ... Birbaumer, N. (2013). Brain communication in the locked-in state. *Brain, 136,* 1989–2000.

Birbaumer, N. (2014). Neural Signatures of Modified Memories. *Neuron.*

Dornhege, G., Blankertz, B., Curio, G., & Müller, K.R. (2003). Combining Features for BCI. *Advances in Neural Information Processing Systems,* 1139–1146.

Blankertz, B., Losch, F., Krauledat, M., Dornhege, G., Curio, G., & Müller, K.-R. (2008). The Berlin Brain – Computer Interface: accurate performance from first-session in BCI-naive subjects. *IEEE Transactions on Biomedical Engineering, 55,* 2452–2462.

Fazli, S., Mehnert, J., Steinbrink, J., Curio, G., Villringer, A., Müller, K.-R., & Blankertz, B. (2011). Enhanced performance by a hybrid NIRS-EEG brain computer interface. *NeuroImage, 2004,* 519–29.

Müller, K.-R., Blankertz, B., Tangermann, M., & Curio, G. (2011). Forschen an einer neuen Schnittstelle zum Gehirn: Das Berliner Brain-Computer Interface. *Nova Acta Leopoldina, 110,* 235–257.

Müller, Klaus-Robert AND Krauledat, Matthias AND Dornhege, Guido AND Curio, Gabriel AND Blankertz, Benjamin. (2004). Machine Learning Techniques for Brain-Computer Interfaces. *Biomedizinische Technik, 49(1),* 11–22.

Chiao, J.Y., Harada, T., Komeda, H., Li, Z., Mano, Y., Saito, D., ... Iidaka, T. (2010). Dynamic cultural influences on neural representations of the self. *Journal of Cognitive Neuroscience, 22,* 1–11.

Kitayama, S., & Park, J. (2010). Cultural neuroscience of the self: Understanding the social grounding of the brain. *Social Cognitive and Affective Neuroscience, 5,* 111–129.

Zhu, Y., Zhang, L., Fan, J., & Han, S. (2007). Neural basis of cultural influence on self-representation. *NeuroImage, 34,* 1310–1316.

Strohminger, N., & Nichols, S. (2015). Neurodegeneration and Identity. *Psychological Science, 26*, 1469–1479.

Kapitel 4

Tanz, J. (2011). The Curse of Cow Clicker: How a Cheeky Satire Became a Videogame Hit. Wired magazine. http://www.wired.com/2011/12/ff_cowclicker.

Antomonov, Y. G. (1983). Biological cybernetics: Results and prospects. *Cybernetics, 18*, 670–679.

Arnold, D. B., & Robinson, D. A. (1991). Biological Cybernetics 9. *Biomedical Engineering, 454*, 447–454.

Hogan, N. (1989). Biological Cybernetics. *Biological Cybernetics, 101*, 89–101.

Von Foerster, H. (1979). Cybernetics of Cybernetics. *Review Literature And Arts Of The Americas, 8*, 5–8.

Wiener, N. (1948). Cybernetics. *Scientific American, 179*, 14–18.

Campos, J. L., & Bülthoff, H. H. (2012). Multimodal integration during self-motion in virtual reality. In *Frontiers in the Neural Bases of Multisensory Processes* (pp. 1–23).

Meilinger, T., Knauff, M., & Bülthoff, H. (2008). Working memory in wayfinding – A dual task experiment in a virtual city. *Cognitive Science, 32*, 755–770.

Sanchez-Vives, M. V, & Slater, M. (2005). From presence to consciousness through virtual reality. *Nature Reviews. Neuroscience, 6*, 332–339.

Leyrer, M., Linkenauger, S. A., Bülthoff, H. H., & Mohler, B. J. (2015). The importance of postural cues for determining eye height in immersive virtual reality. *PLoS ONE, 10*. doi:10.1371/journal.pone.0127000.

Piryankova, I. V., Wong, H. Y., Linkenauger, S. A., Stinson, C., Longo, M. R., Bülthoff, H. H., & Mohler, B. J. (2014). Owning an overweight or underweight body: Distinguishing the physical, experienced and virtual body. *PLoS ONE, 9*. doi:10.1371/journal.pone.0103428.

Riecke, B. E., Van Veen, H. A. H. C., & Bülthoff, H. H. (2002). Visual homing is possible without landmarks: A path integration study in virtual reality. *Presence: Teleoperators and Virtual Environments, 11*, 443–473.

Sveistrup, H. (2004). Motor rehabilitation using virtual reality. *Journal of Neuroengineering and Rehabilitation*, *1*, 10.

Fox, J., Arena, D., & Bailenson, J. N. (2009). Virtual Reality: A Survival Guide for the Social Scientist. *Journal of Media Psychology*, *21*, 95–113.

De Jaegher, H., Di Paolo, E., & Gallagher, S. (2010). Can social interaction constitute social cognition? *Trends in Cognitive Sciences*, *14*, 441–447.

Okita, S. Y., Bailenson, J., & Schwartz, D. L. (2007). The Mere Belief of Social Interaction Improves Learning. *The Proceedings of the 29th Meeting of the Cognitive Science Society*, 1355–1360.

Rauhoeft, G., Leyrer, M., Thompson, W. B., Stefanucci, J. K., Klatzky, R. L., & Mohler, B. J. (2015). Evoking and Assessing Vastness in Virtual Environments. In *Proceedings of the ACM SIGGRAPH Symposium on Applied Perception* (pp. 51–54).

Kosinski, M., Stillwell, D., & Graepel, T. (2013). Private traits and attributes are predictable from digital records of human behavior. *Proceedings of the National Academy of Sciences of the United States of America*, *110*, 5802–5.

Gratch, J., Rickel, J., André, E., Cassell, J., Petajan, E., & Badler, N. (2002). Creating interactive virtual humans: Some assembly required. *IEEE Intelligent Systems and Their Applications*, *17*, 54–63.

Kenny, P., Hartholt, A., Gratch, J., Swartout, W., Traum, D., Marsella, S., ... Rey, M. Del. (2007). Building Interactive Virtual Humans for Training Environments. *Dreamworks*, *2007*, 1–16.

McDonnell, R., Breidt, M., & Bülthoff, H. H. (2012). Render me Real? Investigating the Effect of Render Style on the Perception of Animated Virtual Humans. *ACM Transactions on Graphics*, *31*, 1–11.

Repacholi, B. M., Meltzoff, A. N., Spiewak Toub, T., & Ruba, A. L. (2016). Infants' Generalizations About Other People's Emotions: Foundations for Trait-Like Attributions. *Developmental Psychology*, 1–15.

Repacholi, B. M., Meltzoff, A. N., Hennings, T. M., & Ruba, A. L. (2016). Transfer of Social Learning Across Contexts: Exploring Infants' Attribution of Trait-Like Emotions to Adults. *Infancy*, 1–22.

Notar, C. E., Padgett, S., & Roden, J. (2013). Cyberbullying: A Review of the Literature. *Journal of Educational Research*, *1*, 1–9.

Sabella, R. A., Patchin, J. W., & Hinduja, S. (2013). Cyberbullying myths and realities. *Computers in Human Behavior.*

Smith, P. K. (2009). Cyberbullying. *Zeitschrift Für Psychologie/Journal of Psychology, 217*, 180–181.

Bailenson, J. N., & Yee, N. (2005). Digital chameleons: Automatic assimilation of nonverbal gestures in immersive virtual environments. *Psychological Science, 16*, 814–819.

Yee, N., & Bailenson, J. (2007). The proteus effect: The effect of transformed self-representation on behavior. *Human Communication Research, 33*, 271–290.

Conboy, B. T., Brooks, R., Meltzoff, A. N., & Kuhl, P. K. (2015). Social Interaction in Infants' Learning of Second-Language Phonetics: An Exploration of Brain-Behavior Relations. *Developmental Neuropsychology, 40*, 216–29.

Kuhl, P. K. (2007). Is speech learning «gated» by the social brain? *Developmental Science, 10*, 110–120.

Kuhl, P. K. (2014). Early Language Learning and the Social Brain, *LXXIX.*

Greitemeyer, T., & Mügge, D. O. (2014). Video games do affect social outcomes: a meta-analytic review of the effects of violent and prosocial video game play. *Personality & Social Psychology Bulletin, 40*, 578–89.

Greitemeyer, T., & Osswald, S. (2009). Prosocial video games reduce aggressive cognitions. *Journal of Experimental Social Psychology, 45*, 896–900.

Pfeiffer, U. J., Schilbach, L., Timmermans, B., Kuzmanovic, B., Georgescu, A. L., Bente, G., & Vogeley, K. (2014). Why we interact: On the functional role of the striatum in the subjective experience of social interaction. *NeuroImage, 101*, 124–137.

Pfeiffer, U. J., Timmermans, B., Vogeley, K., Frith, C. D., & Schilbach, L. (2013). Towards a neuroscience of social interaction. *Frontiers in Human Neuroscience, 7*, 22–23.

Soyka, F., Kokkinara, E., Leyrer, M., Buelthoff, H., Slater, M., & Mohler, B. (2015). Turbulent motions cannot shake VR. In 2015 IEEE Virtual Reality Conference, VR 2015 – Proceedings (pp. 33–40).

Streuber, S., Quiros-Ramirez, M., Hill, M., Hahn, C., Zuffi, S., O'Toole, A.,

Black, M. J. (2016). Body Talk: Crowdshaping Realistic 3D Avatars with Words. ACM Trans. Graph. (Proc. SIGGRAPH), 2016.

Kapitel 5

Goldstone, R. L., & Hendrickson, A. T. (2009). Categorical perception. *Wiley Interdisciplinary Reviews: Cognitive Science, 1*, 69–78.

Harnad, S. (1987). *Categorical Perception: The Groundwork of Cognition. Brain* (Vol. 1). doi:10.1002/0470018860.s00490.

Macrae, C. N., & Bodenhausen, G. V. (2001). Social cognition: Categorical person perception. *British Journal of Psychology (London, England: 1953), 92 Part 1*, 239–255.

Harnad, S. (2003). Categorical Perception. *Encyclopedia of Cognitive Science*, 448–452.

Banaji, M. R., & Greenwald, A. G. (2015). *Vor-Urteile: Unser geheimes Schubladendenken.* dtv.

Kinzler, K., Dupoux, E., & Spelke, E. (2007). The native language of social cognition. *Proceedings of the National Academy of Sciences, 104*, 12577.

Spelke, E. S., & Kinzler, K. D. (2007). Core knowledge. *Developmental Science.*

Brewer, M. B. (1999). The psychology of prejudice: Ingroup love or outgroup hate? *Journal of Social Issues, 55*, 429–444.

Castano, E., Yzerbyt, V., Paladino, M.-P., & Sacchi, S. (2002). I Belong, therefore, I Exist: Ingroup Identification, Ingroup Entitativity, and Ingroup Bias. *Personality and Social Psychology Bulletin, 28*, 135–143.

Dion, K. L. (1973). Cohesiveness as a determinant of ingroup-outgroup bias. *Journal of Personality and Social Psychology, 28*, 163–171.

Judd, C. M., Park, B., Yzerbyt, V., Gordijn, E. H., & Muller, D. (2005). Attributions of intergroup bias and outgroup homogeneity to ingroup and outgroup others. *European Journal of Social Psychology.*

Machunsky, M., Meiser, T., & Mummendey, A. (2009). On the crucial role of the mental ingroup representation for ingroup bias and the ingroup prototypicality-lngroup bias link. *Experimental Psychology, 56*, 156–164.

Schiller, B., Baumgartner, T., & Knoch, D. (2014). Intergroup bias in third-party punishment stems from both ingroup favoritism and outgroup discrimination. *Evolution and Human Behavior, 35*, 169–175.
Devos, T. (2006). Implicit bicultural identity among Mexican American and Asian American college students. *Cultural Diversity and Ethnic Minority Psychology, 12*, 381–402.
Devos, T., & Banaji, M.R. (2005). American = White?. *Journal of Personality and Social Psychology, 88*, 447–466.
Devos, T., & Ma, D.S. (2008). Is Kate Winslet more American than Lucy Liu? The impact of construal processes on the implicit ascription of a national identity. *The British Journal of Social Psychology/The British Psychological Society, 47*, 191–215.
Devos, T., & Ma, D.S. (2013). How «American» is Barack Obama? The Role of National Identity in a Historic Bid for the White House. *Journal of Applied Social Psychology, 43*, 214–226.
Efferson, C., Lalive, R., & Fehr, E. (2008). The Coevolution of Cultural Groups and Ingroup Favoritism. *Science, 321*, 1844–1849.
Billig, M. (2002). Henri Tajfel's «Cognitive aspects of prejudice» and the psychology of bigotry. *British Journal of Social Psychology, 41*, 171–188.
Morley, I.E. (1982). Henri Tajfel's Human Groups and Social Categories. *British Journal of Social Psychology, 21*, 189–201.
Tajfel, H. (1978). Social Categorization, Social Identity and Social Comparison. In *Differentiation between Social Groups: studies in the social psychology of intergroup relations* (pp. 61–76).
Tajfel, H., & Turner, J. (1979). An integrative theory of intergroup conflict. *The Social Psychology of Intergroup Relations, 33*, 47.
Phelps, E.A., O'Connor, K.J., Cunningham, W. a, Funayama, E.S., Gatenby, J.C., Gore, J.C., & Banaji, M.R. (2000). Performance on indirect measures of race evaluation predicts amygdala activation. *Journal of Cognitive Neuroscience, 12*, 729–38.
Phelps, E.A., Cannistraci, C.J., & Cunningham, W.A. (2003). Intact performance on an indirect measure of race bias following amygdala damage. *Neuropsychologia, 41*, 203–208.
Hart, A.J., Whalen, P.J., Shin, L.M., McInerney, S.C., Fischer, H., &

Rauch, S. L. (2000). Differential response in the human amygdala to racial outgroup vs ingroup face stimuli. *Neuroreport, 11*, 2351–2355.
Cosmides, L., Tooby, J., & Kurzban, R. (2003). Perceptions of race. *Trends in Cognitive Sciences.*
Kubota, J. T., Banaji, M. R., & Phelps, E. A. (2012). The neuroscience of race. *Nature Neuroscience, 15*, 940–948.
Freeman, J. B., Pauker, K., Apfelbaum, E. P., & Ambady, N. (2010). Continuous dynamics in the real-time perception of race. *Journal of Experimental Social Psychology, 46*, 179–185.
Freeman, J. B., Penner, A. M., Saperstein, A., Scheutz, M., & Ambady, N. (2011). Looking the part: Social status cues shape race perception. *PLoS ONE, 6*. doi:10.1371/journal.pone.0025107.
Rhodes, G., Locke, V., Ewing, L., & Evangelista, E. (2009). Race coding and the other-race effect in face recognition. *Perception, 38*, 232–241.
Ding, X. P., Fu, G., & Lee, K. (2014). Neural correlates of own- and other-race face recognition in children: A functional near-infrared spectroscopy study. *NeuroImage, 85*, 335–344.
Anzures, G., Quinn, P. C., Pascalis, O., Slater, A. M., & Lee, K. (2010). Categorization, categorical perception, and asymmetry in infants' representation of face race. *Developmental Science, 13*, 553–564.
Macchi Cassia, V., Luo, L., Pisacane, A., Li, H., & Lee, K. (2014). How race and age experiences shape young children's face processing abilities. *Journal of Experimental Child Psychology, 120*, 87–101.
Xiao, W. S., Quinn, P. C., Pascalis, O., & Lee, K. (2014). Own- and other-race face scanning in infants: Implications for perceptual narrowing. *Developmental Psychobiology, 56*, 262–273.
Xiao, W. S., Xiao, N. G., Quinn, P. C., Anzures, G., & Lee, K. (2013). Development of face scanning for own- and other-race faces in infancy. *International Journal of Behavioral Development, 37*, 100–105.
Rand, D. G., Pfeiffer, T., Dreber, A., Sheketoff, R. W., Wernerfelt, N. C., & Benkler, Y. (2009). Dynamic remodeling of in-group bias during the 2008 presidential election. *Proceedings of the National Academy of Sciences, 106*, 6187–6191.
Arlinghaus, R., & Krause, J. (2013). Wisdom of the crowd and natural resource management. *Trends in Ecology and Evolution.*

Herzog, S. M., & Hertwig, R. (2014). Harnessing the wisdom of the inner crowd. *Trends in Cognitive Sciences.*
Yi, S. K. M., Steyvers, M., Lee, M. D., & Dry, M. J. (2012). The Wisdom of the Crowd in Combinatorial Problems. *Cognitive Science, 36,* 452–470.
Ball, P. (2014). «Wisdom of the crowd»: The myths and realities. Retrieved from http://www.bbc.com/future/story/20140708-when-crowd-wisdom-goes-wrong\ninternal-pdf://1036/20140708-when-crowd-wisdom-goes-wrong.html.
Pratt, S. C. (2010). *Collective Intelligence. Encyclopedia of Animal Behavior.* doi:http://dx.doi.org/10.1016/B978-0-08-045337-8.00352-1.
Berdahl, A., Torney, C. J., Ioannou, C. C., Faria, J. J., & Couzin, I. D. (2013). Emergent sensing of complex environments by mobile animal groups. *Science (New York, N. Y.), 339,* 574–6.
Couzin, I. D. (2007). Collective minds. *Nature, 445,* 715–715.
Couzin, I. D. (2006). Behavioral ecology: Social organization in fission-fusion societies. *Current Biology.* doi:10.1016/j.cub.2006.02.042.
Couzin, I. D., Ioannou, C. C., Demirel, G., Gross, T., Torney, C. J., Hartnett, A., ... Leonard, N. E. (2011). Uninformed Individuals Promote Democratic Consensus in Animal Groups. *Science, 334,* 1578–1580.
Couzin, I. D., Krause, J., Franks, N. R., & Levin, S. A. (2005). Effective leadership and decision – making in animal groups on the move. *Nature, 433,* 513–516.
Hofmann, H. A., Beery, A. K., Blumstein, D. T., Couzin, I. D., Earley, R. L., Hayes, L. D., ... Rubenstein, D. R. (2014). An evolutionary framework for studying mechanisms of social behavior. *Trends in Ecology and Evolution.*
Nabet, B., Leonard, N. E., Couzin, I. D., & Levin, S. A. (2009). Dynamics of decision making in animal group motion. *Journal of Nonlinear Science, 19,* 399–435.
Rosenthal, S. B., Twomey, C. R., Hartnett, A. T., Wu, H. S., & Couzin, I. D. (2015). Revealing the hidden networks of interaction in mobile animal groups allows prediction of complex behavioral contagion. *Proceedings of the National Academy of Sciences, 112,* 4690–4695.
Lerman, K., Yan, X., & Wu, X. Z. (2016). The «majority illusion» in social networks. *PLoS ONE, 11.* doi:10.1371/journal.pone.0147617.

O'Callaghan, T. (2011). Eli Pariser: The dark side of web personalisation. *New Scientist, 211*, 23.
Pariser, E. (2011). The Filter Bubble: What the Internet Is Hiding from You. *ZNet*, 304.

Kapitel 6

World Health Organization (2012). ICD 10.
World Health Organization (1993). The ICD-10 classification of mental and behavioural disorders: Diagnostic criteria for research. *The ICD-10 Classification of Mental and Behavioural Disorders: Diagnostic Criteria for Research*, xiii+248p.
Rosenhan, D.L. (1974). On being sane in insane places. *Clinical Social Work Journal, 2*, 237–256.
Rosenhan, D.L. (1975). The contextual nature of psychiatric diagnosis. *Journal of Abnormal Psychology, 84*, 462–474.
Foucault, M. (1977). Madness & civilization: A history of insanity in the age of reason. *New York*, 202.
Vohs, K.D., Mead, N.L., & Goode, M.R. (2006). The psychological consequences of money. *Science, 314*, 1154–6.
Vohs, K.D., Mead, N.L., & Goode, M.R. (2008). Merely activating the concept of money changes personal and interpersonal behavior. *Current Directions in Psychological Science.*
Cohn, A., Fehr, E., & Maréchal, M.A. (2014). Business culture and dishonesty in the banking industry. *Nature*, 86–89.
Bettenhausen, K., & Murnighan, J.K. (1985). The emergence of norms in competitive decision-making groups. *Administrative Science Quarterly, 30*, 350–372.
Civai, C., Corradi-Dell'Acqua, C., Gamer, M., & Rumiati, R.I. (2010). Are irrational reactions to unfairness truly emotionally-driven? Dissociated behavioural and emotional responses in the Ultimatum Game task. *Cognition, 114*, 89–95.
Inzlicht, M., & Obhi, S. (2014). Powerful and Coldhearted. *New York Times.*
Burnett, D. (2016). The Idiot Brain: A Neuroscientist Explains what Your Head is Really Up To.

Obhi, S., & Haggard, P. (2004). Free will and free won't. *American Scientist, 92*, 358–365.
Obhi, S.S., Swiderski, K.M., & Brubacher, S.P. (2012). Induced power changes the sense of agency. *Consciousness and Cognition, 21*, 1547–1550.
Hogeveen, J., Inzlicht, M., & Obhi, S.S. (2014). Power changes how the brain responds to others. *Journal of Experimental Psychology, 143*, 755–62.
Dunning, D. (2011). The Dunning-Kruger Effect. In *Advances in Experimental Social Psychology* (Vol. 44, pp. 247–296).
Ehrlinger, J., Johnson, K., Banner, M., Dunning, D., & Kruger, J. (2008). Why the unskilled are unaware: Further explorations of (absent) self-insight among the incompetent. *Organizational Behavior and Human Decision Processes, 105*, 98–121.
Kruger, J., & Dunning, D. (1999). Unskilled and unaware of it: how difficulties in recognizing one's own incompetence lead to inflated self-assessments. *Journal of Personality and Social Psychology, 77*, 1121–34.
Kruger, J., & Dunning, D. (2002). Unskilled and unaware – but why? A reply to Krueger and Mueller (2002). *Journal of Personality and Social Psychology, 82*, 189–192.
Schlösser, T., Dunning, D., Johnson, K.L., & Kruger, J. (2013). How unaware are the unskilled? Empirical tests of the «signal extraction» counterexplanation for the Dunning-Kruger effect in self-evaluation of performance. *Journal of Economic Psychology, 39*, 85–100.
Parkinson, C.N. (1955). Parkinson's Law. *The Economist*, 1–5.
Herndon, F. (2008). Testing mindfulness with perceptual and cognitive factors: External vs. internal encoding, and the cognitive failures questionnaire. *Personality and Individual Differences, 44*, 32–41.
Lieberman, M.D. (2007). Social cognitive neuroscience: a review of core processes. *Annual Review of Psychology, 58*, 259–289.
Morewedge, C.K. (2009). Negativity bias in attribution of external agency. *Journal of Experimental Psychology. General, 138*, 535–545.
Munro, G.D., & Stansbury, J.A. (2009). The Dark Side of Self-Affirmation: Confirmation Bias and Illusory Correlation in Response to

Threatening Information. *Personality and Social Psychology Bulletin, 35*, 1143–1153.
Ross, L., Greene, D., & House, P. (1977). The «false consensus effect»: An egocentric bias in social perception and attribution processes. *Journal of Experimental Social Psychology, 13*, 279–301.
Shirouzu, H., Miyake, N., & Masukawa, H. (2002). Cognitively active externalization for situated reflection. *Cognitive Science, 26*, 469–501.
Wilke, A., & Mata, R. (2012). Cognitive Bias. In *The Encyclopedia of Human Behavior* (Vol. 1, pp. 531–535).
Bègue, L. (2002). Beliefs in justice and faith in people: Just world, religiosity and interpersonal trust. *Personality and Individual Differences, 32*, 375–382.
Correia, I., Vala, J., & Aguiar, P. (2007). Victim's innocence, social categorization, and the threat to the belief in a just world. *Journal of Experimental Social Psychology, 43*, 31–38.
Furnham, A. (2003). Belief in a just world: Research progress over the past decade. *Personality and Individual Differences.*
Hamilton, V. L., & Lerner, M. J. (1982). *The Belief in a Just World: A Fundamental Delusion. Contemporary Sociology* (Vol. 11). doi:10.2307/2067083.
Lench, H. C., & Chang, E. S. (2007). Belief in an unjust world: when beliefs in a just world fail. *Journal of Personality Assessment, 89*, 126–135.
Lerner, M. J. (1997). What Does the Belief in a Just World Protect Us From: The Dread of Death or the Fear of Understanding Suffering? *Psychological Inquiry, 8*, 29–32.
Lerner, M. J. (2000). Just world belief. In *Encyclopedia of psychology, Vol. 4* (pp. 425–427).
Lerner, M. J., & Miller, D. T. (1978). Just world research and the attribution process: Looking back and ahead. *Psychological Bulletin, 85*, 1030–1051.
Rubin, Z., & Peplau, L. A. (1975). Who Believes in a Just World? *Journal of Social Issues, 31*, 65–89.
Okimoto, T. G., & Gromet, D. M. (2015). Differences in Sensitivity to Deviance Partly Explain Ideological Divides in Social Policy Sup-

port. *Journal of Personality and Social Psychology*. doi:10.1037/pspp0000080.
Jack, A.I., Friedman, J.P., Boyatzis, R.E., & Taylor, S.N. (2016). Why Do You Believe in God? Relationships between Religious Belief, Analytic Thinking, Mentalizing and Moral Concern. *PLoS ONE, 11*, e0149989.
Christensen, J.F., Flexas, A., de Miguel, P., Cela-Conde, C.J., & Munar, E. (2014). Roman Catholic beliefs produce characteristic neural responses to moral dilemmas. *Social Cognitive and Affective Neuroscience, 9*, 240–249.
Decety, J., Cowell, J.M., Lee, K., Mahasneh, R., Malcolm-Smith, S., Selcuk, B., & Zhou, X. (2015). The Negative Association between Religiousness and Children's Altruism across the World. *Current Biology, 25*, 2951–2955.
Brandt, M.J., & Reyna, C. (2010). The role of prejudice and the need for closure in religious fundamentalism. *Personality and Social Psychology Bulletin, 36*, 715–725.
Brandt, M.J., & Reyna, C. (2014). To love or hate thy neighbor: The role of authoritarianism and traditionalism in explaining the link between fundamentalism and racial prejudice. *Political Psychology, 35*, 207–223.
Brandt, M.J., & Van Tongeren, D.R. (2015). People Both High and Low on Religious Fundamentalism Are Prejudiced Toward Dissimilar Groups. *Journal of Personality and Social Psychology*, ohne Seitenangabe.

Kapitel 7

Axelrod, R., & Hamilton, W.D. (1981). The Evolution of Cooperation. *Science*.
Hardin, R. (1971). Collective action as an agreeable n-prisoners' dilemma. *Behavioral Science, 16*, 472–481.
Rapoport, A., & Chammah, A.M. (1965). *Prisoner's dilemma: a study in conflict and cooperation. Prisoners dilemma a study in conflict and cooperation* (Vol. Second pri). Retrieved from http://books.google.com/books?hl=de&lr=&id=yPtNnKjXaj4C&pgis=1.

Gächter, S. (2008). Behavioral Game Theory. In *Blackwell Handbook of Judgment and Decision Making* (pp. 485–503).

Yoshida, W., Dolan, R.J., & Friston, K.J. (2008). Game theory of mind. *PLoS Computational Biology, 4*. doi:10.1371/journal.pcbi.1000254.

Engemann, D.A., Bzdok, D., Eickhoff, S.B., Vogeley, K., & Schilbach, L. (2012). Games people play-toward an enactive view of cooperation in social neuroscience. *Frontiers in Human Neuroscience, 6*, 148.

Camerer, C., & Thaler, R.H. (1995). Anomalies: Ultimatums, Dictators and Manners. *Journal of Economic Perspectives, 9*, 209–219.

Stoop, J. (2014). From the lab to the field: Envelopes, dictators and manners. *Experimental Economics, 17*, 304–313.

Becchio, C., & Bertone, C. (2004). Wittgenstein running: Neural mechanisms of collective intentionality and we-mode. *Consciousness and Cognition, 13*, 123–133.

Gallotti, M., & Frith, C.D. (2013). Social cognition in the we-mode. *Trends in Cognitive Sciences.*

Longo, M.R., & Tsakiris, M. (2013). Merging second-person and first-person neuroscience. *Behavioral and Brain Sciences, 36*, 429–430.

Schilbach, L. (2010). A second-person approach to other minds. *Nature Reviews. Neuroscience, 11*, 449.

Schilbach, L., Timmermans, B., Reddy, V., Costall, A., Bente, G., Schlicht, T., & Vogeley, K. (2013). Toward a second-person neuroscience. *Behavioral and Brain Sciences, 36*, 393–414.

Archetti, M., & Scheuring, I. (2012). Review: Game theory of public goods in one-shot social dilemmas without assortment. *Journal of Theoretical Biology, 299*, 9–20.

Chaudhuri, A. (2011). Sustaining cooperation in laboratory public goods experiments: A selective survey of the literature. *Experimental Economics, 14*, 47–83.

Fehr, E., & Gächter, S. (2000). Cooperation and punishment in public goods experiments. *American Economic Review, 90*, 980–994.

Fischbacher, U., Gächter, S., & Fehr, E. (2001). Are people conditionally cooperative? Evidence from a public goods experiment. *Economics Letters, 71*, 397–404.

Helbing, D., Szolnoki, A., Perc, M., & Szab??, G. (2010). Punish, but not too hard: How costly punishment spreads in the spatial public goods game. *New Journal of Physics, 12*. doi:10.1088/1367-2630/12/8/083005.

Kurzban, Robert; Houser, D. (2001). Individual differences in cooperation in a circular public goods game. *European Journal of Personality, 15*, 37-52.

Santos, F.C., Santos, M.D., & Pacheco, J.M. (2008). Social diversity promotes the emergence of cooperation in public goods games. *Nature, 454*, 213-6.

Rand, D.G., Dreber, A., Ellingsen, T., Fudenberg, D., & Nowak, M.A. (2009). Positive interactions promote public cooperation. *Science (New York, N.Y.), 325*, 1272-1275.

Rand, D.G., & Nowak, M.A. (2011). The evolution of antisocial punishment in optional public goods games. *Nature Communications, 2*, 434.

Rand, D.G., Greene, J.D., & Nowak, M. a. (2012). Spontaneous giving and calculated greed. *Nature, 489*, 427-430.

Chinchuluun, A., Pardalos, P.M., Migdalas, A., Pitsoulis, L., & Corporation., E. (2008). *Pareto Optimality, Game Theory and Equilibria. Optimization and Its Applications, 17*. doi:10.1007/978-0-387-77247-9.

Frank, D.M., & Sarkar, S. (2010). Group decisions in biodiversity conservation: Implications from game theory. *PLoS ONE, 5*. doi:10.1371/journal.pone.0010688

Lee, D. (2005). Neuroeconomics: making risky choices in the brain. *Nature Neuroscience, 8*, 1129-1130.

Lee, D. (2013). Decision Making: From Neuroscience to Psychiatry. *Neuron*.

Duhigg, C. (2016). New research reveals surprising truths about why some work groups thrive and others falter. *New York Times*, pp. 1-6.

Baer, M., & Frese, M. (2003). Innovation is not enough: Climates for initiative and psychological safety, process innovations, and firm performance. *Journal of Organizational Behavior, 24*, 45-68.

Edmondson, A. (1999). Psychological safety and learning behavior in work teams. *Administrative Science Quarterly, 44*, 350-383.

Leroy, H., Dierynck, B., Anseel, F., Simons, T., Halbesleben, J.R.B., McCaughey, D., ... Sels, L. (2012). Behavioral integrity for safety, priority of safety, psychological safety, and patient safety: A team-level study. *Journal of Applied Psychology, 97,* 1273–1281.

May, D.R., Gilson, R.L., & Harter, L.M. (2004). The psychological conditions of meaningfulness, safety and availability and the engagement of the human spirit at work. *Journal of Occupational and Organizational Psychology, 77,* 11–37.

Moll, H., & Tomasello, M. (2007). Cooperation and human cognition: the Vygotskian intelligence hypothesis. *Philosophical Transactions of the Royal Society of London. Series B, Biological Sciences, 362,* 639–48.

Tomasello, M., & Vaish, A. (2013). Origins of Human Cooperation and Morality. *Annual Review of Psychology, 12,* 231–255.

Tomasello, M. (2009). Why We Cooperate. Boston Review Books.

Tomasello, M. (2012). Why be nice? Better not think about it. *Trends in Cognitive Sciences.*

Kapitel 8

Hall, E.T. (1976). *Beyond culture. Contemporary Sociology* (Vol. 7). doi:10.2307/2064404.

Kim, D., Pan, Y., & Park, H.S. (1998). High- versus low-context culture: a comparison of Chinese, Korean and American cultures. *Psychology & Marketing, 15,* 507–521.

Kittler, M.G., Rygl, D., & Mackinnon, A. (2011). Special Review Article: Beyond culture or beyond control? Reviewing the use of Hall's high-/low-context concept. *International Journal of Cross Cultural Management, 11,* 63–82.

Matsumoto, D. (2007). Culture, context, and behavior. *Journal of Personality, 75,* 1285–1320.

Hofstede, G. (2011). Dimensionalizing Cultures: The Hofstede Model in Context. *Online Readings in Psychology and Culture, 2,* 1–26.

Hofstede, G. (1986). Cultural differences in teaching and learning. *International Journal of Intercultural Relations, 10,* 301–320.

Powell, I. B. S. (2006). Geert Hofstede: challenges of cultural diversity. *Human Resource Management International Digest, 14*, 12–15.

Georgescu, A. L., Kuzmanovic, B., Santos, N. S., Tepest, R., Bente, G., Tittgemeyer, M., & Vogeley, K. (2014). Perceiving nonverbal behavior: Neural correlates of processing movement fluency and contingency in dyadic interactions. *Human Brain Mapping, 35*, 1362–1378.

Han, S., Northoff, G., Vogeley, K., Wexler, B. E., Kitayama, S., & Varnum, M. E. W. (2013). A cultural neuroscience approach to the biosocial nature of the human brain. *Annual Review of Psychology, 64*, 335–59.

Krämer, K., Bente, G., Kuzmanovic, B., Barisic, I., Pfeiffer, U. J., Georgescu, A. L., & Vogeley, K. (2014). Neural correlates of emotion perception depending on culture and gaze direction. *Culture and Brain, 2*, 27–51.

Krämer, K., Bente, G., Luo, S., Pfeiffer, U. J., Han, S., & Vogeley, K. (2013). Influence of Ethnic Group-Membership and Gaze Direction on the Perception of Emotions. A Cross-Cultural Study between Germany and China. *PLoS ONE, 8*. doi:10.1371/journal.pone.0066335.

Vogeley, K., & Roepstorff, A. (2009). Contextualising culture and social cognition. *Trends in Cognitive Sciences, 13*, 511–6.

Rogers, E. M., & Hart, W. B. (2002). Edward T. Hall and The History of Intercultural Communication: The United States and Japan. *Communication, 24*, 3–26.

Henrich, J., Heine, S. J., & Norenzayan, A. (2010a). Beyond WEIRD: Towards a broad-based behavioral science. *Behavioral and Brain Sciences, 33*, 111–135.

Henrich, J., Heine, S. J., & Norenzayan, A. (2010b). Most people are not WEIRD. *Nature, 466*, 29.

Kitayama, S., & Park, J. (2010). Cultural neuroscience of the self: Understanding the social grounding of the brain. *Social Cognitive and Affective Neuroscience, 5*, 111–129.

Kitayama, S., & Uskul, A. K. (2011). Culture, mind, and the brain: current evidence and future directions. *Annual Review of Psychology, 62*, 419–449.

Park, J., Uchida, Y., & Kitayama, S. (2015). Cultural variation in implicit independence: An extension of Kitayama et al. *International Journal of Psychology*. doi:10.1002/ijop.12157.

Freeman, J.B., & Ambady, N. (2011). A dynamic interactive theory of person construal. *Psychological Review, 118*, 247–79.

Freeman, J.B., Rule, N.O., Adams, R.B., & Ambady, N. (2009). Culture shapes a mesolimbic response to signals of dominance and subordination that associates with behavior. *NeuroImage, 47*, 353–359.

Freeman, J.B., Rule, N.O., & Ambady, N. (2009). The cultural neuroscience of person perception. *Progress in Brain Research, 178*, 191–201.

Rule, N.O., Freeman, J.B., & Ambady, N. (2012). Culture in social neuroscience: A review. *Social Neuroscience*, 1–8.

Han, S., & Northoff, G. (2008). Culture-sensitive neural substrates of human cognition: a transcultural neuroimaging approach. *Nature Reviews Neuroscience, 9*, 646–654.

Zhu, Y., Zhang, L., Fan, J., & Han, S. (2007). Neural basis of cultural influence on self-representation. *NeuroImage, 34*, 1310–1316.

Chang, D.-S., Ju, U., Bülthoff, H.H., & de la Rosa, S. (2015). How different is Action Recognition across Cultures? Visual Adaptation to Social Actions in Germany vs. Korea. In *Journal of Vision* (Vol. 15, p. 493).

Kapitel 9

Baumeister, R., Mele, A., & Vohs, K. (2010). *Free Will and Consciousness. How Might They Work?* doi:10.1093/acprof.

Protzko, J., Ouimette, B., & Schooler, J. (2016). Believing there is no free will corrupts intuitive cooperation. *Cognition, 151*, 6–9.

Vohs, K.D., & Schooler, J.W. (2008). The value of believing in free will: Encouraging a belief in determinism increases cheating. *Psychological Science, 19*, 49–54.

Vohs, K.D., & Schooler, W. (2014). The Value of Believing in Free Will. *Psychological Science, 19*, 49–54.

Zhao, X., Liu, L., Zhang, X.X., Shi, J.X., & Huang, Z.W. (2014). The effect of belief in free will on prejudice. *PLoS ONE, 9*. doi:10.1371/journal.pone.0091572.

Brass, M., Lynn, M.T., Demanet, J., & Rigoni, D. (2013). Imaging volition: What the brain can tell us about the will. *Experimental Brain Research*, *229*, 301–312.

Rigoni, D., & Brass, M. (2014). From Intentions to Neurons: Social and Neural Consequences of Disbelieving in Free Will. *Topoi*, *33*, 5–12.

Rigoni, D., Kuhn, S., Gaudino, G., Sartori, G., & Brass, M. (2012). Reducing self-control by weakening belief in free will. *Consciousness and Cognition*, *21*, 1482–1490.

Rigoni, D., Kuhn, S., Sartori, G., & Brass, M. (2011). Inducing disbelief in free will alters brain correlates of preconscious motor preparation: the brain minds whether we believe in free will or not. *Psychological Science*, *22*, 613–618.

Rigoni, D., Pourtois, G., & Brass, M. (2015). «Why should I care?» Challenging free will attenuates neural reaction to errors. *Social Cognitive and Affective Neuroscience*, *10*, 262–268.

Rigoni, D., Wilquin, H., Brass, M., & Burle, B. (2013). When errors do not matter: Weakening belief in intentional control impairs cognitive reaction to errors. *Cognition*, *127*, 264–269.

Benedetti, F. (2006). Placebo analgesia. *Neurological Sciences*, *27*. doi:10.1007/s10072-006-0580-4.

Benedetti, F. (2008). Mechanisms of Placebo and Placebo-Related Effects Across Diseases and Treatments. *Annual Review of Pharmacology and Toxicology*, *48*, 33–60.

Benedetti, F. (2014). Placebo effects: From the neurobiological paradigm to translational implications. *Neuron*.

Benedetti, F., Mayberg, H.S., Wager, T.D., Stohler, C.S., & Zubieta, J.-K. (2005). Neurobiological mechanisms of the placebo effect. *The Journal of Neuroscience: The Official Journal of the Society for Neuroscience*, *25*, 10390–10402.

Colloca, L., & Benedetti, F. (2006). How prior experience shapes placebo analgesia. *Pain*, *124*, 126–133.

Enck, P., Benedetti, F., & Schedlowski, M. (2008). New Insights into the Placebo and Nocebo Responses. *Neuron*.

Finniss, D.G., Kaptchuk, T.J., Miller, F., & Benedetti, F. (2010). Biological, clinical, and ethical advances of placebo effects. *The Lancet*.

Price, D.D., Finniss, D.G., & Benedetti, F. (2008). A comprehensive review of the placebo effect: recent advances and current thought. *Annual Review of Psychology, 59*, 565–590.

de Craen, A. J., Kaptchuk, T. J., Tijssen, J. G., & Kleijnen, J. (1999). Placebos and placebo effects in medicine: historical overview. *Journal of the Royal Society of Medicine, 92*, 511–515.

Jensen, K. B., Kaptchuk, T. J., Kirsch, I., Raicek, J., Lindstrom, K. M., Berna, C., ... Kong, J. (2012). Nonconscious activation of placebo and nocebo pain responses. *Proceedings of the National Academy of Sciences, 109*, 15959–15964.

Kaptchuk, T. J., & Miller, F. G. (2015). Placebo effects in medicine. *The New England Journal of Medicine, 373*, 8–9.

Kaptchuk, T. J., Stason, W. B., Davis, R. B., Legedza, A. R. T., Schnyer, R. N., Kerr, C. E., ... Goldman, R. H. (2006). Sham device v inert pill: randomised controlled trial of two placebo treatments. *BMJ (Clinical Research Ed.), 332*, 391–7.

Kong, J., Gollub, R. L., Rosman, I. S., Webb, J. M., Vangel, M. G., Kirsch, I., & Kaptchuk, T. J. (2006). Brain activity associated with expectancy-enhanced placebo analgesia as measured by functional magnetic resonance imaging. *The Journal of Neuroscience: The Official Journal of the Society for Neuroscience, 26*, 381–388.

Kong, J., Kaptchuk, T. J., Polich, G., Kirsch, I., Vangel, M., Zyloney, C., ... Gollub, R. (2009). Expectancy and treatment interactions: A dissociation between acupuncture analgesia and expectancy evoked placebo analgesia. *NeuroImage, 45*, 940–949.

Miller, F. G., Colloca, L., & Kaptchuk, T. J. (2009). The placebo effect: illness and interpersonal healing. *Perspectives in Biology and Medicine, 52*, 518–39.

Miller, F. G., & Kaptchuk, T. J. (2008). The power of context: reconceptualizing the placebo effect. *Journal of the Royal Society of Medicine, 101*, 222–225.

Moseley, G. L. (2008). Reconceptualising placebo. *British Medical Journal, 336*, 1086–1086.

Patel, S. M., Stason, W. B., Legedza, A., Ock, S. M., Kaptchuk, T. J., Conboy, L., ... Lembo, A. J. (2005). The placebo effect in irritable bowel syndrome trials: A meta-analysis. In *Neurogastroenterology and Motility* (Vol. 17, pp. 332–340).

Osimo, S. A., Pizarro, R., Spanlang, B., & Slater, M. (2015). Conversations between self and self as Sigmund Freud – A virtual body ownership paradigm for self counselling. *Scientific Reports, 5*, 13899.

Piryankova, I. V, Stefanucci, J. K., Romero, J., Rosa, S. D. E. L. a, Black, M. J., & Mohler, B. J. (2014). Can I recognize my body's weight? The influence of shapre and texture on the perception of self. *ACM Transactions on Applied Perception, 11*, 1–18.

Piryankova, I. V., Wong, H. Y., Linkenauger, S. A., Stinson, C., Longo, M. R., Bülthoff, H. H., & Mohler, B. J. (2014). Owning an overweight or underweight body: Distinguishing the physical, experienced and virtual body. *PLoS ONE, 9*. doi:10.1371/journal.pone.0103428.

Achenbaum, W. A. (2014). Review of Triumphs of experience: The men of the Harvard grant study. *Journal of the History of the Behavioral Sciences.*

Isaacowitz, D. M., Vaillant, G. E., & Seligman, M. E. P. (2003). Strengths and satisfaction across the adult lifespan. *International Journal of Aging & Human Development, 57*, 181–201.

Shenk, J. W. (2013). What Makes Us Happy? *The Atlantic Psychology*, 1–20.

Soldz, S., & Vaillant, G. E. (1999). The Big Five Personality Traits and the Life Course: A 45-Year Longitudinal Study Stephen Soldz and George E. Vaillant. *Journal of Research in Personality, 232*, 208–232.

Fotonachweis

Bild 1: swiked / Tumblr

Bild 2, 3, 6, 7, 12, 22: Creative Commons, wikipedia.org

Bild 4, 10, 11, 13, 14, 15, 16, 17, 18, 19, 20, 21, 25, 26, 27, 28, 29: Dr. Tina Koch, mediomix

Bild 5: AG Dyer; S. Williams, Melbourne

Bild 8: Sandro Del-Prete, www.sandrodelprete.com

Bild 9: L. Gatys, A. Ecker, M. Bethge / Universität Tübingen

Bild 23A, 23D: B. Steinhilber / Max-Planck-Institut für biologische Kybernetik, Tübingen

Bild 23B: F. Soyka & B. Mohler / Max-Planck-Institut für biologische Kybernetik, Tübingen

Bild 23C: H. Bülthoff / Max-Planck-Institut für biologische Kybernetik, Tübingen

Bild 23E: S. de la Rosa / Max-Planck-Institut für biologische Kybernetik, Tübingen

Bild 29: M. Slater and S. Osimo: Conversations between self and self as Sigmund Freud – A virtual body. (Creative Commons)